Das Vermächtnis
des alten Zerbster
Stadtbildes

Rainer Frankowski

Das Vermächtnis des alten Zerbster Stadtbildes

Bibliografische Information der Deutschen Bibliothek:
Die Deutsche Bibliothek verzeichnet diese Publikation in der Deutschen Nationalbibliografie, detaillierte bibliografische Daten sind im Internet über http://dnb.ddb.de abrufbar.

© 2016 Rainer Frankowski
Satz, Scans und Cover: Rainer Frankowski
Abbildungen, sofern nicht anders angegeben: Rainer Frankowski
Herstellung und Verlag:
BoD - Books on Demand, Norderstedt, 2016
Redaktionsschluss: Mai 2016
Alle Rechte beim Autor
ISBN 9783741272547

Inhalt

Die verschollene Fürstenstadt Zerbst	11
Vom ersten Eindruck	13
Tourismus dient der Kultur und der Wirtschaft	16
Stadtbildzerstörung ab 1820 ohne zwingende Notwendigkeit	16
Anhaltische Fürsten retteten Stadttor-Türme	20
Das aus dem Schlaf erwachte Dornröschen	21
Das Lichtwunder von Zerbst	23
Besuch in der Anhaltischen Bauschule Zerbst	25
Mythos Rothenburg ob der Tauber	31
Die Filmindustrie entdeckt Sachsen-Anhalt	34
1050 Jahre Zerbst – die Historie wird gefeiert	36
Die Zerstörung von Zerbst in den letzten Kriegstagen 1945	38
Vom schweren Anfang nach 1945	41
Der Friedrich-Fröbel Kindergarten	45
Wie der Markt sein Gesicht verlor	47
Das alte Rathaus auf dem Markt	47
Der Zerbster Rathausgiebel	51
An Stelle des Rathauses kam „Block 38"	53
Das Neue Haus auf dem Markt	54
Die Stadtkirche St. Nicolai	56
Eine Turnhalle in die Nicolaikirche?	60
Martin Luther – hier stehe ich!	66
Das ehemalige Kaufhaus am Markt	68

Das Hotel Anhalt auf dem Markt	69
Das Haus Schwaedt, Nr. 25	71
Das Haus Nr. 23	73
Die Häuser Nr. 14 und 16	74
Zerbst, eine geteilte Stadt	75
Abriss von 347 alten Wohnungen ab 1968	77
Es war einmal: Die Lüttge Brüderstraße	79
Es war einmal: Der Breitestein	84
Stadtbildzerstörung und Größenwahn	87
Wenn Betonstil die Historie überdeckt	89
Zerbst, eine fahrradfreundliche Stadt?	93
Das „zukunftsweisende" 5,7 Millionen-Euro-Projekt: Markt und Generationenhaus	94
Was ist eigentlich ein Generationenhaus?	110
Sag`mir, wo die Bären sind	111
Der Sturz der Butterjungfer	114
Die Verspargelung des Marktes	116
Bäume an Stelle des alten Rathauses	117
Der Toskanische Brunnen	118
Wie man aus einer Weiche eine Harte machte	119
Das Wasserspiel auf dem Markt	120
Das Bronzerelief mit der Ansicht vom alten Markt	120
Der Zerbster und der Dessauer Markt im Vergleich	121
Geheimprojekt Klappgasse?	124
Zerbst aus Schweizer Sicht: Eine Illusion nach der anderen zerplatzte - Wie die Stadt Zerbst fünf Jahre deutsche Einheit erlebte	126
Wenn Supermärkte das Stadtbild beherrschen	131
Wann starb die Jeversche Straße?	132
Zerbst im demografischen Wandel	134

Käffchen? – Bingo!	134
Die Archivkatzen	135
Fehlendes Stadtentwicklungskonzept	137
Bis 1999 fehlt Leitbild für Stadtentwicklung	139
Innerstädtisches Entwicklungskonzept fehlt auch noch 2010	139
Wie die Zerbster „Breite" zur Schmalen wurde	141
Das Haus Breite Nr. 10	145
Das Haus Breite Nr. 12	147
Das Haus Breite Nr. 14	147
Das Mahnmal im Roten Garten	148
Das „kommunistische Machwerk" muss weg!	150
Fußgängerzone Alte Brücke	154
Die Mühlenbrücke	158
Die Klosterhöfe: „Größter städtebaulicher Missstand"	161
Der Schützenplatz	171
Die Stadtmauer	174
Der Stadtmauerfall	175
Die Priegnitz	179
Der Schlossgarten – eine unendliche Geschichte?	181
„Wo ist das attraktive Ambiente?"	182
„Wo kein Wille ist, ist auch kein Weg"	184
Heimatfest als letzter Luxus?	185
Zerbst hatte 136,2 Millionen Mark Schulden	186
Wer trägt die politische Verantwortung für die Personalaffären?	188
Wie die Beatles fast nach Zerbst kamen	190
Auch die Bandidos waren schon hier	191
Maxim Gorki geschäftsschädigend?	192
Ein Zerbster erhielt in Österreich eine Straße – Ehrung für Heinz Lischke	193

Ehrenbürgerschaft für Erich Hänze	194
„Baugeschichte ist Menschengeschichte"	194
Der Schlossgarten: „Stressfaktor und Augenbeleidigung"	197
Das Zerbster Schloss	198
Neue Zukunft für die Schlossruine?	201
Wenn Fledermäuse den Aufschwung behindern …	203
Die ehemalige Reithalle	206
Denkmalpflegerisches Rahmenkonzept fällt aus dem Rahmen	207
Die Orangerie	210
Das ehemalige Kämmerei-Gebäude	210
Oer Marstall	211
Das Teehäuschen	213
Das Hofgärtnerhaus	217
Das Heimatfest im Schlossgarten	217
General Custers Schlacht in Little Big Zerbst?	219
Ein Denkmal für die Zarin	221
Von 17 500 Zerbstern sind nur 360 dafür	224
Katharina im Doppelpack	226
Ein Küsschen für die Große	227
Eine Sichtachse für Katharina	228
Eine Tribüne für die Zarin	231
Die Brücke über den Fluss	233
Die Schlossfreiheit	235
Die beiden Kavaliershäuser	238
Die Schlosswache	240
Die Bartholomäikirche	240
Das Gebäude der ehemaligen Bartholomäischule	240
Der Dicke Turm	243

RTL-Frauentausch und das Zerbster Stadtbild	244
Die RTL-Küchenprofis in Zerbst	246
Der Wasserturm von Zerbst	247
Der Bahnhof	248
Das Kreishaus	251
Das Postgebäude	253
Zerbster Mühlen	254
Tischlerei Krug – ein vergessenes technisches Denkmal	256
Bilder, die Geschichte erzählen	258
Als die Schweinemast vor der Tür stand	259
Schimmel im Museum	262
Fürstenbilder des Gymnasium Francisceum in Gefahr	264
Die Francisceumsbibliothek	265
Der Klostergarten des Gymnasiums	267
Der Zerbster Waldfrieden	268
Wenn die „Polleritis" um sich greift	270
Die symbolischen Stadttore	271
Symbolisches Stadttor auch am Frauentor	272
Die Trinitatiskirche	272
„Hügel des Denkens und der Kritik" eingeweiht	274
Der Zerbster Stadtrat ist der Größte	276
Sturm Kyrill hinterlässt Schneise der Verwüstung	276
Explosion in der Haselopstraße	277
Lachse und Forellen ausgesetzt	278
Der Wolf kehrt zurück	279
Stadtwappen vom Rathaus geklaut	280
Zerbst bald „Katharinastadt-Zerbst?	280
Nachwort und Danksagung	283
Anhang: Denkmalliste	285

„Was in fern vergangenen Tagen
Menschen an Schicksalen je erlebt haben –
das wird ihren Nachfahren
nicht mehr kund und wissend,
es sei denn, das man ihnen die Geschehnisse
dieser Zeit nach ihrem geschichtlichen Ablauf
schriftlich aufzeichne und berichte,
auf das es als Exempel und Mahnung diene
jedem Mitbürger und gehalten zu erkennen und
zu erwägen, was der Stadt zu Nutz oder Schaden
einmal gewesen,
auf das solche oder solcherlei Schicksale
sich in und außerhalb der Stadt
niemals je wiederholen können!"

(aus der Zerbster Ratschronik von 1551)

Die verschollene Fürstenstadt Zerbst

Als der Berliner Redakteur, Weltenbummler und Reiseschriftsteller Karl Emil Franzos um 1900 zufällig in ein *„so merkwürdiges und wenig bekanntes Nest wie Zerbst"* geriet und seine Erlebnisse und Eindrücke aus der *„verschollenen Fürstenstadt"* 1903 veröffentlichte, ahnte er sicher noch nicht, dass er damit ein einzigartiges Zeitdokument hinterlassen würde.

Dem völlig unvoreingenommenen Karl Emil Franzos, der eigentlich Wörlitz besuchen wollte, einen *„Ort von unendlicher Schönheit"* aus Goethes Briefen an Frau von Stein, war Zerbst bis dahin völlig unbekannt. In Güterglück auf den Anschlusszug wartend, traf er in der Bahnhofswirtschaft jemanden, der der Wirtin Zerbster Brägenwurst mit Zwiebeln anbot. Karl Emil Franzos kannte weder diese Delikatesse, noch das angepriesene Bitterbier. Und von der *„Schönsten Stadt"* Zerbst ganz in der Nähe hatte er auch noch nichts gehört.

Neugierig geworden, änderte er schließlich seine Pläne und besuchte an zwei warmen Sommertagen die alte Stadt Zerbst. Karl Emil Franzos schildert uns seine Eindrücke von der damals noch nicht zerstörten Stadt, die ihn stellenweise an Nürnberg oder Rothenburg erinnerte, und seine Begegnungen mit den damaligen Bewohnern.

Wenn auch vieles inzwischen Vergangenheit ist und die einst prächtige Stadt Zerbst nach ihrer Zerstörung 1945 nur noch ein Schatten ihrer selbst darstellt, so atmet doch auf Schritt und Tritt noch ihre Geschichte. Wer sich darauf einlässt und mit offenen Augen wahrnimmt, spürt die Einmaligkeit und die Schönheit des einstigen Stadtbildes trotz aller Veränderungen noch heute.

Um so schmerzlicher ist allerdings auch der Vergleich mit der heutigen Wirklichkeit. Die Erkenntnis, dass manche Teile des alten Zerbster Stadtbildes vielleicht heute noch existieren könnten, wenn man anders damit umgegangen wäre, machen betroffen und ratlos ...

Die menschlichen Charaktere, die Karl Emil Franzos damals so liebevoll und treffsicher beschreibt, sind wohl auch heute noch zu finden. Selbst über das inzwischen wieder aktuelle Thema: „Schloss und Katharina II.", hatte er sich bei seinem Besuch vor über 100 Jahren schon einige, recht bemerkenswerte Gedanken gemacht ...

(→ Karl Emil Franzos, „Aus Anhalt und Thüringen", Rütten & Loening, Berlin 1984)

Vom ersten Eindruck

Stellen wir uns einmal vor, Karl Emil Franzos würde die Stadt Zerbst heute, im Jahre 2016, noch einmal besuchen. Nehmen wir an, er käme mit der Bahn, dann würde ihn heute wahrscheinlich schon der Zustand des Zerbster Bahnhofes wie ein Schock treffen. Nehmen wir an, er käme aus Richtung Belzig, dann würde ihn das imposante Heidetor begrüßen. Auf der Bundesstraße B 184 aus Richtung Dessau-Roßlau kommend, würde er nach einer Kurve am Gewerbegebiet Frauentormark als erstes am Horizont eine historische Stadtmauer und die zwei Türme der Nicolaikirche erblicken.   Aber was ist das? Die Stadtmauer besitzt hier gar kein Stadttor und ist für den Autoverkehr vierspurig durchbrochen worden? Die Kirchentürme von St. Nicolai sind nur noch Reste ihrer selbst, der Mittelturm fehlt völlig und ein Plattenbau im Vordergrund zerstört die gesamte historische Optik.   „Was ist denn nur mit dieser Stadt passiert?" - würde er sich sicher fragen.

Das soll das 1050-jährige Zerbst sein, das einstige Rothenburg an der Elbe?

Karl Emil Franzos hätte nun die Möglichkeit, auf der vierspurigen Bundesstraße in wenigen Minuten die Stadt zu durchqueren und wieder zu verlassen. Er könnte aber auch den Hinweisschildern zum historischen Stadtkern folgend, auf den Zerbster Markt abbiegen und einen kleinen Halt einlegen. Auch hier würde er sich wahrscheinlich die Frage stellen: Das soll einer der schönsten Marktplätze Mitteldeutschlands gewesen sein?

Welchen Eindruck hätte er heute bei einem Rundgang durch den Schlossgarten-Park als ehemalige Fürstenresidenz? Abgesehen von der sanierten, einstigen Reithalle wird er rund um das neu aufgestellte Katharina-Denkmal nur von maroden Bauten empfangen: Marstall, Teehäuschen und die kläglichen Mauerreste der Orangerie. Das ehemals zum Schlosskomplex gehörende Kämmerei-Gebäude ist gar nicht mehr vorhanden und vom einstigen dreiflügeligen Schloss existiert nur noch der kriegszerstörte Ostflügel. Gerüste an diesem Gebäude und rege Aktivitäten des Vereins in den letzten Jahren zeigen aber, dass zumindest hier der Dornröschenschlaf beendet ist. Und auf der Schlossfreiheit strahlen inzwischen die beiden restaurierten Kavaliershäuser im neuen alten Glanz.

Wenn er die Gelegenheit gehabt hätte, würde Karl Emil Franzos vielleicht an einer Führung teilnehmen, oder mit alten Zerbstern ins Gespräch kommen. Traurig würde man ihm dann vermutlich erzählen, dass das alles dem Krieg zuzuschreiben ist und den amerikanischen Bombern, die im April 1945 diese Stadt in Schutt und Asche legten ...

Leider ging die Zerstörung des alten Zerbster Stadtbildes auch nach dem Krieg noch weiter. Ob beim sozialistischen Wiederaufbau oder auch in „rechtsfreier" Wendezeit nach 1989, erfolgten weitere Eingriffe. Damit erging es Zerbst wie vielen anderen Städten in ganz Deutschland. Manche Planer, Architekten oder Politiker sahen ungeahnte

Möglichkeiten, die Vergangenheit und die Geschichte hinter sich zu lassen und völlig neue Städte nach ihren Vorstellungen zu entwerfen.

Auf über Jahrhunderte gewachsene Stadtbilder wurde kaum noch Rücksicht genommen, wobei leider auch die immer wieder als Fortschritt gefeierte, allgegenwärtige Bauhaus-Architektur einen großen Anteil hat. Nicht die Stadt hatte sich dem Menschen anzupassen, sondern der Mensch sich der ihm hingestellten Architektur. An dieser Stelle sei auf den Bauhaus-Künstler Le Corbusier (1887 – 1965) hingewiesen, der die gesamte historisch gewachsene Altstadt von Paris abreissen wollte, um dort eine seelenlose Betonstadt zu errichten.

Allerdings gibt es auch viele Beispiele, wo man sich diesem Trend verweigerte und Altstädte liebevoll erhalten oder inzwischen sogar wieder neu aufgebaut wurden – wir werden später noch näher darauf eingehen.

Noch heute werden leider in Zerbst Gebäude abgerissen, die sowohl den Krieg als auch 40 Jahre Mangelwirtschaft überstanden hatten. Trotz Abriss von Plattenbauten nach der Wende, ist es bis heute wenig gelungen, einstige Sichtachsen des alten Stadtbildes wieder frei zu legen und den Blick auf markante Bauwerke entsprechend alten Bildmaterials wieder zu öffnen. Als Beispiel sei hier nur die seit Jahrhunderten existierende, freie Sicht auf die Nicolaikirche durch das linke Heidetor-Portal genannt, die seit den 1975er Jahren mit dem Bau eines Plattenbaus verstellt wurde. Manche neu entstandene Gebäude tragen leider auch wenig dazu bei, an das alte Zerbster Stadtbild anzuknüpfen und das, obwohl weite Teile der Stadt im „Sanierungsgebiet Altstadt Zerbst" liegen. Und während die einen all diese Veränderungen als Zeichen einer lebendigen, sich stetig entwickelnden Stadt deuten, verliert diese mit jedem alten Gebäude einen weiteren Teil ihrer einstigen Identität ...

Tourismus dient der Kultur und der Wirtschaft

„Wenn auch nicht verkannt wird, dass zur Zeit schwere wirtschaftliche Not nicht nur auf dem Staat und den Gemeinden, sondern auch auf dem Hausbesitz lastet, so muss es doch als eine Ehrenpflicht gelten, nichts unversucht zu lassen, um unserem Volke und vor allem unserer Bürgerschaft den Besitz, den es in seinem wertvollen Altstadtbild mit seinen zahlreichen Baudenkmalen hat, zu erhalten ... Die Pflege unseres Stadtbildes soll nicht nur der Zerbster Bürgerschaft Freude bereiten, sondern sie soll vor allem auch der Förderung wirtschaftlicher Bestrebungen, der Hebung des Wirtschaftslebens durch den Fremdenverkehr dienen."

„Verkehrswerbung zu treiben, ist nur möglich, wenn dafür die natürlichen Grundlagen vorhanden sind ..."

Für diese kluge und in die Zukunft gerichtete Ansicht, kämpfte schon 1931 der damalige Regierungsbaurat a.D. und erster Stadtrat Paul Kirchner, dem die Stadt und das Stadtbild sehr am Herzen lag. Im „Zerbster Jahrbuch Nr. 16" veröffentlichte er einen flammenden Bericht zur Erhaltung des wertvollen alten Stadtbildes und versuchte bereits damals, die Öffentlichkeit und die Entscheidungsträger von der Wichtigkeit solcher Maßnahmen zu überzeugen.

Stadtbildzerstörung ab 1820 ohne Notwendigkeit

Die eigentliche Zerstörung des charaktervollen und einheitlich geschlossenen Stadtbildes begann nach Darstellung Paul Kirchners ab 1820, als die Stadtwälle und die Stadtgräben der umfassenden Wehranlage, sowie nach 1850 der größte Teil der Toranlagen dem zunehmenden Straßenverkehr zum Opfer fielen – ohne dass es dafür eine zwingende Notwendigkeit gegeben hätte. Nach Ansicht Paul Kirchners hätten die Anlagen aller fünf Stadttore völlig erhalten werden können, wenn durch Abriss einiger wertloser, alter Häuser und Scheunen neue Zufahrtsstraßen angelegt worden wären. Das geschah aber nicht. Selbst auf die Möglichkeit einer späteren Schadensbegrenzung verwies Paul Kirchner, und nannte als Beispiele die Städte Prenzlau, Arnswalde, Templin und Wittstock.

Paul Kirchner kämpfte gegen das Verschandeln des Altstadtbildes und um den Erhalt der wertvollen historischen Bausubstanz. Nach seiner Ansicht war es gerade der damalige Um- und Neubau öffentlicher Gebäude, der zur Schädigung des einheitlichen Stadtbildes beigetragen hatte. Als Beispiel nannte er die veränderten Hauptfronten des alten Rathauses nach Norden und Süden, den Umbau der Knabenmittelschule auf dem Markt mit seinem Orts untypischen Flachdach und den Zinnen, den gelben Backsteinbau der Mädchenmittelschule, der Bauschule oder die Schlosswache auf der Schlossfreiheit. Kirchner sprach sich auch gegen die oberirdische Verlegung von Elektrizitätsleitungen aus und setzte sich gegen das Verschandeln des Altstadtbildes durch artfremde Materialien ein. Damit war er seiner Zeit weit voraus. Die Ursachen für alle diese Stilbrüche sah der ehemalige Regierungsbaumeister und Stadtrat darin, dass

„bei dem gewaltigen technischen Fortschritt, insbesondere nach dem Jahre 1870, sowohl bei den Architekten, als auch beim Bauhandwerk der Anschluss an die künstlerische Überlieferung verlorengegangen (sei). Die Ausbildung der Architekten war ungenügend und vielfach wurden ungeeignete Kräfte mit wichtigen Aufgaben betraut."

Es ist erstaunlich, dass Im Jahre 2015 ein Journalist der Zeitschrift „Die Welt" zu der gleichen Einschätzung kam. Die Stadt Lübeck wurde zum Beispiel 1942 und ein zweites Mal beim Wiederaufbau zerstört. Nichts sollte mehr an die alte Hansestadt erinnern. Heute, nach 72 Jahren, haben nun die Stadtväter beschlossen, zwei Straßenzüge wieder im alten Stil mit typischen Giebelhäusern aufzubauen. 133 Architekturbüros aus ganz Europa beteiligten sich an einer entsprechenden Ausschreibung.

Das sei fast ein Wunder, denn an vielen Hochschulen würden heute noch nicht einmal mehr die Professoren die klassischen Stilmittel und Techniken beherrschen, stellte der Journalist ernüchternd fest.

("Die Rückkehr zum Giebel", Dankwart Guratzsch, welt.de 30.06.2015)

Und selbst im weltbekannten Rothenburg ob der Tauber veranlasste die Erkenntnis, dass Tourismus ein überlebenswichtiger Wirtschaftsfaktor sei, die bekannte Heimatdichterin Gertrud Schubert zu der Aussage, dass dort „die Katz verreckt" wäre, hätten nicht Fremde diese Stadt wieder entdeckt.

Zurück nach Zerbst. Erst Jahre später, am 6. September 1935, wurde dann endlich eine Ortssatzung zum Schutz des Zerbster Stadtbildes auf Grundlage des § 3 der Deutschen Gemeindeordnung und des § 72 der Anhaltischen Bauordnung vom 18. Oktober 1916 vom Gemeinderat verabschiedet. In dieser wurden z.B. für das Gebiet der Altstadt, einschließlich

„eines 200 m breiten Geländestreifens"

sämtliche Neubauten oder bauliche Veränderungen untersagt. Das Überputzen von Fachwerk, das Entfernen von Bäumen, die „das *Stadtbild vorteilhaft prägen oder hässliche Durchblicke schließen",* sowie aufdringliche Werbung, wurden verboten. Selbst die möglichst ansprechende Gestaltung von sichtbaren Innenhöfen hatte man darin berücksichtigt.

Damit war diese Satzung weit umfassender, als eine nach der Wende 1994 verabschiedete Rahmengestaltungssatzung der Stadt Zerbst, die allerdings überhaupt erst auf Grundlage dieser alten Satzung entstanden ist. Bis heute hat sie Gültigkeit, wobei leider immer wieder Ausnahmen genehmigt worden sind.

Würde die 200 m Regelung heute noch gelten, gäbe es vermutlich keine gelbe Tankstelle gegenüber dem einzigen noch erhaltenen Vortor des Heidetores. Auf der Schlosspark-Seite der Gartenstraße und der Käsperstraße ständen heute keine Einfamilienhäuser, der Park würde wie Jahrhunderte vorher, an der Straße enden und man hätte völlig freie Sicht auf diese Anlage. Einige Lücken in der Käsperstraße bieten erstaunliche Einblicke! Auch die wenige Meter neben der historischen Stadtmauer errichteten oder bereits geplanten Häuser am heutigen Gartenweg wären vermutlich undenkbar gewesen. Es gäbe heute keine Videothek, 5 m neben dem Eingang zum historischen Frauentorfriedhof (früher eine Scheune). Es gäbe keinen Supermarkt samt riesigen Parkflächen mitten in der Innenstadt und auf dem Bartholomäikirchhof würden heute als historisches Gesamtensemble des alten Zerbst keine Autos stören. Auch der obere Markt um den Roland wäre heute sicher autofreie Zone, zum Schutz dieses Denkmals und im Interesse von Touristen, um dort wenigstens ein paar vernünftige Fotos machen zu können. Und das Generationenhaus auf dem Markt, wäre mit seinen Orts untypischen Flachdächern in dieser Form sicher gar nicht erst genehmigt worden.

Das Punkthochhaus an der Ecke Alte Brücke/Fuhrstraße oder der Plattenbau Nr. 4 am Weinberg gegenüber dem geschichtsträchtigen Gymnasium Francisceum, wären Zerbst als amtlich genehmigte Bausünden aus DDR-Zeit sicher erspart geblieben. Diese Aufzählung ließe sich beliebig fortsetzen ...

Anhaltische Fürsten retteten Stadttor-Türme

Eine rühmliche Ausnahme bildeten, so Paul Kirchner, die Bestrebungen der Anhaltischen Fürsten, die sich mehrfach für die Erhaltung des wertvollen Zerbster Stadtbildes einsetzten. Deren Eingreifen sei es zu verdanken, dass wenigstens drei Tortürme der ehemaligen fünf Stadttore erhalten geblieben sind. Die seitlichen Türme des ehemaligen Akenschen Tores in der Fritz-Brandt-Str. wurden übrigens erst nach 1949 entfernt, ausgerechnet auf Vorschlag des damaligen Lehrers und Museumsleiters Hermann Maenicke, wie Stadtratsprotokolle aus dieser Zeit belegen.

Der ehemalige Leiter des Anhaltischen Staatsarchivs, Reinhold Specht, beschrieb Paul Kirchner in seiner Chronik über die Stadt Zerbst als einen *„feinsinnigen und kenntnisreichen Baumeister und Architekten, der zusammen mit dem Landeskonservator und dem Verkehrsverein neue Maßnahmen zur Erhaltung forderte und durch Propagierung des Fremdenverkehrs eine wirtschaftliche Belebung beabsichtigte."* Leider wurde Paul Kirchners Baufarben-Plan und sein Denkmalschutz-Ortsstatut von Stadtrat damals noch nicht mitgetragen.

(→ Reinhold Specht – „Die Geschichte der Stadt Zerbst", Anhaltische Verlagsgesellschaft mbH Dessau 1998, ISBN 3-910192-66-1)

Das aus dem Schlaf erweckte Dornröschen

Infolge der Widerstände gegen Kirchners damalige Visionen, konnten nur einige wenige Bürgerhäuser der Stadt, wie zum Beispiel die **„Deutsche Schenke"** (Kriegsopfer), das Haus der **Ratsapotheke** (Kriegsopfer), oder das **„Hotel Anhalt"** restauriert werden, zumeist mit staatlichen Mitteln. Mit städtischen Mitteln wurde damals der **Wehrgang am Klosterhof** von der Marienpforte zum Akenschen Tor und das **Wiekhaus** instand gesetzt. 1924 bis 1928 erfolgte die Restaurierung des **Refektoriums** und der **Kreuzgänge des Francisceums**. Der **Stadtmauerturm** am Francisceum wurde wieder besteigbar gemacht. Auch die **Bartholomäikirche** wurde von innen restauriert. Unter Assistenz Paul Kirchners, so berichtet Reinhold Specht, entfaltete der Zerbster Verkehrsverein eine rege Werbung in führenden deutschen Presseorganen mit sichtbaren Erfolgen.

Tatsächlich schien sich die ehemalige Fürstenresidenz Zerbst zu diesem Zeitpunkt in einem ziemlich vergessenen und verschlafenen Zustand befunden zu haben, wie Karl Emil Franzos ja ebenfalls schon festgestellt hatte.

„Die Industrie ging an uns vorbei", resümierte auch die Zeitung „Freiheit" am 20. August 1949 und berichtete davon, wie 1902 in Zerbst eine Seifenfabrik errichtet werden sollte, um die im Konsumverein organisierten Verbraucher besser und billiger beliefern zu können. Das wurde vom Stadtparlament abgelehnt, befürchtete man doch, dass das daneben liegende „Friedrichsholz" durch die Abgase Schaden nehmen könnte. „Durch den Bau dieser Fabrik wären tausende Arbeiter nach Zerbst gekommen und da sie mehr als 1050 Mark im Jahr verdient hätten, wären sie wahlberechtigt geworden und hätten der bürgerlichen Mehrheit im Stadtparlament ein Ende bereitet. Ebenso hätten sich die Löhne in der Stadt gehoben und das wäre den anderen Unternehmern bitter aufgestoßen" – schätzte 1949 die Zeitung „Freiheit" ein. Außerdem besaß Zerbst zu dieser Zeit bereits zwei Seifenfabriken. So hätte es Zerbst „der Torheit seines damaligen Magistrats" zu verdanken, dass es ein bescheidenes Mauerblümchen geblieben sei - schlussfolgerte damals die „Freiheit". Man hoffte, dass mit dieser Fabrik vielleicht auch noch andere nach Zerbst gekommen wären …

Ob es tatsächlich eine Torheit war, Zerbst nicht zu einem Industriestandort wie Bitterfeld oder Wolfen zu machen, oder eher eine weise

Entscheidung der Stadtväter, die auf ein einmaliges und wertvolles Altstadtbild setzten, möge jeder für sich selbst beantworten. Im fränkischen Rothenburg oder in Nördlingen lebt man auch ohne solche Industriekulisse mit dem Altstadtflair heute recht gut und Touristenströme danken dafür.

Zurück zu Paul Kirchner. Unter seiner Federführung gelang es, die Stadt als attraktiven Tagungsort bekannt zu machen. 1927 fand hier der „Tag der anhaltischen Lehrer" statt. 1928 tagte der Mitteldeutsche Verkehrsverband, der Landesparteitag der Deutschen Demokratischen Partei und das Anhaltische Landesmissionsfest wurde hier abgehalten. 1929 gelang es, die Tagung des Bundes zur Förderung der Farbe im Stadtbild nach Zerbst zu holen. Diese Vereinigung der Farbenfachleute Deutschlands tagte sonst nur in großen Städten wie Hamburg oder Augsburg. Auf der Einführungsveranstaltung im Juli 1929 im „Von Rephuhns Garten" nannte Bürgermeister Dr. Koppetsch die Beweggründe: „Unsere noch im Verborgenen blühende Stadt, die durch den Besuch der zahlreichen Vertreter aus ganz Deutschland eine nicht unbeachtliche Werbung erfährt, weiß den Besuch der Gäste zu würdigen. Decken sich doch die Ziele des Bundes mit der Arbeit des Magistrats zur Erhaltung, Förderung und Bekanntmachung der Zerbster Schönheiten, wie es sich besonders Stadtrat Kirchner angelegen sein lässt. Das aus dem Schlaf erweckte Dornröschen Zerbst darf kein schlichtes Aschenputtelkleid tragen. Wir in Zerbst wollen aus dieser Stadt etwas machen und wir stehen mit diesem Wollen noch ganz am Anfang. Die Farbe soll uns dabei helfen, aber auch die Gäste dieser Tagung sollen es tun."

Das Lichtwunder von Zerbst

Nach einem umfangreichen Tagungsprogramm, das die 200 angereisten Gäste u.a. auch in die Schlösser Dornburg, Leitzkau und Wiesenburg führte, erklangen am Abend im überfüllten Saal des Gasthauses „Zum Goldenen Löwen" auf dem Markt im Rahmen der beliebten Kulturabende der Zerbster Buchhandlung Gast, Werke von Haydn, Mozart und Beethoven. Danach bereitete die Stadt Zerbst ihren Gästen einen, im wahrsten Sinne des Wortes, glanzvollen Höhepunkt: Beethovens Musik noch im Ohr, erwartete die Anwesenden in dunkler Nacht ein märchenhafter Anblick: Wohin man blickte, brannten Lichter vor und hinter den Fenstern. Das Rathaus lag im Scheinwerferlicht, die Konturen der gewaltigen Nicolaikirche zeichneten sich von unten angestrahlt, am schwarzen Himmel ab. In den Eckfenstern des Rathauses wurden Buntfeuer abgebrannt, der Toskanische Brunnen war von innen beleuchtet. Der Roland erstrahlte in weißem Licht, bunt glühende

Lampions grüßten von der Deutschen Schenke. Von jedem Fenster, von jedem Balkon flammte es. Besonders wohltuend soll die feierliche Stille gewirkt haben …

(→ *Rainer Frankowski –„Das Lichtwunder von Zerbst" im Zerbster Heimatkalender 2002)*

Was von diesem unglaublichen Flair nach 1945 und der zweimaligen Umgestaltung des Zerbster Marktes nach 1989 und im Jahre 2009 heute noch geblieben ist, ist vermutlich die Stille – falls nicht gerade der Weihnachtsmarkt stattfindet und „Stille Nacht, heilige Nacht" aus den Lautsprechern dudelt.

Nach dem fabelhaften Erfolg der Marktbeleuchtung 1929 wurde festgelegt, dieses Schauspiel im Interesse der Hebung des Fremdenverkehrs alljährlich zu wiederholen, da Zerbst hierbei in einem völlig neuen Gesicht erscheine, das erstaunliche Schönheiten offenbare. Selbst Hildesheim, die Stadt, die sich um die Ausrichtung der 5. Farbentagung bemühte, erklärte sich schon vorab als geschlagen, da sie so etwas kaum bieten könne …

Erwähnenswert ist vielleicht in diesem Zusammenhang, dass mein Vorschlag, die Nicolaikirche anlässlich der 1050-Jahrfeier der Stadt Zerbst nachts mit Scheinwerfern anzustrahlen und somit kilometerweit sichtbar zu machen, aus Kostengründen leider nicht realisiert werden konnte. Angestrahlt wird dieses Stadtbild prägende Bauwerk übrigens bis heute nicht. Mit dem Schloss Leitzkau, einige Kilometer von Zerbst entfernt, mit dem Heidetor oder neuerdings auch mit dem Portal der Trinitatiskirche, ist man da schon etwas weiter.

Besuch in der Anhaltischen Bauschule Zerbst

Ein weiterer Höhepunkt der Farbentagung war der Besuch der weit über ihre Grenzen bekannten Anhaltischen Bauschule in Zerbst (1887–1945). Dort wurden in sechs Räumen mit ersten Preisen ausgezeichnete Wettbewerbsentwürfe für Einzelhäuser und Straßenzüge aus ganz Deutschland präsentiert. Ergänzt wurden diese mit Schüler- und Ingenieurarbeiten der Bauschule und mit Zeichnungen und Modellen vom alten Zerbst. Dazu muss man wissen, dass die Bauschüler im Rahmen ihres Studiums großformatige und detailgetreue Häuseraufnahmen (Zeichnungen) anzufertigen hatten, von denen heute glücklicherweise noch über 170 Exemplare im Stadtarchiv vorhanden sind.

Vielleicht sollte man auch sagen: wieder vorhanden sind, denn sie waren an die verschiedensten Orte verstreut und mussten nach der Wende mühsam wieder zusammengeführt werden. Ob es sich inzwischen um alle noch existierenden Exemplare handelt, die den Krieg überlebt haben, kann niemand mit Sicherheit sagen. Eine weitere Zeichnung, auf der die einstige Orangerie in Farbe abgebildet ist, befindet sich in der Ausstellung des Museums der Stadt. Und selbst eine Zeichnung des Toskanischen Brunnens soll nach der Wende bei der Steinmetz-Firma Keck wieder aufgetaucht sein. Vom ehemaligen prächtigen Zerbster Rathaus selbst existiert sogar eine komplette, großformatige Zeichnungsmappe, in der nicht nur die Vorder- und Rückansicht, sondern auch die kunstvollen Backsteingiebel und sogar einige Innenansichten zu bewundern sind. Eine dieser kompletten Kunstdruckmappen wurde dem Stadtarchiv Zerbst vor einigen Jahren von Frau Gast (ehem. Buchhandlung Gast) als Geschenk übergeben. Eine weitere Ausgabe besitzt die Francisceumsbibliothek.

Häuseraufnahme Wegeberg 10, Sommersemester 1910, H.Meyer, Anh. Bauschule Zerbst (Stadtarchiv)

Häuseraufnahme Rennstraße 16, Vorschlag zur Wiederherstellung, Sommersemester 1912, (Stadtarchiv Zerbst)

Die Zeichnungen der ehemaligen Bauschüler würden es ermöglichen, die Fassaden alter Zerbster Häuser originalgetreu wieder entstehen zu lassen. Leider hat hier bis heute niemand auch nur das geringste Interesse daran, noch nicht einmal als Musterbeispiel!

Mein Vorschlag, wenigstens einmal einen großformatigen Kalender oder eine Bildmappe von den schönsten dieser Zeichnungen herauszugeben, der auch als Werbegeschenk der Stadt hervorragend geeignet wäre, stieß bisher leider auf wenig Resonanz. Obwohl schon 2004 ein Vertreter einer Druckerei zur Begutachtung vor Ort war, wurde daraus bis heute nichts. Allerdings war damals angedacht, nur Ausschnitte von diesen Abbildungen zu verwenden. Das wäre aber diesen hochwertigen, technischen Zeichnungen samt Bemaßungen und Schnittdarstellungen in keiner Weise gerecht geworden. Mit der Herausgabe eines solchen Kalenders würden nicht nur die beeindruckenden Leistungen unserer Vorfahren geehrt werden, es wäre auch eine Möglichkeit, an schöne alte Zerbster Stadtbilddetails zu erinnern. Meine Hoffnung, dass diese Bilder auch Maßstäbe für die Stadtplanung hier und heute setzen würden, erfüllte sich leider bisher nicht.

Schon im Juli 1949, Zerbst war völlig zerstört und es gab sicher viel schwerwiegendere Probleme zu lösen, hatten unsere Stadtväter die Herausgabe einer Kunstdruckmappe anlässlich der 1000-Jahrfeier veranlasst, um die vielen ehemaligen Schönheiten des alten Zerbster Stadtbildes zu würdigen und im Bewusstsein der Bevölkerung wach zu halten. Noch heute hängen Bilder dieser Kunstdruckmappe in Arztpraxen, Amtsstuben, in Gaststätten und in privaten Wohnungen, worüber sich die damaligen Herausgeber sicher sehr freuen würden ...

Zurück zur Farbentagung 1929 nach Zerbst. Bürgermeister Koppetsch jedenfalls betonte noch einmal das Anliegen der Veranstalter: „Farbe in das Stadtbild zu bringen, kann durch die Darbietung guter Beispiele wesentlich gefördert werden. Breiteste Volksschichten sollen mit eigenen Augen sehen, wie es gemacht und was unterlassen werden muss. Zur Erreichung dieses Zieles hat der Magistrat keinen besseren Weg zu finden gewusst, als dass er alle farbigen Musterentwürfe zusammengestellt hat, die die Stadtbauämter einiger hervorragender deutscher Städte unter großem Arbeitsaufwand geschaffen haben ... Es handelt sich darum, den Geschmack weiter Kreise zu bilden. Goethe, von dem Bildungsströme auf das deutsche Volk ausgegangen sind, hat auf diesem Gebiet mit seiner heute noch geltenden Farbenlehre ein kostbares Vermächtnis hinterlassen. Die heutige Bewegung ist die Anwendung dieser Lehre."

Betrachtet man die Farb – und Formgestaltung im heutigen Zerbst, so ist im Vergleich zum DDR-Einheitsgrau in den letzten Jahren nach der Wende viel Positives entstanden, hat sich das gesamte Stadtbild nachhaltig verändert. Ich erinnere mich an die ersten Besucher aus unserer Partnerstadt Jever, die mir bei einer Stadtführung zu verstehen gaben, dass sie zwar das Grau der Häuser wegen der fehlenden Materialien in der DDR noch nachvollziehen könnten, nicht aber das Fehlen von bunten Blumen in den Fenstern ... (Dass aber auch diese in der DDR Mangelware gewesen sind, genau so wie Blumenkästen, konnten sie ja nicht wissen!) Andere West-Besucher empfanden die in Zerbst damals völlig fehlende, bunte Werbung an den Geschäften sogar als recht angenehme Alternative. Und eine junge Studentin aus den USA warnte uns damals davor, die Beschaulichkeiten dieser Stadt zu zerstören. Auch vor einem alles beherrschenden, auswuchernden Autoverkehr wurden wir gewarnt ...

Kopfschütteln löste damals bei den ersten Gästen auch der übliche Antennenwald auf den DDR-Plattenbauten aus, wie er überall anzutreffen war. Jede Wohnung besaß ihre eigene Antenne auf dem Dach. Schulkinder aus Jever fühlten sich bei einer ersten Stadtbesichtigung „wie nach dem Krieg" und zu dieser Zeit prägten auch Touristen den

Spruch, Zerbst wäre „eine Stadt auf dem zweiten Blick", deren Schönheiten sich dem Fremden nicht sofort erschließen würden.

Nach der Wende sollte alles anders und besser werden. Standen doch auf einmal ungeahnte Möglichkeiten zur Verfügung. Wir Mitarbeiter des Museums kletterten zu DDR-Zeiten noch in Eigeninitiative und nach Feierabend auf ein Baugerüst, um abblätternde Farbe der Kreuzgänge zu entfernen und mit einem neuen Anstrich zu versehen. Wenn damals schon von offizieller Seite kaum Hilfe zu erwarten war, so wollten wir wenigstens zu den alljährlichen Zerbster Kulturfesttagen unseren Besuchern einen guten Eindruck bieten. Nach der Wende war das nicht mehr nötig, denn es gab inzwischen haltbarere Alternativen und Technologien, von der Heizung über die Beleuchtung, bis zur Sicherheitstechnik – ausgeführt von Spezialfirmen. Apropos Sicherheitstechnik – die ersten Westbesucher waren völlig überrascht, dass das Zerbster Museum seit Jahrzehnten ohne jede Sicherheitselektronik auskam. Viele Objekte standen frei zugänglich im Raum und manche Vitrine war noch nicht einmal abgeschlossen.

Heute ist natürlich auch bei der Gestaltung des Stadtbildes in Form und Farbe fast alles möglich. Neben gekonnten Lösungen, die an das alte Zerbster Stadtbild anknüpfen, oder die eine bis dahin kaum noch erkennbare Pracht alter Fassaden wieder entstehen lassen, gibt es aber leider auch immer wieder Beispiele, die ziemlich fragwürdig erscheinen, die dem Gesamtstadtbild eher schaden als nützen. Auch hier fehlt meiner Meinung nach jedes Konzept, welchen Eindruck diese Stadt vermitteln will. Statt einzelne Häuser zu betrachten, wäre es nötig, den gesamten Straßenzug oder sogar das gesamte Stadtviertel bei Planungen zu berücksichtigen. Und noch heute, also 70 Jahre nach dem Krieg, werden leider Häuser abgerissen, die sowohl den Krieg, als auch 45 Jahre Sozialismus und 25 Jahre Wiedervereinigung überstanden hatten ...

„Das macht man eben heute so!" – ist ein immer wieder gern gebrauchtes Argument der verantwortlichen Kommunalpolitiker und Planer, wenn sie mit diesbezüglichen Fragen oder Kritik konfrontiert werden.

Mythos Rothenburg ob der Tauber

Foto: Rothenburg o.d. Tauber, Am Plönlein / Willi Sauer Verlag

Sie ist der romantische Traum vieler Touristen von einer typischen mittelalterlichen Stadt und kann jedes Jahr 2 Millionen Besucher aus aller Welt begrüßen: das fränkische Rothenburg im idyllischen Taubertal gelegen. Das alte Zerbster Stadtbild soll mit dieser Perle mittelalterlicher Stadtbaukunst einmal vergleichbar gewesen sein, so heißt es. Und dass Rothenburg heute noch so schön wäre, käme nur daher, weil es ja auch im Krieg nicht zerstört worden sei …

Falsch! Die mittelalterliche Stadt Rothenburg ob der Tauber fiel genau so dem Krieg zum Opfer, wie Zerbst. Am 31. März 1945 wurde sie bei einem Bombenangriff zu 40 % zerstört. Durch Eingreifen eines amerikanischen Generals, der die Bedeutung dieser Stadt erkannte, entging sie der völligen Vernichtung.

In den folgenden Jahren wurde sie im alten Stil wieder aufgebaut. Finanzielle Unterstützung kam aus dem In- und Ausland und ermöglichte die völlige Wiederherstellung. Das konsequente Vorgehen und Null Toleranz der Verantwortlichen gegenüber Stadtbild zerstörerischen Maßnahmen bis heute, rechnet sich für die gesamte Region. Allein zu den Altstadtfesten an Pfingsten oder am ersten Wochenende im September, sowie zum traditionellen „Reiterlesmarkt" zur Weihnachtszeit, überschwemmen 2 Mio. Touristen aus aller Welt diese Stadt. Und Rothenburgs Stadtbild mit seinem Flair ist wirklich beeindruckend und gibt dem Besucher eine vage Vorstellung von dem, was das intakte Zerbst vor 1945 einmal dargestellt haben mag.
Dieses Flair, das auf kleinteilige Bebauung setzt und detailverliebt alles unterstützt, was den Charme einer mittelalterlichen Stadt ausmacht, funktioniert natürlich nur ohne Supermärkte und ohne riesige Parkplätze in der Innenstadt, ohne aufdringliche Werbung und klobige Plattenbauten und mit einem sauberen und intakten Stadtbild bis ins kleinste Detail. Selbst die engste Gasse, durch die gerade mal ein Handwagen passt, ist in Rothenburg liebevoll saniert. Außerdem herrscht an Wochenenden und an Feiertagen Fahrverbot für die gesamte Altstadt.

„Das macht man heute so!" – sagten sich also auch die Rothenburger und meinten doch genau das Gegenteil, von dem, was hier in Zerbst seit dem 19. Jahrhundert praktiziert wurde und z.T. heute noch wird. Wenn diese Städte also in gewisser Weise Jahrhunderte miteinander vergleichbar gewesen sein sollen, so ist es mir ein Rätsel, warum es bis jetzt keine städtepartnerschaftlichen Kontakte mit Rothenburg gibt, oder es Zerbster Schülern, Kommunalpolitikern oder Planungsbüros bis heute nicht zur Ehrenpflicht gemacht wurde, sich in Rothenburg das „alte Zerbst" anzusehen und es auf sich wirken zu lassen? Gleichzeitig sich über eine gekonnte Stadtbildgestaltung und den praktizierten Denkmalschutz zu informieren, um wenigstens die Reste des alten Zerbst für die Nachwelt und für den Tourismus zu retten?

Auch hier lohnt ein Blick in frühere Ratsprotokolle: Man sollte es kaum glauben, aber bereits 1956 erhielt die Stadt Zerbst Einladungen aus Goslar und auch aus Rothenburg ob der Tauber! Der Kontakt war also von der anderen Seite durchaus erwünscht! Eine Delegation, bestehend aus Bürgermeister Sternickel, Stadtverordneten Klaus, Sachbearbeiter Stephan und Fahrer Darbritz war bereits aufgestellt worden. Ob sie diese Reise tatsächlich antraten, ist mir nicht bekannt. Von einem Besuch in Rothenburg nahm man jedoch Abstand. Spätere Kontakte und gegenseitige Besuche mit der Stadt Jever in Friesland hatte damals der Lehrer und Museumsleiter Hermann Maenicke angekurbelt, zumal Jever ja geschichtlich einmal ein Teil von Anhalt-Zerbst war. Während diese gegenseitigen Kontakte anfangs sehr vielversprechend verliefen, wurden sie später aus politischen Gründen wieder eingefroren und konnten erst nach der Wende wieder aktiviert werden. Heute ist Jever eine der zuverlässigsten Zerbster Partnerstädte und es wurden und werden auch auf privater Ebene viele Freundschaften geschlossen und natürlich intensiv gepflegt.

Sehr zu empfehlen ist in diesem Zusammenhang auch der kleine und preiswerte Stadtführer von Rothenburg mit 154 Farbbildern vom Willi Sauer Verlag (ISBN -978-3-940391-08-7), den es in vielen Sprachen gibt und den die Stadt-Info Rothenburg für wenige Euro auch gern auf Bestellung verschickt. *(Rothenburg Tourismus Service, Marktplatz 2, 91541 Rothenburg ob der Tauber, Tel.: 09861/404-800, http:/www.Rothenburg.de, E-Mail: info@rothenburg.de)*

Die Filmindustrie entdeckt Sachsen-Anhalt

Aber auch in Sachsen-Anhalt gibt es genügend Beispiele wunderschöner Fachwerkstädte, wie z.B. Wernigerode oder Quedlinburg (UNESCO-Welterbe), und auch viele Burgen und Schlösser. Die ältesten Dorfkirchen befinden sich sogar in der Region um Zerbst! Die Deutsche Stiftung Denkmalschutz gab im Jahre 2011 einen entsprechenden Kalender der „Schönen vom Lande" heraus (ISBN 978-3-86795-031-2).

Nicht umsonst hat Hollywood und die deutsche Filmindustrie dieses Fleckchen Erde inzwischen gewinnbringend als Drehort für sich entdeckt. Filme, wie „Die Päpstin" (einige Szenen dieses Kino-Highlights wurden im Schloss Leitzkau bei Zerbst aufgenommen), „Der Medicus", „The Monuments Men" mit George Clooney, „Die Abenteuer des Huck Finn", „Ein russischer Sommer", „Eineinhalb Ritter" mit Till Schweiger oder „Das kleine Gespenst" sind nur einige, die bisher in Sachsen-Anhalt gedreht wurden. Das heutige Zerbst wurde von der professionellen Filmindustrie leider noch nicht entdeckt. Alle Dokumentationen oder Spielfilme, z.B. über Katharina II. oder Martin Luther, entstanden bisher an anderen Drehorten. Selbst die Telekom benutzte inzwischen das Schloss Leitzkau nahe Zerbst für einen aktuellen Werbespot, in dem das Gebäude 2015 eine Jugendherberge in der Sächsischen Schweiz verkörperte. Die Aufnahmen mit einem Helikopter waren in den Bergen schwierig zu realisieren.

Nebenbei sei auch auf die mittelalterliche Stadt Nördlingen am Ries verwiesen, die ebenfalls über eine geschlossene Stadtmauer und ein intaktes Altstadtbild verfügt. Ein Türmer tut noch heute seinen Dienst auf dem Kirchturm. Auf die Frage, ob er sich dort oben in luftiger Höhe nicht recht einsam fühlen würde, antwortete er, dass er bei den Tausenden Besuchern jedes Jahr gar keine Zeit hätte, darüber nachzudenken ... Besonders faszinierend ist übrigens die Tatsache, dass in dieser Region vor 15 Millionen Jahren ein 1,5 km großer Meteorit eingeschlagen war, der eine Energie von 220 000 Hiroshima-Bomben freisetzte. Der Umfang der Stadt soll in etwa der Größe dieses Himmelskörpers entsprechen.

Vor Jahren hatte ich das Glück, eine Besucherin aus Nördlingen durch Zerbst führen zu dürfen. Sie war die Enkeltochter des Studienrates Friedrich, August, David Richter, der mit der gebürtigen Berlinerin Amanda, Anna, Alma Richter verheiratet war (sie wurde 1929 in Zerbst beigesetzt). Richter war damals Zeichenlehrer am Zerbster Gymnasium Francisceum und wohnte am Frauentorplatz Nr. 23. Aus dem Nachlass ihres Großvaters wollte sie dem Archiv der Stadt Zerbst einige persönliche Dinge für die Nachwelt hinterlassen. Da mir Nördlingen bis dahin völlig unbekannt war, zeigte ich ihr bei einem Rundgang voller Stolz die Reste des alten Zerbster Stadtbildes ...
Im „Zerbster Heimatkalender 2003" hatte sie den Bericht über den Umzug zur 1050-Jahrfeier der Stadt Zerbst mit der Überschrift „Das macht euch so schnell keiner nach!" gelesen. „Ach wissen Sie, meinte Frau Zocher, „das machen wir hier in Nördlingen alle drei Jahre. Da findet das Stadtmauerfest statt und alle machen mit. Sie sollten uns mal besuchen kommen! Sie müssen sich aber ein Jahr vorher anmelden, sonst bekommen Sie kein Zimmer mehr ab ..."

Im Nachlass ihres Großvaters befindet sich auch eine Zeichnung des Zerbster Marktplatzes mit all seinen Giebelhäusern – eine ideale Vorlage für einen evtl. Wiederaufbau oder für ein Markt-Modell. Sogar das große Bodengefälle in Richtung Süden hatte er berücksichtigt! Zu DDR-Zeiten schien das in Vergessenheit geraten zu sein, wie wir später noch sehen werden!
Die übergebenen Dokumente und Zeichnungen aus dem Nachlass des Studienrates Richter befindet sich heute teilweise im Zerbster Stadt-

archiv und weil er dort Lehrer war, auch in der Francisceumsbibliothek des Gymnasiums.

Aber auch in Erfurt oder in Halberstadt hatten es die Einwohner geschafft, den Abriss ganzer alten Stadtviertel zu verhindern. Heute strahlen sie im neuen Glanz und sind eine Touristenattraktion. Und auch ein Blick nach Warschau lohnt sich in diesem Zusammenhang. Die Altstadt von Warschau wurde im Krieg sogar zu 90 % zerstört. Man mag es kaum glauben, aber die Warschauer schafften es in nur 10 Jahren, ihre Altstadt wieder aufzubauen! Damit wurde meines Wissens Warschau die einzige nachgebaute Stadt, der es trotzdem gelang, ins UNESCO-Weltkulturerbe aufgenommen zu werden. In Zerbst hat man diese Aufnahme bisher noch nicht einmal mit dem drittältesten Roland versucht! Die Chance wäre aber gering, denn auch sein Vorbild, der Bremer Roland, soll diesen Status nicht bekommen haben, weil einige, umliegende Häuser nicht mehr dem historischen Marktbild entsprechen würden.

1050 Jahre Zerbst – die Historie wird gefeiert

Der historische Festumzug zur 1050-Jahrfeier war für Zerbst eine große Herausforderung in organisatorischer und logistischer Hinsicht, wobei natürlich allen Teilnehmern und Organisatoren großer Dank gilt! War es doch gleichzeitig ausgesprochen schwierig, die einzelnen Zeitfenster des Umzuges mit seinen Darstellern vor einem entsprechenden Hintergrund zu fotografieren. Wenn sich schon die Akteure die größte Mühe gaben, in detailgetreuen Kostümen und angeklebten Bärten aufzutreten, dann sollte bei einem Foto auch das Umfeld stimmen. Als ich als Stadtarchivar den ganzen Tag unterwegs war, um für die Nachwelt Bilder von diesem Ereignis aufzunehmen, sah ich mich auf erschreckende Weise mit dem real existierenden Zerbster Stadtbild im Jahre 1998 konfrontiert. Slawische Bauern, Albrecht der Bär oder Katharina II. machen sich nun mal schlecht vor Plattenbauten aus den 1970er Jahren oder auf dem Parkplatz eines Supermarktes. Eine solche Kombination zerstört nicht nur alle Bemühungen um eine mögliche Authentizität, sie ist auch einfach nur peinlich. Allein die Stadtmauer an der Puschkinpromenade und der Eingangsbereich des Francisceums am Weinberg schienen mir als Hintergrund einigermaßen geeignet.

Nachdem ich die meisten Bilder des Umzuges vor der Stadtmauer aufgenommen hatte, und die ersten Akteure inzwischen über die Fritz-Brandt-Straße, Breite und die Wolfsbrücke bereits schon wieder auf der Brüderstraße angekommen waren, lief ich so schnell ich konnte quer durch die Stadt, um dann vor dem Francisceum noch einmal die einzelnen Zeitfenster aufzunehmen, die mir bisher entgangen waren. Auf diese Weise entstanden vor allem die historischen Bilder zum Festumzug, die sich heute im Stadtarchiv befinden und von denen einige bereits im „Zerbster Heimatkalender 2000" veröffentlicht waren.

Eine ganz besondere Atmosphäre entstand zu diesem Spektakel auf dem Innenhof von St. Bartholomäi, wo Akteure eines Mittelalter-Marktes in eine längst vergangene Zeit entführten.
„Gehe ich recht in der Annahme", fragte ein Herold das Publikum, „dass sich hier das niedere Volk versammelt hat?" „Hmmm!" – bekundeten die Anwesenden mit heftigem Kopfnicken.

Vom Minnesang bis zum nackig Baden in einem Holzschuber, vom Markttreiben der Händler bis zum Feuertanz einer Hexe, einem Feuerspucker, oder Ritterschaukämpfen, bei denen die Darsteller mit martialischen Waffen wild aufeinander einprügelten, war alles vertreten, was man mit dem Mittelalter so verbindet.

Als die Darsteller und Händler, zu denen wie selbstverständlich auch ganz kleine Kinder gehörten, am Abend ein Lagerfeuer entzündeten, setzte ich mich bis spät in die Nacht zu ihnen und es entwickelte sich eine unglaublich angenehme und herzliche Atmosphäre. So schön könnte es jedes Jahr sein, sagte ich mir, auch ohne blinkende und jaulende Karussels und ohne ohrenbetäubende Discomusik aus den Lautsprechern, die jedes Gespräch im Keime erstickt! Und dem Schlosspark würde es auch gut tun! Mittelalter-Spektakel rund um das Schloss in einstiger herrschaftlicher Atmosphäre, ohne Schaden zu hinterlassen und ohne tonnenschwere Technik zu bemühen! Markthändler, Musiker, Schauspieler, Artisten, Clowns, Künstler, Magier, Wahrsager, alte Handwerksberufe, Ritterkampfspiele zu Pferde und so manche andere Attraktion für alle Altersklassen. Und als Höhepunkt ein festliches Feuerwerk. Wäre das nicht eine annehmbare Alternative? Zumindest hätte so eine Veranstaltung mehr mit dem 1050-jährigen Zerbst zu tun, und würde weit mehr Gäste anlocken, als das jetzige Heimat- und Schützenfest.

Die Zerstörung von Zerbst in den letzten Kriegstagen 1945

Am 16. April 1945 um 10.20 Uhr brach über das schöne alte Zerbst die Katastrophe herein. Schon von weitem war das Dröhnen der anglo-amerikanischen Bomber zu hören. Zerbst versank im Schutt und Asche. 80 % des Altstadtbildes wurde vernichtet. 1433 Häuser sollen zerstört worden sein, über 500 Menschen kamen ums Leben. Über dieses traumatische Ereignis gibt es inzwischen viele Veröffentlichungen und wir können hier auf weitere Details verzichten. Die gesamte Stadt hätte gerettet werden können, wenn der damalige Stadtkommandant Oberst Paul Koenzgen, sich nicht geweigert hätte, die Stadt an die Amerikaner zu übergeben. Dieser hat also nicht nur die schöne alte Stadt, sondern auch das Leben vieler Zerbster auf dem Gewissen und es ist mir bis heute unverständlich, wie dieser Mann bis zu seinem

Tode 1972 in Bielefeld völlig unbehelligt und möglicherweise sogar ohne ein schlechtes Gewissen weiterleben konnte?

„Der 16. April 1945 war nicht der Tod von Zerbst, die Stadt starb erst danach", schätzte der ehemalige Kreisdenkmalpfleger und spätere Ehrenbürger der Stadt, Erich Hänze, am 16. April 1993 in der „Volksstimme" ein. Die Stadt wurde im Verlauf der nächsten 14 Tage zerstört, weil die Division Scharnhorst Zerbst nicht aufgab und verteidigte. Bis zum 28. April stand Zerbst unter Beschuss. Nach Hänzes Einschätzung, begann die eigentliche Zerstörung der Stadt erst jetzt, als die Amerikaner die Stadt vom Waldfrieden aus systematisch unter Beschuss nahmen. 130 schwere Geschütze sollen auf Zerbst gefeuert haben.
(„Volksstimme", 16. April 1993 – „Aus dem Kriegstagebuch des 329. Infanterieregiments der 83. US-Division")

So verheerend die Auswirkungen auf Zerbst auch waren, was danach geschah und als „Wiederaufbau" deklariert wurde, tat ein Übriges. Hier bildete sich offenbar eine unheilvolle Allianz aus zwingender Notwendigkeit, fehlender Mittel, politischer Einfalt und fehlender Sensibilität gegenüber einer 1000-jähriger Geschichte und eines unwiederbringlichen, wertvollen Altstadtbildes. Wenn auch nicht verkannt werden darf, dass die Sicherung des Überlebens und die Schaffung von Wohnraum nach dem Krieg Vorrang hatten, so kann man sicher nicht alle Stadtbild zerstörerischen Aktivitäten damit rechtfertigen.

Die Errichtung eines fortschrittlichen, modernen und sozialistischen Vorzeige-Zerbst – oder das, was man eben damals darunter verstand – war besonders seit den 1960er Jahren oberstes Programm. (An dieser Stelle sei an die völlig unnötige Sprengung der Universitätskirche in Leipzig oder des Berliner Stadtschlosses auf Anweisung Walter Ulbrichts erinnert.) Auch hier trifft wohl die Einschätzung von Paul Kirchner zu, wonach der Anschluss an die künstlerische Qualität verlorengegangen sei und falsche Leute mit wichtigen Aufgaben betreut worden waren. Das Neue harmonisch mit dem Alten zu verbinden, ist eine

große Herausforderung und erfordert sehr viel Wissen und Sensibilität. Wenn auf einer Allee ein Baum umgefallen ist, dann könnte man einen neuen pflanzen, um die Symmetrie wieder herzustellen. Man könnte aber auch den gegenüberliegenden Baum ebenfalls fällen und schon wäre die Optik wieder hergestellt ...
In Zerbst entschied man sich leider häufig für diese zweite Variante.

Es mag auf uns heute sehr befremdlich wirken, aber selbst der beim Bombenangriff beschädigte Zerbster Roland mit seinem Schwert, immerhin der drittälteste auf deutschem Boden, wurde bei einer Begehung mit Magdeburger Funktionären nach dem Krieg als „fragwürdige militaristische Figur" bezeichnet, wie mir Horst Köhler (Bürgermeister von 1952 – 1954) vor einigen Jahren persönlich berichtete. Wir können uns gar nicht glücklich genug schätzen, dass dieses Symbol städtischer Hoheit und Gerichtsbarkeit heute noch auf dem Marktplatz steht und wir uns in die Reihe der Rolandstädte Bremen oder Halberstadt einreihen können.

Eine ausgezeichnete Fotodokumentation zu den Verlusten des Zweiten Weltkrieges in Ostdeutschland, einschließlich Zerbst, ist in dem zweibändigen, großformatigen Buch *„Schicksale Deutscher Baudenkmale im zweiten Weltkrieg", Henschelverlag, Kunst und Gesellschaft Berlin 1980*, erschienen.

→ Die Kriegsereignisse 1945 in Zerbst schildert eindrucksvoll die Sammlung von Augenzeugenberichten *„Zerbst im April 1945", Herausgeber Claus Blumstengel, Verlag Extrapost 2006, ISBN 3-9807104-9-1*, sowie das Buch *„Brückenkopf Zerbst" von Günther Pfleghar*.

Vom schweren Anfang nach 1945

Der erste Bürgermeister nach 1945 war der Antifaschist Willy Wegener, der wegen seines Auftretens bereits 1932/33 mehrfach verhaftet worden war. In einer Gruppe organisierte er Hilfe für Kriegsgefangene und sammelte Gelder für Familien von Inhaftierten. Um von der Gestapo nicht nach Buchenwald gebracht werden zu können, wurde er von Freunden in einem Krankenhaus versteckt. Er als Vorsitzender der SPD und KPD-Mann Richard Bläß vollzogen im April 1946 in der Gaststätte „Volkspark" für die Stadt Zerbst den Zusammenschluss beider Parteien. Nach den Wahlen zur Gemeindevertretung am 8. September 1946 übernahm Willy Wegener die Funktion des Oberbürgermeisters, Stadtrat Ernst Albrecht wurde Bürgermeister.

Nach der Zerstörung der Stadt musste die gesamte Infrastruktur wieder aufgebaut werden. Die Klärung von Grundstücks- und Gewerbeangelegenheiten, die Versorgung der Bevölkerung und der Wiederaufbau waren vorrangige Aufgaben. In der Amtszeit Willy Wegeners wurde 1949 die 1 000-Jahrfeier der Stadt durchgeführt, für die erst einmal die Hauptstraßen von Trümmern und herumliegendem Kriegsmaterial beräumt werden mussten. Die weitere Betreibung des Lichtspieltheaters, die Übertragung der Feuerwehren von der Sowjetischen Militäradministration an die Abteilung Inneres der Stadt, die Errichtung von Kindergärten und Schulen, sowie die Gründung eines Bauhofes waren weitere Aufgaben. Selbst über den Wiederaufbau des Schlosses, des Rathauses, der Berufsschule am Frauentorplatz, des Neuen Hauses, der Orangerie und der Nicolaikirche wurde in dieser schwierigen Zeit schon nachgedacht.

In einer Stadtratssitzung vom 19. Februar 1949 forderte Wegener, dass „Stadtverordnete mehr als bisher in praktische Arbeit eingespannt werden." Am 30. April 1949 wurde dann der Abbruch des

Schlosses beraten und am 11. März 1950 die Sprengung des Ruinenteils gegenüber der Stadthalle.

Am 12. Mai 1949 wurde dann leider auch der sofortige Abriss der Rathausruine beschlossen und Architekt Berger, der beim Landeskonservator arbeitete, mit der Projektierung eines neuen Rathauses beauftragt. 1950 beseitigte man auch die beiden Türme auf dem Bürgersteig des Akenschen Stadttores in der Fritz-Brandt Straße. Die Planungen für den Umbau der Reithalle zur Mehrzweckhalle begannen und im Juli 1949 wurde der Beschluss gefasst, ein Mahnmal für den Frieden im Roten Garten zu errichten *(→ „Das Mahnmal im Roten Garten")*. Die Grundsteinlegung erfolgte am 11. September 1949. Im November konnte die komplette Abdeckung der Orangerie und die Wiederherstellung und Nutzung des Teehäuschens gemeldet werden. Zu dieser Zeit wurde noch jeden Freitag der Strom abgeschaltet. *(→ „Orangerie und Teehäuschen")*

1952 übernahm der aus Calbe/Saale stammende Horst Köhler das Amt des Bürgermeisters. Zu den wichtigsten Aufgaben gehörten damals die Beseitigung der Kriegsschäden mit Hilfe des freiwilligen „Nationalen Aufbauwerks" und der Straßenbau. Mit Hilfe der Trümmerbahn wurde der Schlossteich entschlammt, wegen der Fundmunition ein gefährliches Unterfangen. Der Umbau der nur wenig beschädigten Reithalle im Schlossgarten zur Mehrzweckhalle ging weiter voran und war auch damals als massiver Eingriff in ein denkmalgeschütztes Gebäude keineswegs unumstritten. *(→ „Die ehemalige Reithalle im Schlossgarten")*

Im Park von Rephuns Garten wurde trotz der schweren Zeit 1953 ein Wildtier-Gehege samt Vogelvoliere eingerichtet, welches seitens der Bevölkerung im kriegszerstörten Zerbst gern angenommen wurde. Wildschweine, Damwild, Schafe und diverses Kleingetier waren besonders bei Kindern sehr beliebt. Einem Hirsch gelang damals sogar die Flucht aus diesem Gehege.

Das ehemalige Wildtiergehege im Park von Rephuns Garten

Unter Leitung von Amtmann Werner Stephan entstand aus Blumen und farbigen Kieselsteinen das bis heute gepflegte Stadtwappen vor der ehemaligen Grundschule 1 in der Jeverschen Straße, welches auch heute noch ein echter Hingucker und eine absolute Ausnahme in der bisherigen Zerbster Stadtbildgestaltung ist. Allerdings wurde es in den letzten Jahren etwas „modernisiert". Eine solche Bildgestaltung mit Blumen ist häufig in Touristenhochburgen wie Genf, Wien, Meran, Bozen, oder Brüssel anzutreffen und es zeigt sich hier, dass mit etwas Fantasie und gutem Willen sehr nachhaltige Eindrücke umgesetzt werden können. Eine solche oder ähnliche Gestaltung hätte ich mir auch an Stelle der 2013 eingeweihten „Hügel der Kritik" auf der Schleibank vorstellen können ... Planer und Stadtrat entschieden sich aber für asymmetrische Stufenpyramiden aus kahlem Beton. Der angedachte „Tigerenten"-Anstrich blieb Zerbst erspart.

1952 begann der Bau der ersten Wohnblöcke in der Brüderstraße, die der Dessauer Architekt Willy Stamm entworfen hatte, mit recht ansehnlichen, großzügigen und samt Grünflächengestaltung des Innenhofes sehr harmonischen Gebäuden, die eine absolute Ausnahme in der neuen Zerbster Stadtbildgestaltung darstellen und unter Denkmalschutz stehen. (Es lohnt sich, diese liebevolle Gestaltung einmal mit dem Innenhof des 2009 entstandenen und viel gepriesenen Generationenhauses am Markt zu vergleichen!) Große Torbögen als Sichtachsen zur damit verstellten Trinitatiskirche wurden damals wie selbstverständlich eingeplant und als Gestaltungsmittel genutzt. Auch das ist bis heute eine absolute Ausnahme in der Zerbster Stadtbildgestaltung nach 1945. Bemerkenswert auch die Tatsache, dass die Häuser damals nur zwei bis max. drei Etagen hoch gebaut wurden. Hier versuchte man noch, den Charakter einer Kleinstadt zu wahren und das Größenverhältnis zu den markanten Kirchen einzuhalten. Diese Regelung wurde in späteren Jahren vollkommen aufgegeben.

1953 nahm Horst Köhler in der Bäckerstraße/Jüdenstraße die offizielle Grundsteinlegung für den Wiederaufbau von Zerbst vor. Neben dem Wohnungsbau war die Schaffung von Arbeitsplätzen vorrangige Aufgabe, etwa 3000 Zerbster pendelten täglich in andere Orte. Die Errichtung der ersten städtischen Kinderkrippe auf der Heide, der Erhalt der städtischen Straßenmeisterei und der Zerbster Meliorationsgenossenschaft, sowie der Bau des Volkspolizeikreisamtes 1953/54 waren weitere Aufgaben, denen sich Bürgermeister Horst Köhler damals stellte.

(→ Rainer Frankowski – „Die Zerbster Bürgermeister Teil 1 und 2" im Zerbster Heimatkalender 2002 und 2003)

Der Friedrich-Fröbel Kindergarten

Für unsere Kinder nur das Beste! Das dachten sich wohl die Zerbster, als im April 1955 im Park von Rephuns Garten der erste Spatenstich für ein außergewöhnliches Gebäude erfolgte: ein Kindergarten, dessen gestalterisches Vorbild das im Krieg zerstörte Zerbster Schloss sein sollte. Beseelt von dem Geist eines wertvollen, alten Zerbster Stadtbildes, das zu dieser Zeit noch tief verwurzelt war, schuf hier der Stadtarchitekt Alfred Werner eine Kindereinrichtung, die in ihrer Gestaltung wohl ziemlich einmalig war. Trotz fehlender Gelder, trotz fehlenden Materials, wurde im Rahmen des Nationalen Aufbauwerkes unter freiwilligem Einsatz bewiesen, dass es möglich ist, an das schöne alte Zerbst anzuknüpfen. Leider war der Standort etwas unglücklich gewählt, denn das Gelände ist ein Feuchtgebiet und so gab es immer Probleme, die Bodennässe fern zu halten.

Dass dieses, unter Denkmalschutz stehende und von den Kindern auch gern besuchte, Gebäude am 27. November 1995 durch bis heute ungeklärte Brandstiftung in Flammen aufging, war nicht nur ein Schock für alle Beteiligten, sondern auch ein weiterer trauriger Verlust für diese Stadt.

Im März 1996 beschloss der Zerbster Stadtrat nach Empfehlung der Denkmalschutzbehörden in öffentlicher und namentlicher Abstimmung den Wiederaufbau dieses Gebäudes. Inzwischen waren auch viele Spenden, sogar aus den Zerbster Partnerstädten Jever und Nürtingen eingegangen. Daraus wurde in unserer Stadt, die sich inzwischen das Prädikat „kinderfreundlich" zugelegt hatte, aber leider nichts. Es wurde abgerissen und Inzwischen erinnert gar nichts mehr an dieses einmalige Nachkriegsgebäude im Park von Rephuns Garten. Dafür bekam der Park an dieser Stelle sein ursprüngliches Gesicht zurück.

Wie der Markt sein Gesicht verlor

Der Zerbster Marktplatz zählte von seiner Gestaltung einst zu den schönsten Marktplätzen Mitteldeutschlands. In kaum einem anderen Bereich der Stadt Zerbst ist der Verlust des alten Stadtbildes so gravierend und so erschreckend sichtbar, wie auf dem einstmals sehr markanten Marktplatz. War er doch in seiner Geschlossenheit und Größe mit seinen beeindruckenden Bürgerhäusern und der vom Bürgertum errichteten Nicolaikirche, viele Jahrhunderte lang das Zentrum und der Lebensmittelpunkt dieser Stadt.

Das alte Rathaus auf dem Markt

Das prächtige Rathaus bildete mit der Nicolaikirche den nördlichen Abschluss des Marktes. Es entstand ab 1448 unter dem Magdeburger Baumeister Hans Schmidt. Backsteingiebel mit Heiligenfiguren, Stadtwappen und szenischen Darstellungen bildeten das südlichste Vorkommen norddeutscher Backsteingotik. Beim Umbau 1824 gingen Teile der alten Substanz und der einstigen Farbigkeit verloren. Ab 1889 erfolgten weitere Umbauten, die Nordfassade erhielt ein gotisches Aussehen, aber die Südfassade mit vier Giebeln blieb erhalten. Infolge von Unachtsamkeit brach 1891 ein Feuer aus, das großen Schaden anrichtete. Beim anschließenden Wiederaufbau erhielt die Südfassade nur noch drei Giebel und das Hauptportal wurde in die Mitte des Gebäudes verlegt, sowie mit aufwendigen Renaissanceformen gestaltet. Wie Fotos vom kriegszerstörten Zerbst 1945 beweisen, war noch recht viel Bausubstanz vom alten Rathaus erhalten. Und so wurde schon 1949 über einen Wiederaufbau nachgedacht. Wie Stadtratsprotokolle schon vom Januar 1949 dokumentieren, versuchte man auch den

Der Zerbster Marktplatz vor 1945, Westseite mit Blick zum Rathaus

Ministerpräsidenten des Landes Sachsen-Anhalt Prof. Dr. Hübener für dieses Projekt zu gewinnen. Dieser sollte sowohl die Eröffnung der 1000-Jahrfeier von Zerbst, als auch die Grundsteinlegung für den Rathaus-Neubau übernehmen. Im März 1949 wurde dann der Entwurf eines Ideenwettbewerbes auf Anregung des Stadtbaumeisters Kühn diskutiert, der auch die neue Kirchturmbedachung von St. Nicolai beinhaltete. Am 12. Mai 1949 beschloss der Stadtrat dann allerdings den sofortigen Abbruch der Rathaus-Ruine und am 24. Mai 1949 wurde festgelegt, dass Dipl. Architekt Hans Berger aus Halle die Entwurfsbearbeitung für ein neues Rathaus, sowie die Finanz- und Fertigungsplanung übernimmt. Am 4. Juni 1949 wird vermeldet, dass er mit den Entwürfen begonnen hat.

Der wertvolle gotische Backsteingiebel mit den Figurenreliefs war zur Sicherung abmontiert und im Keller des Rathauses eingelagert worden. Mit dem Beschluss, die Rathaus-Ruine abzureißen, musste nun dafür ein neuer Lagerplatz gefunden werden.

Der Zerbster Marktplatz vor 1945, Ostseite

Am 4. Juni 1949 berichtete das Ratsprotokoll: „Direktor Raven kam auf den Abbruch des Rathauses zu sprechen. Er teilte mit, dass der seinerzeit abgebaute Backsteingiebel im Rathauskeller lagert. Bei dem Abbruch des Rathauses sei nun zu befürchten, dass die Kellerdecke durchschlagen wird. Es erscheint deshalb notwendig, darüber eine Entscheidung zu treffen, wo die Teile des Backsteingiebels sowie das jetzt noch sicher zu stellende Portal anderweitig ordnungsgemäß zu lagern sind. Bürgermeister Klau und Direktor Raven werden beauftragt, sich nach einer geeigneten Lagerstelle umzusehen."

Am 27. August 1949 wird dann die Umlagerung von „Teilen des Giebels" in den Keller des ebenfalls kriegszerstörten Neuen Hauses auf dem Markt bestätigt. Daran erinnert sich auch ein Zeitzeuge, der heute schon 91-jährige Herr Schuhmann, der damals beim Obst- und Gemüsehandel tätig war. Er berichtet, dass im Keller des Neuen Hauses im Eingang zur Brüderstraße nicht nur 100 Tonnen Äpfel eingelagert waren, sondern auch in Stroh gebettete Teile des Rathausgiebels – damals noch unbeschädigt. Mitverantwortlich für die Umlagerung soll damals der Stadtmitarbeiter Helmut Heinrich vom Geisthof gewesen sein. Die Figuren und Bildtafeln des gotischen Backsteingiebels (von denen einige Figuren von Emanuel Semper geformt wurden, dem zweiten Sohn von Gottfried Semper, dem Baumeister der Semperoper Dresden) sollen erst nach dem Krieg wegen ungenügender Sicherung durch Vandalismus von Jugendlichen zerstört worden sein.

Um wertvolle Objekte zu schützen, hatten die Zerbster vor der Bombardierung provisorische Schutzmauern um sie errichtet. Am 29. Dezember 1954 entdeckte man eine solche Mauer eingerissen vor dem Unionsdenkmal in der Nicolaikirche. Im Denkmal selbst klaffte ein Loch, Hände, Füße und andere Figurenteile waren abgeschlagen worden.
Nach entsprechenden Ermittlungen erfolgte am 3. Januar 1955 dann die Festnahme der jugendlichen Täter Horst Peters und Dittmar Lier wegen Zerstörung wertvollen Kulturgutes. Sie waren angeblich auf der Suche nach Buntmetall und Souvenirs.
(*„Volksstimme"* 20. Januar 1955, Nr. 16, Seite 5, Stadtarchiv Zerbst).

Es ist denkbar, aber nicht bewiesen, dass sie auch für die Zerstörung der eingelagerten Rathausgiebel verantwortlich waren, denn diese waren bis dahin im Keller frei zugänglich.

Die geretteten Stücke wurden dann in der Hoffnung auf bessere Zeiten vom Neuen Haus in den Keller des Museum der Stadt am Weinberg verbracht. Wo all die anderen Formsteine und Verzierungen des ehemaligen Rathauses geblieben sind (das Rathaus besaß außer den Ost- und Westgiebeln auch auf der Rückseite und natürlich auch auf der Vorderseite mehrere Giebel und zusätzlich auch noch einen Turmaufbau!), kann nur vermutet werden. Entweder wurden sie mit dem gesamten Bauschutt auf den Hügel neben der alten Badeanstalt am Stadion verbracht, auch Mount Klamott genannt, zu dem eine direkte

Verbindung mit der Trümmerbahn eingerichtet worden war, oder sie wurden zerschreddert und wieder als Bau- und Füllmaterial verwendet. Ein neues Rathaus, wie einst geplant, entstand an dieser Stelle jedenfalls nicht wieder.

Ostgiebel des Zerbster Rathauses bis 1945

In den 1980er Jahren gab es Überlegungen, die beiden Backsteingiebel wieder entstehen zu lassen, und am geplanten Neubau hinter dem Roland anzubringen. Dazu erfolgte eine Bestandsaufnahme, an der auch ich damals beteiligt war. Jeder einzelne Stein wurde erfasst und in ein Verzeichnis aufgenommen. Leider wurde dieses Projekt wegen der großen Schäden an den Figurenreliefs letztendlich wieder verworfen, eine Ergänzung der Schäden nach historischem Vorbild war angeblich nach Magdeburger Expertengutachten nicht möglich ...

Danach lagen die Reste des Backsteingiebels im Freien und im Winter auf dem Innenhof des Museums. Nach der Wende und nach kritischen Anmerkungen aus der Bevölkerung, wurden sie in den Hof des Rathauses auf der Schlossfreiheit verbracht, wo sie weitere Jahre unter freiem Himmel lagerten. Mit dem Umzug der Stadtverwaltung ins Kavaliershaus gegenüber, kamen die Steine dann in den Keller des Schlosses. Die zerstörten Bildplatten des Westgiebels mit szenischen Darstellungen aus der Bibel, wie z.B. das im Eingangsbereich des Museums ausgestellte „Urteil des Salomon", sowie kopflose Figurenreliefs und andere Fragmente, verblieben im Museum der Stadt.

Als die „Volksstimme" im Juli 2014 in ihrem Heimatfotorätsel ein Bild vom kriegszerstörten Rathaus präsentierte, und fragte, wer sich noch daran erinnern könne, flammte die Diskussion um den Verbleib dieses stadtgeschichtlichen Kleinodes fast 70 Jahre nach Kriegsende wieder auf. So meldete sich neben der schon 94-jährigen Gertraud Rawiel, die selbst noch im alten Rathaus gearbeitet hatte, auch der über 80-jährige, ehemalige Bauleiter Erwin Erbe, der nach dem wirklichen Verbleib der tonnenschweren Giebel fragte. Und Herr Schuhmann erinnerte sich in einem persönlichen Gespräch mit mir sogar noch an die Rettung der über dem Eingangsportal des Augustinerklosters am Plan angebrachten Steinfigur eines Mönches. Dieser wurde von einem kräftigen Mitarbeiter namens Reinhold des Aufbautrupps Natho eigenhändig in den Keller des ehemaligen Klosters getragen und somit vor der Zerstörung bewahrt. Heute steht diese historische Figur wieder vor dem Alten- und Pflegeheim „Willy Wegener" am Plan und schmückt einen Springbrunnen.

Erwin Erbe jedenfalls ließ das Schicksal des Rathaus-Giebels nicht mehr los und er machte sich daran, das gesamte Rathaus als Modell nachzubauen. Vorlage waren die Zeichnungen der Zerbster Bauschule. Im Nov. 2015 präsentierte er sein Werk erstmalig im Schaufenster des Orthopäden Torsten Jerchel auf der Breite – übrigens der Einzige in Zerbst, der immer wieder aus aktuellem Anlass sein Schaufenster mit der Historie verbindet! Während die Bevölkerung reges Interesse zeigte, war es der Zerbster „Stimme des Volkes" damals keine Zeile wert. Und so beschloss Herr Erbe, das Modell 2016 noch einmal auszustellen ... Seitdem sucht er einen dauerhaften Standort dafür.

An Stelle des Rathauses kam Block 38

Ende der 1980er Jahre entstand hinter dem Roland ein Neubaublock, der als „Block 38" in die Geschichte eingegangen ist, und bei dem versucht wurde, die einstige dreiteilige Rathausfassade mit Glas und Stahl anzudeuten. Leider passte das weder farblich noch optisch wirklich zum historischen Denkmal Roland oder zur dahinter liegenden Nicolaikirche. Es war ein Versuch, die einstige Geschlossenheit des Marktes wieder herzustellen. Manche Zerbster vermuteten aber auch, der Bau hätte nur den Zweck, die ziemlich unansehnliche Ruine der Nicolaikirche zu verdecken. Enttäuscht von dieser Lösung, machte sich selbst nach der Wende und nach neuen, aber leider nicht besseren Umgestaltungen des hinteren Marktbereiches noch ein Leser der „Volksstimme" Luft, indem er den Vorschlag unterbreitete, man möge doch „den Roland abreißen und ihn durch eine Micky Maus ersetzen." Tatsächlich war die Optik mit dahinter liegenden Gaststätten und auffälliger Werbung sehr fragwürdig.

Als ich den Zerbster Roland 1999 fotografierte, weil wir ihn als Titelbild für den Zerbster Heimatkalender 2000 benutzen wollten, war das Ergebnis so deprimierend, dass nur noch eine Fotomontage weiterhelfen konnte. Der Hintergrund wurde entfernt und durch einen blauen Himmel ersetzt.

Bei der Ausschachtung des Fundamentes für Block 38 wurden die gesamten Reste des alten Rathauses (sofern sie überhaupt noch vorhanden waren) weggebaggert. Das Landesamt für Denkmalpflege oder Bodenarchäologen sollen regelrecht ausgeschaltet worden sein, wie mir ein damals Beteiligter glaubhaft versicherte. Das Kommando hatten nach seiner Schilderung die Kreisleitung der SED und der damalige Kreisbaudirektor. Viele Ausgrabungsfunde einer 1000-jährigen Geschichte landeten somit unkontrolliert bei Tag und Nacht auf der Müllhalde. Nur, was die Bauarbeiter selbst oder interessierte Bürger zufällig zu Gesicht bekamen, fand mit etwas Glück den Weg ins Museum. Einige Zerbster suchten sogar ganz privat die Schuttberge auf der Müllhalde nach Relikten der Vergangenheit ab. Reste von historischen Tabakpfeifen wurden z.B. von Dr. Fach gefunden. Sie sind heute in einer Vitrine des Schlosses ausgestellt. Aufsehen erregte damals nur, als menschliche Knochen und Schädel zutage befördert wurden. Sie gehörten zu einem Pest-Grab aus dem Mittelalter nahe der Nicolaikirche.

Erwähnt werden soll hier noch, dass anlässlich der ersten Umgestaltung des Zerbster Marktes nach der Wende darüber nachgedacht worden war, die einstigen Backsteingiebel an den Block 38 von einem Künstler ansprayen zu lassen. Kritiker sprachen damals von „Potemkinschen Dörfern".

Das „Neue Haus" auf dem Markt

Das auch als Neue Wache oder Knabenmittelschule bekannte, imposante Gebäude mit seinen meterdicken Mauern, erhielt schon vor dem 16. April 1945 einen Volltreffer. Noch 22 Jahre hoffte es auf seinen Wiederaufbau – leider vergeblich! Unter großen Anstrengungen wurde es 1967 abgerissen. Das Gebäude, 1534 bis 1545 an der Ecke zur Brüderstraße unter Baumeister Ludwig Binder entstanden, besaß einstmals Renaissancegiebel, die beim Umbau 1839 einem Flachdach mit Zinnen und Ecktürmen weichen mussten (wir erinnern uns an die Kritik Paul Kirchners). Trotz alledem hätte man aus diesem riesigen Gebäude, das im Dreißigjährigen Krieg auch Mansfeld und Wallenstein beherbergte, nach 1945 sowohl ein Rathaus, ein Kulturzentrum oder Kaufhaus machen können, auch Wohnungen wären möglich gewesen, um den Markt wieder zu beleben. Zumindest hätte man so das Gesicht des Marktes erhalten können. Das war aber angeblich weder finanziell möglich, noch politisch so gewollt. Erinnerte dieses Haus doch eher an eine Festung als an den Charme eines sozialistischen Plattenbaus. Dabei stand auch der Wiederaufbau des Neuen Hauses bereits 1949 auf der Tagesordnung. Ein Vorschlag aus dem Stadtratsprotokoll vom 25. Juni 1949, es zu einem Theater umzugestalten, wurde leider abgelehnt. Somit wurde ein weiteres Stück Zerbster Stadtgeschichte und Stadtbild noch 22 Jahre nach dem Krieg geopfert. Und es ist sicher kein Zufall, dass an seiner Stelle zuerst einmal eine hölzerne Tribüne für Aufmärsche jeder Art errichtet wurde ...

Der Zerbster Marktplatz im Jahre 1967,
mit dem stark beschädigte Roland, der zerbombten Nicolaikirche
und dem ebenfalls im Krieg zerstörten Neuen Haus (v.l.n.r.).
Das Rathaus war bereits 1949 abgerissen worden.

Das einstige Renaissance-Hauptportal dieses Gebäudes von 1537, welches nicht beschädigt war, aber beim Abriss damals aus der Wand gebrochen wurde, befindet sich heute als trauriges Fragment des einstigen Zerbster Stadtbildes im Eingangsbereich des Museums der Stadt Zerbst.

Die Stadtkirche St. Nicolai

Sie gilt als letzter monumentaler Sakralbau des ausgehenden Mittelalters in Deutschland und war die größte Hallenkirche Anhalts. Sie war ein Zentrum des reformierten Glaubens und ihr Geläut soll ein herausragendes Ensemble von nationaler Bedeutung gewesen sein – die Stadtkirche St. Nicolai. Sie prägte das Zerbster Stadtbild weithin und berichtete von der Macht und Leistungsfähigkeit des Zerbster Bürgertums. Mit ihren Ursprüngen als romanische Basilika im 12. Jahrhundert, war sie damals schon Abbild auf den ältesten Siegeln der Stadt Zerbst. Der gotische Neubau entstand im 15. Jahrhundert unter Baumeistern Hans Kumoller aus Dresden, einem Schüler des Prager Dombaumeisters Peter Parler. Nach dem Tod Hans Kumollers übernahm sein Sohn Matthias die Vollendung des Kirchenbaues. Die Wölbungen der drei Schiffe fügte Hans Hobeck hinzu. Von 1476 bis 1494 erhielten die Türme noch die Glockenstuben aufgesetzt. Die heute nicht mehr vorhandenen Dachkegel folgten erst 1533/1534 und bildeten mit ihrer Optik ein markantes Zeichen für das alte Zerbster Stadtbild, das schon kilometerweit vor der Stadt sichtbar war. Mache Landstraßen und Handelswege sind übrigens schnurgerade auf dieses Bauwerk ausgerichtet, wie man heute noch aus Richtung Luso kommend, beeindruckend feststellen kann.

1945 wurde die Nicolaikirche mit Spreng- und Brandbomben schwer beschädigt. Der obere Mittelturm musste wegen Einsturzgefahr später entfernt werden. Die 1945 in einen der Türme ausgelagerten, speziellen Archivalien des Zerbster Stadtarchivs, wie z.B. die wertvollen Lutherbriefe, gelten seit dem Luftangriff als verschollen

(→ *Rainer Frankowski – „Das Zerbster Stadtarchiv" im Zerbster Heimatkalender 1998).*

Nach dem Krieg wurde die Kirchenruine als Baustoffspender genutzt und der geplante, endgültige Abriss des Kirchenschiffes konnte erst 1972 gestoppt werden. Großen Anteil hatten damals Kreisdenkmalpfleger und Ehrenbürger der Stadt Zerbst, Erich Hänze und auch Oberkirchenrat Dietrich Franke. Es war damals geplant, mit dem Bauschutt dieser Kirche den modrigen Untergrund für eine neu zu entstehende Umgehungsstraße am Alten Teich (heute die B 184) aufzufüllen, die aber erst nach der Wende und natürlich auch ohne Kirchenmaterial realisiert werden konnte.

Während auch schon zu DDR-Zeiten einige engagierte Zerbster alles taten, um den weiteren Verfall der Kirchenruine zu stoppen, allen voran Uwe Rühle, der seitdem bis heute jede freie Minute diesem Bauwerk widmet, kam es jedoch erst nach der Wende 1991 durch Walter Tharan zur Gründung eines anerkannten Fördervereins. Gelder in Höhe von 2,5 Millionen Euro konnten beschafft und Sanierungsmaßnahmen durchgeführt werden. So wurden bis heute 25 Projekte umgesetzt, unter anderem das Kirchenschiff beräumt, die Mauerkrone mit einer patentierten Begrünung gesichert. Die brachte aber leider nicht den gewünschten Erfolg, wie im Dezember 2013 festgestellt werden musste. Die Türme wurden wieder begehbar gemacht und mit neuen Dächern versehen. Der zerstörte Südturm wurde wieder aufgemauert, an Stelle des Mittelturmes eine Aussichtsplattform errichtet. Im Nordturm wurde 2004 bis 2007 ein neuer, 6 m hoher Glockenstuhl installiert. Das Glockenspiel wurde wieder aufgebaut und funktionstüchtig gemacht. Während es in früheren Zeiten aus 7 Glocken und einer zusätzlichen im Dachreiter bestand, besteht es heute aus 4 alten und einer neuen Stifter-Glocke, wobei die größte, die Gloriosa von 1378 mit 1,95 m Öffnungsdurchmesser und mit einem Gewicht von 5 Tonnen, die größte Glocke Anhalts ist. Seit 1726 war sie aus Rücksicht auf einen Riss im Südturm nicht mehr geläutet worden. Die Kosten für die Stabilisierung des Turmes, für die Reparatur der Glocken, für den Neuguss und die Hängung erreichen eine Summe von 400 000 Euro.

Am 1. September 2007, um 13 Uhr erklang zum ersten Mal seit dem Krieg wieder das Glockenspiel der St. Nicolaikirche. Der damalige Kulturamtsleiter Andreas Dittmann sprach von einem „enormen Projekt, das am 1. September für die Stadt Zerbst seinen Abschluss fand" und wies darauf hin, welche Bedeutung es habe, dass „das Herz von St. Nicolai wieder schlage und wie es die Menschen bewege." Das habe bereits die Resonanz zur Weihe der Stifterglocke am 27. Juli gezeigt und das Aufziehen der Glocken am 1. August. Fachlich betreut wurde dieses Projekt vom Glockensachverständigen Dr. Rainer Thümmler.
Der Wiederaufbau des Mittelturmes allerdings, war, wie mir der Vorsitzende Walther Tharan versicherte (und viele immer noch hoffen!), nie erklärtes Ziel dieses Fördervereins. Man hatte sich zur Gründung zu entscheiden, ob das Ziel der Wiederaufbau der Kirche oder nur die Sicherung der Kirchenruine sein sollte. Da ihm viele Stellen vom ersteren Ziel abgeraten hatten und der Eigentümer nach wie vor die Kirche ist, entschied man sich für das zweite. Ein Flachdach über das Kirchenschiff oder der Wiederaufbau des Mittelturmes wären von den Denkmalschutzbehörden abgelehnt worden. Sollten diese Maßnahmen gewünscht sein, müsse die denkmalpflegerische Zielstellung des Vereins geändert werden, so Walter Tharan *(„Volksstimme", 30. Dezember 2013)*.

Zur Geschichte der Kirche und zu allen Aktivitäten des Vereins erschien 1994 ein Buch: → Walter Tharan, „Die Stadtkirche St. Nicolai zu Zerbst" ISBN 3-928703-20-X.

Eine Turnhalle in die Nicolaikirche?

2011 wurde die Öffentlichkeit mit einer sensationellen Nachricht überrascht: Es sei geplant, in die Kirchenruine St.Nicolai eine Sporthalle hineinzubauen. Begründet wurde diese Idee damit, dass das Gymnasium Francisceum am Weinberg über keine Turnhalle verfüge und somit dessen Bestand gefährdet sei. Außerdem käme man dadurch an (Schul-)Fördermittel, um auch den weiteren Verfall der Kirchenruine zu stoppen. Besonders die Säulen des Arkadenganges wären gefährdet, weil sie ungeschützt im Freien stehen würden. Gleichzeitig könne man so den Markt beleben – eine Vision, die immer wieder als Begründung herangezogen wird und mit der man auch schon die Ansiedlung eines Supermarktes, keine 100 m vom Marktplatz gegenüber, rechtfertigte – leider bis heute ohne das gewünschte Ergebnis.

Wie immer in solchen Fällen, wäre bereits alles in Sack und Tüten, das Projekt sei bereits fertig, und man befände sich in Übereinstimmung mit dem Kirchenpräsidenten, mit dem Landrat des Landkreises Anhalt-Bitterfeld, mit dem Stadtrat, mit dem Leiter des Gymnasiums, mit dem Förderverein und mit der Kirchengemeinde. Die Stadt wäre angeblich finanziell nicht beteiligt, so damals Bürgermeister Helmut Behrendt. Um die Fördergelder zu bekommen, müsse aber sehr schnell eine Entscheidung getroffen werden … Die Öffentlichkeit jedenfalls war bisher nicht beteiligt worden und plötzlich standen viele überaus berechtigte Fragen im Raum:
Was sagen die Denkmalschutzbehörden zu diesem Plan, wurden sie überhaupt schon beteiligt? Was sagen der Förderverein St. Nicolai und vor allem der Kirchengemeinderat der St. Trinitatiskirche dazu?

Wer ist der Ausführende und welche Kosten würden entstehen? Ist es überhaupt ethisch und geschichtlich vertretbar, aus der Ruine der größten Hallenkirche Anhalts eine Turnhalle zu machen? Welche Optik würde entstehen, wenn ein 9 m hoher „Container" in das Kirchenschiff gestellt werden würde, wo doch schon die Kirchenfenster eine Höhe von stolzen 18,5 m besitzen? Und würden die Arkadenpfeiler dann nicht trotzdem zur Hälfte der Witterung ausgesetzt sein? Was würde überhaupt vom einstigen Raumeindruck der größten Hallenkirche Anhalts bleiben?

Noch merkwürdiger wurde die Sache, als sich herausstellte, dass man weder ein im Vorfeld in Aussicht gestelltes Satteldach auf das Kirchenschiff, noch den Aufbau des Mittelturmes realisieren könne und dass die zu entstehende Turnhalle aus Platzgründen noch nicht einmal Standardmaße haben würde, um dort Wettkämpfe durchzuführen. Und es gab zusätzliche Pläne, das Umfeld der Kirche als Sportplatz umzubauen. Plötzlich standen nach einer möglichen Umsetzung sogar die Förderwürdigkeit und die Existenzberechtigung des Nicolai-Vereins und dessen bisher geleistete Arbeit in Frage ...

Eine rege Diskussion entwickelte sich in der „Volksstimme". Die Befürworter nannten Beispiele aus anderen Städten und Ländern, wo man Kirchen bereits einer neuen Nutzung zugeführt hatte – manche gelungen, andere eher fragwürdig.

Besonders beeindruckende Beispiele einer gelungenen Umgestaltung dafür liefert übrigens das holländische Maastricht. Dort soll es 53 Kirchen und Klöster geben, die nach 200 Jahren Leerstand einer neuen Nutzung zugeführt wurden.

Die bekanntesten sind eine Hotelkirche mit 60 Zimmern, die für 15 Millionen Euro umgebaut wurde und eine sensationelle Innengestaltung mit Glasböden besitzt, eine Spielplatzkirche, die einen Kartenverkauf von immerhin 40 000 Euro pro Jahr verzeichnen kann und sogar eine Buchkirche, die als einer der „schönster Buchladen der Welt" ausgezeichnet wurde und die jährlich von 800 000 Besuchern aus aller Welt aufgesucht wird. Die nur noch teilweise erhaltenen Original-Fresken an den Wänden dieser Kirche werden durch raffinierte Lichtprojektionen ergänzt.

Ein weiteres Beispiel gekonnter neuer Nutzung ist aber vor allem das prächtige Rijksmuseum in Amsterdam. 375 Millionen Euro wurden hier investiert. Besonders kurios: ein durch die Kirche führende Fahrradweg musste nach dem Willen der Einwohner erhalten bleiben, was eine besondere Herausforderung für den Architekten darstellte.

Aber auch in Deutschland gibt es natürlich gelungene Projekte, wie z.B. das Meereskundemuseum in Stralsund, das in einer Kirche sein neues Domizil fand, oder auch ganz in unserer Nähe die Dessauer Marienkirche neben dem Rathaus, die mit einem neuen Dach und Fußbodenheizung versehen, jetzt vielseitige Konzert- und Mehrzweckhalle der Stadt ist.

Alle diese genannten Kirchen haben aber eines gemeinsam: sie besitzen ein geschlossenes Äußeres. Auf welche Weise dann ihr Inneres genutzt wurde, war wohl eher zweitrangig.

Das alles traf aber auf die Ruine der größten und im Stadtbild Zerbst dominierenden Hallenkirche Anhalts nicht zu. Schließlich käme auch niemand auf die Idee, den Steinkreis von Stonehenge oder die Akropolis in Athen zu einer Sporthalle umzubauen. Und so gingen die Meinungen von „würdelos" bis „Chance für Zerbst" weit auseinander. Auch die bisherige Nutzung als Weihnachtsmarkt oder Freilichtkino, die bisher immer völlig selbstverständlich schien, wurde zum ersten Mal hinterfragt. Und es wurde wieder einmal der in Zerbst immer wieder vernachlässigte Zusammenhang zwischen einzelnen Entscheidungen, den Auswirkungen auf das Gesamtstadtbild und die Akzeptanz bei der Bevölkerung deutlich.

Die letzte Entscheidung über den möglichen Einbau einer Turnhalle lag beim Kirchengemeinderat St. Nicolai/St. Trinitatis als stellvertretender Eigentümer, der sich nach ausgiebigen und kontroversen Diskussionen letztendlich entschloss, diese Maßnahme am 19. Januar 2012 abzulehnen. Im September 2011 hätte man sich noch für dieses Projekt offen gezeigt, erklärte Gemeindepfarrer Thomas Meyer, heute fehlen das versprochene Satteldach, drei Türme und die Verantwortlichen (eine Betreibergesellschaft sollte den jetzigen Rechtsträger ablösen). Von all dem sei in der aktuellen Planungsphase nichts mehr geblieben, so der Gemeindepfarrer. Das Projekt werde von der Öffentlichkeit nicht mitgetragen und sei so nicht realisierbar.

Ganz anders sah das allerdings Kirchenpräsident Joachim Liebig, der den Sachverhalt damals noch über ein internes Gespräch klären wollte *("Volksstimme", 26. Januar 2012)*. Auch der ehemalige Oberkirchenrat und heutiges Stadtratsmitglied Dietrich Franke, war der Ansicht, die Chance zur Belebung des Marktes wäre damit vertan. Anlässlich der Jahreshauptversammlung des Nicolai-Vereins 2014 beklagte er, dass sich die Stadt innerlich von der Kirche verabschiedet hätte *("Volksstimme", 6. Dez. 2014)*. Nachdem der Stadtrat das Schloss zum Haupt-Sanierungsschwerpunkt erklärt hatte, waren die Fördermittel für die Kirche und für andere denkmalgeschützte Objekte zurückgefahren worden.

Richtig ist allerdings auch, dass das Schloss Eigentum der Stadt und die Kirchenruine eben Eigentum der Kirche ist. Es ist kaum zu verstehen, dass die äußerst wohlhabende Institution Kirche, die ja auch jährlich viele Millionen aus staatlichen Mitteln erhält, selbst kaum Interesse am Erhalt oder am Wiederaufbau der einstmals größten Hallenkirche Anhalts zu haben scheint. Wer allerdings auch staatliche Schulfördergelder zur Sanierung kirchlicher Objekte nutzen möchte, sieht sich möglicherweise des Vorwurfs eines Fördermittelbetruges ausgesetzt.

Zur Wahl des neuen Vorstandes des Fördervereins St. Nicolai im Mai 2013 wurde die aktuelle Situation noch einmal deutlich. Von einst 50 Mitgliedern waren zu diesem Zeitpunkt noch 38 vorhanden, einige hatten den Verein inzwischen verlassen. Eine Neuwahl des Vorstandes soll 2016 stattfinden. Auch gibt es anlässlich der geplanten Aufführung eines historischen Prozessionsspiels 2017 Bestrebungen der Stadt zu einer Fördermitgliedschaft.

Zu den umfangreichen Erhaltungsmaßnahmen des Vereins zählt auch die Sicherung der Grabplatte (Epitaph) des einzigen in der Nicolaikirche beigesetzten Fürsten Johann (1504 – 1551), die inzwischen durch eine Schauvitrine geschützt wurde. Leider hatte das riesige Wandgemälde des Heiligen Christopherus an der östlichen Wand des Südturmes nicht so viel Glück. Es ist im Laufe der Jahre inzwischen nicht mehr erkennbar, nur die drei Stifterfiguren in der rechten unteren Ecke sind noch blass zu sehen. Der Zerbster Kunstmaler Paul Jünemann hatte diese Figur nach dem Krieg noch auf einem Aquarell festgehalten. Es befindet sich heute im Bestand des Museums und zeigt, dass bei dieser künstlerischen Darstellung sogar die heute nicht mehr existierenden Deckengewölbe in diesem Bereich noch vorhanden waren.

Erklärtes Ziel bei Gründung des Fördervereins sei damals gewesen, die Kirchenruine zu sichern, so Walter Tharan. 50 Mitglieder waren es anfangs, mindestens 60 Mitglieder hätte man erreichen können, wenn der Wiederaufbau von St. Nicolai geplant worden wäre. Das war aber nicht der Fall und somit sei die Aufgabe fast erfüllt. Nach der neuen Gestaltung des Kirchenumfeldes *(→ „Wie die Hügel der Kritik eingeweiht wurden")*, müsse man nun sehen, wie sich die Bevölkerung damit auseinandersetzt und welche Unterstützung zu erwarten sei. Nachdem der Stadtrat das Schloss 2013 als Sanierungs-Hauptschwerpunkt eingestuft hatte, und der Kritik, dass die Stadtkirche St. Nicolai viel älter und für die Stadtgeschichte viel bedeutsamer sei, als das Schloss, teilte man Anfang 2014 aus dem Rathaus mit, dass die Stadt sich finanziell bei der Sanierung der ersten 5 Arkadenpfeiler beteiligen werde ...

Die Ruine der Nicolaikirche 2015, im Vordergrund die umstrittenen Betonhügel

Inzwischen hat man für die Turnhalle eine andere Lösung gefunden: Nach dem Abriss der einstigen Schule am Wegeberg in Zerbst-Nord entstand hier eine neue Turnhalle. Gebaut und betrieben wird sie von den Anhalt-Bitterfelder Kreiswerken.

Da Stadtentwicklung ein dynamischer Prozess ist und sich fast täglich neue Ereignisse oder Erkenntnisse ergeben, sei hier ergänzt, dass der zu diesem Zeitpunkt 80-jährige Walter Tharan im Januar 2014 zum Empfang beim Bundespräsidenten Christian Gauck geladen war, um eine Auszeichnung für sein langjähriges ehrenamtliches Engagement entgegen zu nehmen. Im Dezember 2013 war vor ihm bereits Dirk Herrmann als Vorsitzender des Schlossvereins mit dem Landesdenkmalpreis Sachsen-Anhalts ausgezeichnet worden.

Martin Luther – hier stehe ich!

Als eine der ersten Lutherstädte hat Zerbst zu Martin Luther eine ganz besondere Beziehung. Für die Ehrung und Vermarktung des großen Reformators sind in der Lutherdekade bis 2017 natürlich alle gefragt, die von seinem Wirken und seiner Persönlichkeit profitieren können. Sie ist nicht zuletzt Sache der Kirche, der Stadt Zerbst, des Fremdenverkehrsvereins und des Tourismusverbandes. Inzwischen gab und gibt es dazu die verschiedensten Aktivitäten. Auch das Museum der Stadt Zerbst nahm sich inzwischen des Themas an und präsentierte bereits die Ausstellung: „Der Anschlag". Auch ein Pilgerweg auf den Spuren Luthers wird z.Z. überregional erarbeitet. An der Zerbster Lutherpromenade und an der Trinitatiskirche wurden viele gestiftete Bäume gepflanzt. Die Aufführung eines alten, wiederentdeckten Prozessionsspiels ist geplant.

Auf dem Zerbster Markt empfängt seit Dezember 2010 eine kleine, schwarze Luther-Figur aus Plastik die Gäste der Tourist-Information. Diese Figur ist eine von 800 schwarzen, roten, blauen und grünen „Luther-Zwergen", die der Künstler Ottmar Hörl am 14. August 2010 auf dem Wittenberger Marktplatz aufgestellt hatte. Unter dem Motto „Martin Luther – hier stehe ich!", war das eine Kunstaktion zum bevorstehenden 500-jährigen Reformationsjubiläum 2017. Im Anschluss an diese Aktion konnten diese Figuren für 250 Euro das Stück erworben werden. Drei Figuren davon schafften es bis nach Zerbst, auch das Museum und das Gymnasium Franciscum sind heute stolze Besitzer.

„Wir sind nach Wittenberg zentrale Stätte der Reformation, Zerbst liegt mitten auf dem Lutherweg und Luther ist für Zerbst ein Riesenpfund!" schätzte Frau Tiepelmann von der Stadtinformation am 15. September 2010 in der „Volksstimme" ein.

Warum aber ausgerechnet dieser Weltveränderer und dieses „Riesenpfund" Luther, der sich nicht scheute, sich mit dem Papst anzulegen und von den Mächtigen als vogelfrei erklärt wurde, im früheren Zerbst begeistert gefeiert wurde, aber im heutigen Zerbst wie ein Hofhund vor die Tür gestellt und als Plastikfigur am Fahrradständer angekettet wird und „anzeigen soll, dass die Stadtinformation geöffnet hat", ist für mich allerdings ein Rätsel. Was würde wohl der „unfreiwillige Revolutionär" Luther, wie ihn der Aktionskünstler Hörl einmal einschätzte, heute zu solcher Respektlosigkeit sagen? Hätte nicht Martin Luther mindestens dasselbe Recht, ein würdiges Denkmal in Zerbst zu bekommen, wie die russische Zarin?

Hier stehe ich (und werde hoffentlich nicht von einem Hund angepinkelt) - Martin Luther angekettet auf dem Zerbster Markt 2016

Das Kaufhaus am Markt

Das Gebäude überstand den Krieg unversehrt und gab eine Vorstellung von der Größe der repräsentativen Giebelhäuser dieser Stadt auf dem Marktplatz. Während die angrenzenden Häuser dieser Häuserzeile rechts und links davon dem Krieg zum Opfer fielen, konnten die Zerbster sich noch bis zum 23. März 1980 an diesem Original-Gebäude erfreuen. Es diente wie vor dem Krieg auch noch zu DDR-Zeiten als Kaufhaus.
Weil Kinder an einer hölzernen Außentreppe mit Feuer spielten, ging es in Flammen auf. Die imposante Giebelwand, die das Feuer überstanden hatte, war so stabil, dass sie mit Hilfe zweier russischer Panzer abgerissen werden musste. Damit verlor das historische Zerbst unwiederbringlich ein weiteres markantes Gebäude noch 35 Jahre nach dem Krieg. Der hintere Anbau neueren Datums, wegen seiner schwarzen Verkleidung von der Bevölkerung auch als „Schwarzer Sarg" bezeichnet, diente bis zu seinem endgültigen Abriss weiterhin als Verkaufsfläche. Auch vom historischen Giebel dieses Hauses gibt es eine großformatige Zeichnung der Zerbster Bauschule und ein möglicher Wiederaufbau wäre mit Hilfe eines finanzkräftigen Investors durchaus einer Überlegung wert. Im benachbarten Dorf Steutz hatte man gerade 2013 den Giebel des ehemaligen Dorfkonsums am Ortseingang vor dem Abriss gerettet, um die langjährige Optik zu erhalten. Und dieser war keineswegs historisch wertvoll.

Dass übrigens in der Wendezeit die Zahl der Brände drastisch anstieg und zeitweise fast täglich die Sirenen heulten, beschreibt Günter Röhrs in seinem Beitrag: „Größte Brände des Jahrhunderts in Zerbst" im Zerbster Heimatkalender 2000. Damals entstand der Begriff „Brandsanierung". Der Zerbster betreibt in der Käsperstraße 28 auch ein Museum zur Geschichte der Feuerwehr.

Das „Hotel Anhalt" auf dem Markt

Das auf der Ecke Markt/Brüderstraße befindliche Haus Nr. 21 kann auf eine lange Geschichte zurückblicken. Errichtet 1717/18 diente es als renommierte Herberge und als Kultur- und Gesellschaftshaus, u.a. auch für die Freimaurerloge „Friedrich zur Beständigkeit". 1806 war es Stabsquartier des französischen Generals Berthier. Zu DDR-Zeiten ziemlich heruntergekommen, aber schon mit einem reparierten Dach versehen, sollte auch dieses Gebäude noch nach der Wende abgerissen werden und einem „nachempfundenen Neubau" Platz machen, dessen Äußeres mit dem Original nur den steinernen Treppenaufgang gemeinsam gehabt hätte (eine Zeichnung war damals in der „Volksstimme" veröffentlicht).

Dass das letztendlich nicht geschah, ist für Zerbst fast ein Wunder! Ein Investor aus der Partnerstadt Jever (Friesland) hatte es gekauft und komplett saniert. 1996 wurden die Gerüste entfernt und es strahlte im neuen Glanz. Auch wenn es wohl dabei viele Ungereimtheiten gegeben haben soll, ihm und der Denkmalpflege ist zu verdanken, dass dieses imposante und für den Markt so wichtige Gebäude heute noch vorhanden ist. Im unteren, ehemaligen „Unionskeller" befindet sich heute das griechisches Restaurant ATHOS und in den oberen Etagen Geschäfts- und Wohnräume. Wegen Rissbildungen in der Fassade erfolgte Inzwischen eine zweite Sanierung von außen.

Das Kaufhaus am Markt (1.v.l.)
vor 1945

Der Zerbster Markt vor 1945, Ostseite
Kriegsverluste (rot), das Neue Haus (grün),
1967 abgerissen, rechts daneben das Hotel Anhalt. Das Kaufhaus
am Markt (6.v.l.) 1980 abgerissen

Das Haus Schwaedt, Markt Nr. 25

Es gehört heute zu den kunstgeschichtlich wertvollsten, erhaltenen Gebäuden des Marktes. Erbaut im 16. Jahrhundert mit einem reich geschmücktem Erker und Wandmalereien in den Innenräumen, diente es auch als Schauspielhaus der Theatertruppe um die Neuberin. Das Haus, den Zerbstern besser als Spielzeugladen Schwaedt bekannt, war ein beliebter Anlaufpunkt auf dem Markt und wir Kinder drückten uns die Nasen am Schaufenster platt. Immer gab es dort irgendetwas Interessantes zu entdecken. Innen war der Laden recht klein, aber bis unter die Decke vollgestopft mit herrlichen Sachen, die das Kinderherz, aber auch das vieler Erwachsener höher schlagen ließen.

Den Krieg und den Sozialismus nahezu unbeschadet überstanden, wurde es in „rechtsfreier Wendezeit" von einem West-Investor gekauft und radikal umgebaut. Es beherbergt heute eine Apotheke.

Warum diese Umbauten damals von den Denkmalschutzbehörden in dieser Art überhaupt genehmigt wurden, ist mir ein Rätsel.

Überhaupt scheint mir auch der Denkmalschutz lange nicht mehr das zu sein, was er einmal war. Heute scheint man sich dort mehr für unterirdische, nicht sichtbare Keller zu interessieren, die unbedingt erhalten werden müssen, als für das historische Äußere. Und selbst der Wiederaufbau nach historischen Vorbildern scheint aus Denkmalschutz-Sicht nicht unbedingt erwünscht zu sein. Man müsse sehen, was alt und was neu ist. Ein Glück, dass nicht alle Denkmalschützer der Welt das genau so sehen! Sonst gäbe es heute auch keine wieder entstandene Dresdener Frauenkirche oder auch das Berliner Stadtschloss wäre heute kein Thema. Wirtschaftliche Erwägungen stehen offenbar auch heute wieder höher im Kurs, als die Rettung des alten Stadtbildes. Wurden zu DDR-Zeiten Denkmalschützer gern als „Planbremse" beschimpft und von der Partei massiv unter Druck gesetzt, warf man ihnen nach der Wende vor, sie würden den Aufschwung-Ost behindern. Dass aber gerade das alte Stadtbild überhaupt erst die Voraussetzung für den Tourismus ist, und somit auch für den wirtschaftlichen Aufschwung auf diesem Gebiet, versuchte uns ja schon Paul Kirchner in den 1930er Jahren zu vermitteln ...

Das Haus Schwaedt jedenfalls wurde auch im äußeren, unteren Bereich durch den Einbau von modernen Metallfenstern und Türen auffällig verändert. Eine große, moderne Beschriftung „RABEN-APOTHEKE" prangt jetzt nur wenige Zentimeter unter einem bereits bestehenden, vergoldeten historischen Schriftzug. So führt der untere Teil des prächtigen Hauses inzwischen leider ein optisch schwer zu akzeptierendes Eigenleben und hat durch seinem fragwürdigen Umbau mit dem einstigen, denkmalgeschützten Gebäude nur noch wenig zu tun.

Das Haus Markt Nr. 23

gleich daneben, beherbergte zu DDR-Zeiten die Flora- Drogerie. In den oberen Etagen befand sich bis noch vor einigen Jahren die Redaktion der „Zerbster Volksstimme" und des „Generalanzeigers". Mit dem Auszug der Drogerie und der Zeitungsredaktion wurde an diesem Gebäude, das als einziges auf dem Markt noch einen Balkon mit Original schmiedeeisernen Geländer besitzt, nichts mehr gemacht und es bietet einen ziemlich traurigen Anblick. Begründet wird dieses Nichtstun angeblich mit Auflagen des Denkmalschutzes, der u.a. den Erhalt einer historischen Holztreppe im Innern fordern soll, wird gemunkelt. Zerbst im Jahre 2016 und das mitten auf dem mit Millionen an Euro neu gestalteten Zerbster Markt!

Die Häuser Markt Nr. 14 und Nr. 16

Westseite des Zerbster Marktes in den 1970er Jahren.
Die Häuser Nr. 16 und 14 wurden 1999 und 2012
abgerissen (6. und 7. v.l.)

Auf der gegenüberliegenden Marktseite wurde 1999 das marode Gebäude Nr.16 abgerissen, ein weiteres Haus, das sowohl den Krieg, als auch 40 Jahre Sozialismus überstanden hatte. Der West-Eigentümer kümmerte sich nicht darum, auch nicht, als Zerbster Bürger forderten, man möge ihn mit Name und Adresse an einem Schild aushängen. Als dann zur 1050-Jahrfeier der große Festumzug daran vorbei geführt werden sollte, und aus dem Grundstück inzwischen schon eine grüne Oase mit Bäumen wuchs, verkleidete man das Grundstück mit einem hohen Zaun. Im Jahre 2012 fiel dann auch noch das daneben stehende große Fachwerkhaus, das noch bis nach der Wende bewohnt war, der Abrissbirne zum Opfer ... Und es ist wie bei einem maroden Gebiss: wenn erst ein Zahn fehlt, folgt auch bald der nächste. Nicht abgerissen werden durfte übrigens seitens der Denkmalschutzbehörden der unterirdische Gewölbekeller dieses Gebäudes, was eine Vermarktung schwierig macht.

Die beim Abriss eines Hintergebäudes gefundenen und mit aufwendigen Schnitzereien verzierten zwei Holzbalken von 1520, konnten damals dank aufmerksamer Bürger in Sicherheit gebracht werden. Sie befinden sich heute als Ausstellungsstücke im kleinen Kreuzgang des Museums. Ich erinnere mich noch sehr gut, welche abenteuerliche Aktion es war, diese schweren Balken mit Hilfe vieler freiwilliger Helfer Ende der 1980er Jahre ins Zerbster Museum zu bugsieren.
Während der eine Balken mit Ornamenten verziert ist, befinden sich auf dem anderen bildliche Darstellungen, u.a. auch eine sogenannte „Judensau". Dasselbe Motiv kann man, in Stein gemeißelt, heute auch noch an der nordöstlichen Außenseite der Nicolaikirche finden. Die Frage ist allerdings, wie lange noch, denn auch dieses historische Kleinod ist schutzlos der Witterung ausgesetzt.

Zerbst, eine geteilte Stadt

Am 9. Dezember 1964 um 15.00 Uhr zerschnitt Bürgermeister Hermann Sternickel ein weißes Band und gab damit den Verkehr frei für das 650 m lange erste Teilstück der damaligen Fernverkehrsstraße F 184 vom einstigen Breitestraßentor über die Mittelfuhrstraße bis zum neu geschaffenen Stadtmauerdurchbruch am Alten Teich. Die Errichtung dieser vierspurigen Ost-West Verbindung quer durch die Stadt und durch die historische Stadtmauer war zusammen mit einer großflächigen Schaffung von Baufreiheit zur Errichtung eines neuen Stadtzentrums der bedeutendste Eingriff in das alte Zerbster Stadtbild nach 1945. Die Folgen dieser Entscheidung sind bis heute sehr nachhaltig wirksam.

Seit 1964 zerschneidet die jetzige B 184 Zerbst.

Schon immer führten alte Handelsstraßen in allen vier Himmelsrichtungen durch Zerbst. Der Oberlehrer und Leiter des Staatsarchivs Zerbst, Dr. Theodor Schulze, erzählte 1920 in seiner Veröffentlichung „Zerbst im dreißigjährigen Kriege" die Geschichte vom Stadtmedicus Dr. Nathan Voigt, der genau dort wohnte, wo sich der Knotenpunkt aller Handelswege in Zerbst befand: „Wenn auch die Fuhrwerke der Magdeburger und Leipziger Handelsherren, die Salzwagen aus Staßfurt, die ihren Weg nach Lausitz und Schlesien über Zerbst nahmen, die Ladungen, welche aus Halle oder Köthen und von Thüringen nach Brandenburg bei Aken über die Elbe gegangen waren, von verschiedenen Seiten anfuhren und in verschiedenen Gasthöfen Unterkunft suchten, so musste bei ihrem Kommen und Gehen ein Punkt in der Stadt berührt werden. Das war die Stelle, wo Breite Straße, Markt und Alte Brücke zusammentrafen …" Und wie bei viel Verkehr so üblich, kam es auch hin und wieder an dieser Stelle zu einem Unfall, bei dem auch mal ein Wagenrad zu Bruch ging.

Wie schon berichtet, wurden mit zunehmendem Verkehrsaufkommen ab 1820 die Stadtwälle und ab 1840 große Teile der fünf Stadttore abgerissen. Die „Mittlere Fuhrstraße" endete zu dieser Zeit noch in östlicher Richtung vor der Stadtmauer, an der ein Weg vom Weinberg bis zum Frauentor entlang führte und an den Grundstücke mit Ackerflächen grenzten. Der Bereich der heutigen Fuhrstraße nannte sich seit dem 14. Jahrhundert „Grüne Fuhrstraße" oder auch „Grüne Straße". 1886 mit Einführung der Straßenbeschilderung, erhielt sie die Bezeichnung „Fuhrstraße". Die einzige östliche Verbindung zum Alten Teich bestand in diesem Bereich vor 1964 im kleinen Stadtmauerdurchbruch, genannt „Elsterpforte". Der Durchbruch der Stadtmauer zum Alten Teich erfolgte als weiterer brachialer Eingriff in das alte Zerbster Stadtbild Anfang der 1960er Jahre. Erst danach entstanden die beiden Fußgängertore beidseitig der Straße.

Abriss von 347 alten Wohnungen ab 1968

Nach der 80-prozentigen Zerstörung der Stadt 1945 waren im Altstadtbild erhebliche Lücken entstanden. Während die Brüderstraße fast völlig ausgelöscht wurde, war die Lüttge Brüderstraße zur Hälfte noch erhalten geblieben. Ähnlich erging es der Mühlenbrücke, der Wolfsbrücke, der Mittelstraße und der Fuhrstraße, sowie einigen Straßenzügen im nördlichen Bereich der Stadt, wie Wegeberg, Töpfergasse, Lange Straße, Bäckerstraße, Priegnitz, Breitestein und anderen.
Mit der Aufstellung eines Bebauungsplanes und der damit begründeten Schaffung von Baufreiheit, fiel auch dieses Stück Alt-Zerbst der

Abrissbirne zum Opfer. 347 Wohnungen mit „vorwiegend überalterter Bausubstanz" mussten nach einer vom Kreis und von der Stadt erarbeiteten „Konzeption zum Aufbau des Stadtzentrums von Zerbst" aus dem Jahre 1968 abgerissen werden. Das war nach einem Kriegsverlust von 1433 Wohnungen der zweite massive Eingriff in das alte Zerbster Stadtbild.

> *„Durch den Neuaufbau des zerstörten Stadtzentrums wird der Charakter der Stadt an sich nicht verändert, obwohl das Stadtbild völlig neue Züge erhalten wird ..."*

hieß es dann parteipolitisch korrekt, aber an der Wirklichkeit vorbei, im „Perspektivplan der Stadt von 1959 bis 1985", der den Bau von 3000 neuen Wohnungen im Zentrum vorsah.

> *„Zerbst galt bekanntlich als Kleinod mittelalterlicher Stadtbaukunst und es gilt für alle Bürger mitzuhelfen, unserem Zerbst nicht nur neue Gestalt, sondern auch ein farbenfrohes Gesicht zu geben ..."*

Ein Widerspruch in sich, denn die beginnende Großblockbauweise im standardisierten Einheitsstil hatte mit der mittelalterlichen Stadtbaukunst und mit dem Charakter des alten Zerbst nicht das Geringste gemeinsam.

Und während dann anschließend das Wohnen im Plattenbau staatlich subventioniert wurde (zwei Drittel der wirklichen Kosten übernahm die Allgemeinheit), wurden die Leute, die versuchten, ihr Eigenheim oder ihr seit Generationen bewohntes, historisches Gebäude (also das wirkliche alte Zerbster Stadtbild) zu erhalten oder zu modernisieren, meist sich selbst überlassen. Fehlendes Material oder fehlende Handwerkskapazität taten ein Übriges. Und bei sagenhaft niedrigen Mieten war es Hausbesitzern auch kaum möglich, Investitionen zum

Erhalt oder zur Modernisierung ihrer Grundstücke zu tätigen. Und weil im sozialistischen Plattenbau die Thermostat-Ventile an den Heizungen fehlten, regelten die Bewohner die Zimmertemperatur im Winter mit Öffnen oder Schließen der Fenster, oder kühlten im Sommer ihr Bier unter laufendem Wasser ...

(Unter welchen Schwierigkeiten zu DDR-Zeiten ein neues Haus errichtet wurde, schildert uns Reinhold Möbes eindrucksvoll in seinem Bericht → „Hausbau an der Fohlenweide", Zerbster Heimatkalender 2000).

Es war einmal: Die Lüttge Brüderstraße

Sie ist die Parallelstraße zur großen Schwester Brüderstraße und zur heutigen Fuhrstraße. Meine Eltern und ich wohnten zusammen mit Großmutter in dem kleinen Fachwerkhaus Nr. 12, das einstmals dem Weichensteller Karl Pannier gehörte. Nur die vordere Hälfte der Straße war dem Krieg zum Opfer gefallen. Unser Haus, etwa in der Mitte der Straße gelegen, war winzig klein, uralt aber auch urgemütlich. Beim Eintritt in den Flur ging es erst einmal zwei Stufen nach unten, um nicht an die Decke zu stoßen. Auch die Fenster des Obergeschosses waren so niedrig, dass man sie von außen fast mit ausgestrecktem Arm erreichen konnte. Im hinteren Bereich gab es einen langen, sehr schmalen Hof, an dessen Ende sich ein Plumpsklo und Stallungen befanden, in denen Hühner, Kaninchen und eine Ziege gehalten wurden. Dahinter lag ein kleiner Garten, der bis an die heutige Fuhrstraße reichte, mit einem großen Pflaumenbaum in der Mitte. Besonders gern erinnere ich mich an einen vorderen und einen hinteren Dachboden des Fachwerkhauses, auf denen sich ein altes Trichtergrammophon mit Schallplatten und andere, für uns Kinder überaus interessante Dinge befanden.

Die Südseite der Lüttge Brüderstraße bis 1964,
vorn das Wohnhaus Nr. 12 der Familie Frankowski

Aus dem Dachfenster geklettert, bot sich uns ein herrlicher Rundumblick bis zur Nicolaikirche, zum Heidetor und zur Breite. Im Nachbarhaus rechts befand sich ein Fleischer, der seinen Laden in der Fuhrstraße hatte, ein weiterer Fleischer war an der Ecke zum Weinberg.

Links neben uns hatte ein Böttcher/Stellmacher seine Werkstatt. Im Garten dieses Hauses sah es aus, wie in einer mittelalterlichen Manufaktur voller rätselhafter Werkzeuge und Gegenstände, auf deren Besitz heute vermutlich jedes Museum stolz wäre. Einige Häuser weiter östlich war nach dem Krieg ein sogenanntes „Russenmagazin" eingerichtet worden, das hauptsächlich für die Versorgung der russischen Offiziere zuständig war und vor dem oft Lastkraftwagen be- und entladen wurden. Es kam vor, dass dabei mal eine Obststiege zu Bruch ging, und wir Kinder uns das auf der Straße liegende Obst einsammeln durften. Das Kopfsteinpflaster der Lüttge Brüderstraße und auch Teile des Weinberges sind auch heute noch im Original erhalten, was allerdings vermutlich reiner Zufall ist.

Blick auf die Lüttge Brüderstraße Richtung Westen in den 1960er Jahren (Foto: Fam. Schmidt)

Das originale Kopfsteinpflaster am angrenzenden Weinberg im Bereich des Francisceums, also in noch viel geschichtsträchtigerem Umfeld, wurde mit der Errichtung eines Wohnblocks gegenüber, Mitte der 1980er Jahre in den Westen verkauft, bzw. einfach zubetoniert.
Warum die einstige Plattenbausünde gegenüber dem Francisceum (ein Block für altersgerechtes und betreutes Wohnen) im Rahmen des staatlich finanzierten Wohnungsrückbau-Ost nach der Wende, im Sinne eines harmonischen Stadtbildes und im Interesse des Tourismus an dieser Stelle bis heute noch nicht verschwunden ist, oder wenigstens dem Umfeld angepasst wurde, bleibt mir ein weiteres Rätsel Zerbster Stadtbildgestaltung. Schließlich gehört der Bau der städtischen Wohnungsgesellschaft BWZ. Statt Abriss oder Rückbau wurde nun aktuell im Juni 2014 vermeldet, dass dieser Wohnblock demnächst saniert und modernisiert werden wird ... Hier wurde offenbar wieder eine

Chance verspielt, sich dem alten Zerbster Stadtbild wenigstens etwas anzunähern.

Was das Kopfsteinpflaster betrifft, erinnere ich mich an eine Episode, die ich als Kind erlebte. Weil von draußen großer Lärm zu hören war, blickte ich aus einem der oberen Fenster unseres kleinen Hauses auf die Lüttge Brüderstraße. Vom Weinberg her kam plötzlich aus dem Nichts ein Pferd samt hölzernen Pferdewagen herangaloppiert. Es musste wohl durchgegangen sein, ein Kutscher war nicht vorhanden. Durch das Kopfsteinpflaster wurde der Wagen über einen Meter hoch geschleudert und krachte und polterte über die Straße. Ein Mann, der gerade mit einem Fahrrad auf dieser Straße unterwegs war, schaffte es gerade noch mit einem kühnen Sprung, sich in die Mauernische eines Hauseingangs zu retten. Er wäre wohl sonst verloren gewesen. Genau so schnell wie es gekommen war, war der Spuk auch wieder vorbei. Überhaupt gehörten Pferde und Pferdewagen noch in den 1960er Jahren zum ganz alltäglichen Zerbster Stadtbild.
 Ab und zu vernahmen wir als Kinder auch das Läuten einer Glocke. Das war das Zeichen dafür, dass ein Pferdewagen mit einem Malzbier im Kommen war, dass sich die Einwohner vor ihren Haustüren in Töpfe und Kannen füllen ließen und das bei Gärung zu Blähungen führte. Man nannte es „Puparschknall". Aber auch an Straßenmusikanten kann ich mich noch erinnern, denen wir dann einige Groschen aus dem Fenster warfen. Mit einer Peitsche und hölzernen Kreiseln spielten wir Kinder stundenlang auf dem schmalen Bürgersteig . Im Winter gingen wir Rodeln zum nahen Bullerberg am Heidetor und im Sommer holten wir Wasser für die Tiere eines Zirkus, der ab und zu sein Zelt auf dem Schützenplatz aufgeschlagen hatte. Als Dankeschön bekamen wir Eintrittskarten geschenkt. Auch an Viehmärkte auf diesem Platz kann ich mich noch gut erinnern und ich lernte dort das Fahrradfahren. Niemand kam zu dieser Zeit auf die Idee, diesen geschichtsträchtigen Platz des Zerbster Grüngürtels als „potentielle Baufläche" zu betrachten.

Der DDR-Plattenbau gegenüber dem geschichtsträchtigen
Gymnasium Francisceum am Weinberg (2015)

Mit der Begründung, Baufreiheit zu schaffen, wurden ab Mitte der 1960er Jahre die gesamte südliche Seite der Lüttge Brüderstraße und großflächig auch alle, den Krieg überstandenen Häuser, die dem Bebauungsplan im gesamten Umfeld bis zur Breite oder zum Markt im Wege standen, abgerissen und die Bewohner zwangsumgesiedelt. Uns ging es ebenso. Dasselbe erfolgte auch in anderen Bereichen der Stadt wie in der Färberstraße, der Broihansgasse, der Töpfergasse und dem Breitestein.

Anmerkung: Die Original-Eingangstür unseres Hauses, Lüttge Brüderstraße 12, wurde übrigens beim Abbruch gerettet. Sie befindet sich seitdem in einem Hintergebäude eines Privatgrundstückes An der Fohlenweide Nr. 6.

Es war einmal: Der Breitestein

Der Zerbster Werner Specht wohnte mit seinen Eltern in einem dreistöckigen Haus auf dem Breitestein zwischen Firma Sandkuhl, Schuster Höhne, Dankert, Kolonialwarenhändler Hahn, Brandt und dem Landmaschinenbau Paul Wittge. Aber auch die Gärtnerei Dreibroth und ein Zerbster Original, genannt „Lumpen Elli", sowie die Wäscherei Engel und die Fleischerei Sehl sind ihm in guter Erinnerung geblieben. Geboren im Ankuhn, verbrachte er doch seine ganze Kindheit ab 1956 in diesem alten Terrain nördlich von Zerbst. Im Konsum gab es im beleuchteten Schaufenster ein Aquarium mit lebenden Karpfen. Überall war altes Kopfsteinpflaster, eine Litfaßsäule und gusseiserne Lampen, in der Färberstraße sogar noch mit Gas betrieben. Auf dem Gelände der Sandkuhlschen Fabrik, die von den Geologischen Bohrungen benutzt wurde, lagen große Steinquader zum Probebohren, die den Kindern als idealer Spielplatz dienten. „Eine umgekippte Lore der Trümmerbahn vor dem Grundstück von Spargel-Krüger gegenüber, als Treffpunkt, war von unseren Hintern regelrecht blank gesessen", erinnert sich Herr Specht. „Malermeister Krüger hatte im Winter damals große Schneeskulpturen gebaut, auf denen wir Kinder herum kletterten. Aber auch bis zur Pferdeschwemme waren wir unterwegs, um dort im glasklaren Wasser Fische mit der Hand zu fangen."

Werner Specht tut es heute in der Seele weh, wenn er den Ort seiner Kindheit besucht und sieht, wie z.B. der einst stattliche Gebäudekompex der Ankuhnschen Mühle unaufhaltsam verfällt und das ganze 70 Jahre nach dem Krieg! *(→ Zerbster Mühlen).*

Nach dem Krieg waren Spechts in das Hintergebäude des Hauses Breitestein Nr. 5, über die Schlosserei Klicks gezogen. Ab 1963 hatten sie dann 4 Jahre das zerstörte Vorderhaus wieder aufgebaut. Werner Spechts Vater, Gottfried Specht, betrieb als ausgebildeter Schmied und Kfz-Schlosser eine sehr gefragte Reparaturwerkstatt für Mopeds, Motoren und Fahrräder. Trotz einer Kriegsverletzung war er für seine schnelle und fachgerechte Hilfe bekannt und beliebt. Allerdings standen sein Haus und die aller anderen Bewohner den sozialistischen Bebauungsplänen im Weg. „Besonders der damalige Stadtbaudirektor, Paul Lindau, war einer derjenigen, der die Einwohner drängte, ihre Häuser zu verlassen und den Abriss vorantrieb", erinnert sich Werner Specht noch heute. „Wieder einmal zum Amt bestellt, wurde meinem Vater von Stadtrat Reimann gesagt, dass man seine Werkstatt nicht mehr benötigen würde. – Mein Vater regte sich so auf, dass er es gerade noch bis nach Hause schaffte, wo er einen Herzinfarkt erlitt und verstarb. Er war gerade erst 52 Jahre alt ..."
So wurden Spechts gezwungen, noch einmal umzuziehen. Auf dem Feuerberg fanden sie nach langem Suchen ein marodes Grundstück. „Ganze weitere sieben Jahre haben wir dort gebaut", erinnert sich Werner Specht ziemlich verbittert noch heute ...

Besonders makaber: Nachdem alle alten Häuser auf dem Breitestein abgerissen waren, entstand dort 1981 einer der größten Wohnblöcke von Zerbst. Heute ist davon nichts mehr zu sehen, denn nach der Wende wurde dieser komplett wieder abgerissen. Inzwischen befindet sich dort eine Grünfläche. Für Familie Specht allerdings waren die damaligen Entscheidungen der Verantwortlichen bis heute ein Albtraum.

Nachtrag:
CDU- Mitglied Paul Lindau wurde im Oktober 2012 vom Ministerpräsidenten Dr. Reiner Haseloff mit dem Bundesverdienstkreuz am Band ausgezeichnet. „Paul Lindau hat als Kreistagsvorsitzender seit 1990 maßgeblich zur Wiederbelebung und Gestaltung der kreislichen Selbstverwaltung im früheren Kreise Zerbst und den Nachfolgekreisen Anhalt-Köthen und Bitterfeld beigetragen. Besondere Verdienste erwarb sich Lindau bei der Zusammenführung der neuen Kreisgebiete. Als einziger Kreistagsvorsitzender Sachsen-Anhalts ist er seit der ersten freien Kommunalwahl im Amt. Seit 1999 war er stellvertretendes Mitglied im Präsidium des Landkreistages und ist seit 2007 ordentliches Präsidiumsmitglied ... Ebenso trägt Paul Lindau zur Pflege handwerklichen und lokalen Brauchtums bei. So war er maßgeblich an der Gründung der Rolandbrüder Zerbst beteiligt und ist seit 1996 deren aktives Mitglied. Seit April ist er auch Mitglied der Landessynode der Evangelischen Landeskirche Anhalt." (*Generalanzeiger,31. Okt. 2012*)

Stadtbildzerstörung und Größenwahn

Voller Visionen präsentierten sich auch die Planungen für den Marktplatz als Zentrum der Stadt. Während in den Ratsprotokollen aus den 1950er Jahren schon über den Wiederaufbau des Schlosses, des Rathauses, der Nicolaikirche oder des Neuen Hauses nachgedacht worden war, sollte laut „Konzeption zum Aufbau des Stadtzentrums von Zerbst 1968", Seiten 7 und 8, die Nicolaikirche abgerissen werden und als „städtebaulicher Höhepunkt und die Silhouette der Stadt prägend" einem 65 m hohen Wohnhaus Platz machen. Hinter dem Roland war ein gläserner Rathaus-Palast geplant. Links davon sollte eine breite Straße in das Neubaugebiet Zerbst-Nord führen, und auf der Ecke Markt/Brüderstraße war ein siebengeschossiger Verwaltungskomplex vorgesehen, der auch für Kino- und Großveranstaltungen geeignet sein sollte. Entsprechende, großformatige Entwurfszeichnungen eines Magdeburger Projektierungsbüros können heute noch im Zerbster Stadtarchiv bewundert werden.

Dass die Nicolaikirche als Symbol kirchlicher und bürgerlicher Leistungskraft und als größtes und bedeutendstes Bauwerk nach dem Magdeburger Dom heute noch das Zerbster Stadtbild prägt, ist hauptsächlich dem Engagement des damaligen Kreisdenkmalpflegers Erich Hänze und dem Weitblick des Oberkirchenrates Dietrich Franke zu verdanken, wobei Franke nach eigenen Schilderungen besonders beim damaligen Bezirksarchitekten Ungewitter in Magdeburg auf wenig Gegenliebe stieß. Als es nach einigen Jahren endlich geschafft war, die Kirche für das Stadtbild zu retten, wurde diese dann mit großen Plattenbauten regelrecht eingemauert. Das war nicht nur ein gravierender Stilbruch, sondern hatte möglicherweise auch den Hintergedanken, dass die Bewohner dieser Blöcke, die gezwungen waren, täglich auf die Kirchenruine zu blicken, irgendwann deren Abriss gefordert hätten.
(→ *„Das Mahnmal im Roten Garten"* und *„Erich Hänze – Ehrenbürger der Stadt Zerbst"*)

Als Symbol sozialistischen Fortschritts errichtete man beidseitig der Mittelfuhrstraße Neubaublöcke. Am 6. Mai 1966 wurde diese Straße nach dem ersten Ministerpräsidenten der DDR, Otto Grotewohl, benannt. Da große Teile des Verkehrs zur Leipziger Messe aus Richtung Hannover durch Zerbst rollten, wurde diese Straße zum Aushängeschild sozialistischer Leistungskraft und zum „typisch und unverwechselbaren Ausdruck für Zerbst bei der Gestaltung des entwickelten gesellschaftlichen Systems des Sozialismus." – was immer man darunter verstehen mag.

An der Ecke Fuhrstraße/Alte Brücke wurde ein Punkthochhaus errichtet. Drei weitere sollten folgen, blieben Zerbst aber erspart. Dass damit wie bereits erwähnt, der einstige Knotenpunkt aller Handelswege in Zerbst markiert worden war, war wohl eher Zufall. Das für eine Kleinstadt überdimensionierte Haus samt „Kachel-Kunstwerk" auf der östlichen Giebelwand, gibt diesem „Dinosaurier" sozialistischer Stadtbaukunst eine Wertigkeit, die es einfach nicht verdient.

Mit der propagierten „Erhaltung des alten Zerbster Stadtbildes" hatte das alles sehr wenig zu tun. Selbst Jahrhunderte alte Sichtachsen auf historisch markante und Stadtbild prägende Gebäude, wie Post, Kreishaus oder Kirchen, wurden bei der Errichtung der neuen Blöcke rücksichtslos zugebaut.

In diesem Zusammenhang sei auch auf eine Fotodokumentation anlässlich der 1050-Jahrfeier der Stadt Zerbst mit dem Titel → *„Stadträume Zerbst"* hingewiesen, die in Zusammenarbeit mit einem Berliner Architekturbüro entstand, und auf bauliche Missstände aufmerksam machen wollte. Wegen der erschreckenden Fotos, die allerdings nur die real existierende Wirklichkeit des Zerbster Stadtbildes zur Wende dokumentierten, hätte es eigentlich „Stadt-Albträume Zerbst" heißen müssen. Auf dem Umschlag war die Tribüne im Schlossgarten vor dem Schloss zu sehen, ein Thema, das uns auch noch heute, 20 Jahre später, beschäftigt! *(→ „Eine Tribüne für die Zarin").*
Diese kleine s/w Broschüre im Postkartenformat ist übrigens für Interessierte im Museum der Stadt noch erhältlich.

Auf der Bundesstraße B 184 mit dem Namen „Otto-Grotewohl", die nach der Wende wieder zur „Fuhrstraße" umbenannt wurde, wälzt sich heute der Verkehr vierspurig durch die Stadt und schneidet den Marktbereich als einstiges Zentrum vom südlichen Bereich ab. Die Auswirkungen sind heute für jeden Marktbesucher aber auch für die Anwohner deutlich spürbar. Im Laufe der Zeit hatte sich das einstige Zentrum der Stadt auf den Bereich Breite/Schlossfreiheit verlagert.

Wenn Betonstil die Historie überdeckt

Im Jahre 1980 wurde aus Anlass des 31. Jahrestages der Gründung der DDR der Zerbster Roland restauriert. Der im Krieg stark beschädigte neugotische Pfeiler musste ausgebessert werden. Wie die „Volksstimme" damals berichtete:

„ ... dominiert das Symbol mittelalterlichen Selbstbewusstseins in neuem Glanz und sticht aus seinem Umfeld heraus."

Am 27. Juni 1985 feierten die Zerbster auf den Tag genau den mindestens 600. Geburtstag des Zerbster Rolands, dem drittältesten Roland nach Bremen (1366) und Halberstadt (1381). Am 26. Juni 1385 hatte der Zerbster Bürger Dannekow den Ratsherren Heyne Grote in der Bäckerstraße mit einem Schwert erstochen. Schon am nachfolgenden Tag wurde in Anwesenheit des Fürsten Siegesmund das Urteil gesprochen und der Täter auf dem Markt geköpft.
Im Jahre 1988 allerdings musste auch die „Volksstimme" eingestehen:

„Betonstil überdeckt immer mehr Historie."

Bezugnehmend auf das Baugeschehen auf dem Markt, wird mit Bedauern festgestellt:

„Mitte Februar beginnt die Montage von geplanten Neubauten. Mit der vorherrschenden WBS-Bauweise wird der zentrale Platz der Kreisstadt endgültig sein Gesicht verlieren!"

Wie jetzt? War es nicht einmal oberstes erklärtes Ziel, das Zerbster Gesicht zu erhalten? Die Bevölkerung jedenfalls wünschte sich eine andere Lösung, wurde aber auch damals schon völlig ignoriert. Die „Volksstimme dazu:

„Löste schon die Plattenbauweise am einst Fachwerk dominierten Markt Unbehagen aus, gibt es immer noch einen Groll darauf, dass das Rathaus und die Neue Wache nach dem Krieg geschleift worden waren, kommt jetzt eine Menge Frust dazu, weil die Parterre-Bereiche der neuen Blöcke zugemauert werden. Geplant sind hier Geschäfte, die aber nicht zentral bilanziert sind, sondern vom Kreis und der Stadt ausgebaut werden müssen."

Daraus wurde erst einmal nichts, zumal sich herausstellte, dass der Markt ein natürliches Gefälle nach Süden aufwies und die Schaufenster und Eingangstüren der standardisierten Wohnblöcke plötzlich in zwei Meter Höhe „hingen". Das führte nun nachträglich zur Errichtung von gewaltigen Rampen im vorderen und hinteren östlichen und südlichen Bereich des Marktes. Eine architektonische „Meisterleistung" – besonders für eine Stadt, die vor dem Krieg selbst eine weit über ihre Grenzen anerkannte Bauschule besaß!

Auf meine damalige Frage an den ehem. Kreisbaudirektor, der heute übrigens wieder im Stadtrat sitzt und am Stadtbild bastelt, wer dort an der Fernverkehrsstraße F 184 eigentlich wohnen soll, weil wegen des Lärms niemand die Fenster aufmachen kann, erhielt ich die Antwort, dass entlang der Straße große Bäume gepflanzt werden würden, die dann den Lärm schlucken sollten ...

Inzwischen sind 27 Jahre vergangen, die erwähnten Blöcke sind samt Rampen inzwischen wieder verschwunden und große Bäume, die tatsächlich den Lärm schlucken, gibt es dort an der B 184 bis heute nicht!

Stattdessen wurde inzwischen nach Ratsbeschluss 2011 und unter Protesten von besorgten Eltern und Erzieherinnen an der Ecke zum Markt, einige Meter neben der B 184, ein Kinderspielplatz errichtet. Dieser Spielplatz, dem Thema Wasser gewidmet, wurde nachträglich mit einer Hecke und einer Pergola versehen. Im April 2014 kam es dann dazu, dass ein Kind fast auf die Straße gelaufen wäre. Eltern kritisierten, dass es weder genügend Sitzgelegenheiten am Spielplatz, noch Schatten spendende Bäume gäbe. Ganz zufällig war auch herausgekommen, dass wegen eines defekten Magnetschalters 23 000 Kubikmeter Frischwasser durchs Wasserspiel gelaufen waren und der Stadt ein Schaden von 39 900 Euro entstanden war. (*„Volksstimme"*, *22. April 2014)*

Als dann endlich im Jahre 2013 im Auftrag der Stadt eine „Lärmkartierung" erfolgte, schien das Ergebnis für manchen Verantwortlichen scheinbar völlig überraschend: „Straßenverkehr hinterlässt laute Schallspur" *(„Volksstimme", 17.Mai 2013)*. Das, was die Anwohner schon seit den 1960er Jahren wissen und wohl oder übel ertragen müssen, wird endlich amtlich festgestellt:

Bei der B 184 durch Zerbst handelt es sich um eine Straße, die die Menschen krank macht! Wer hätte das gedacht?!
Nach dieser Studie rollen 5000 Fahrzeuge täglich über die Bundesstraße B 184 durch Zerbst, was sich nicht nur negativ auf die angrenzende Bebauung auswirkt, sondern auch eine erhebliche gesundheitliche Belastung von 1800 Anwohnern darstellt. 498 Personen sind einer Lärmbelastung von 65 Dezibel ausgesetzt, weitere 490 Anwohner müssen über 55 Dezibel ertragen, was zu Beeinträchtigungen des psychischen und sozialen Wohlbefindens führen kann. (Von dem krank machenden und toxischen Schadstoffausstoß der deutschen Autoindustrie, mit ihren manipulierten Abgas- und Verbrauchswerten. wie er im September 2015 aufgedeckt wurde, war zu diesem Zeitpunkt noch gar nichts bekannt.)

Der vielfache Wunsch nach einer Ortsumgehungsstraße stand schon zu DDR-Zeiten, also mindestens 30 Jahre zur Diskussion. Die F 184 sollte auf zwei Spuren zurückgebaut und eine geplante Ortsumgehung in nördlicher oder in südlicher Richtung an Zerbst vorbeigeführt werden. Ein Anfang wurde dann nach der Wende mit der Errichtung einer Teilortsumgehung von der B 184 zur Biaser-Straße („Ahornweg") gemacht. Nach eigenen Angaben des Stadtrates, wurde dieses Ansinnen allerdings dann nicht weiter ernsthaft verfolgt! Wozu auch, hatte man doch direkt an der B 184 kurz vor Zerbst die größte DEA-Tankstelle Deutschlands errichtet (inzwischen schon wieder abgerissen und durch einen Aldi-Supermarkt ersetzt!) und vor einigen Jahren auch noch den Kaufland-Supermarkt direkt gegenüber dem Marktplatz mit eigener Zufahrt. Schadensersatzklagen der Betreiber wären vermutlich unausweichlich gewesen. Aber „Innenstadtbelebung" definiert sich eben nicht über möglichst viele Autos an jeder erdenklichen Ecke. Die Planung von autofreien Zonen in der Stadt ist in Zerbst bisher noch immer kein Thema. Noch nicht einmal die im Jahr 2000 erklärte Absicht, die gesamte Innenstadt möglichst zur 30 km/h-Zone zu erklären, wurde bisher umgesetzt.

Zerbst – eine fahrradfreundliche Stadt?

Wie fahrradfreundlich ist Ihre Stadt?" - fragte der Allgemeine Deutsche Fahrradclub im November 2014 in der weltweit größten Umfrage zum Radfahrklima bereits zum sechsten Mal. Über 100 000 Menschen stimmten bundesweit ab, was einer Steigerung von 25% zur letzten Umfrage 2012 darstellte. Damals nahmen noch nicht einmal 50 Zerbster daran teil, so dass die Stadt gar nicht erst in die Wertung aufgenommen werden konnte. Das Ergebnis der neuen Umfrage wurde mit Spannung erwartet und war niederschmetternd:

„Fahrradfahrer leben in Zerbst gefährlich"

hieß es dann in der Auswertung

„Die Fahrradfreundlichkeit ist der Gradmesser für die Lebensqualität einer Stadt. Deshalb macht es uns Sorgen, dass sich die Menschen in Zerbst auf dem Rad ziemlich unwohl fühlen",

kommentierte der Vorsitzende des ADFC-Regionalverbandes Dessau, Stephan Marahrens. Die Zerbster vergaben für ihre Stadt nur die Note 4 – ausreichend. Damit landete Zerbst auf Platz 249 der fahrradfreundlichsten Städte seiner Größe, im Landesvergleich auf Platz 7.

Das „zukunftsweisende" 5,7 Millionen Euro - Projekt: Markt und Generationenhaus

(Eine Chronologie auf Grundlage von Zeitungsmeldungen und Lesermeinungen in der „Volksstimme" von 2006 bis 2010)

24. März 2006

Zur Diskussion um den Abriss des Gebäudes Markt 38 und zukünftige Marktgestaltung:

„Als alter Zerbster, der sich schon immer mit seiner Heimatstadt eng verbunden fühlt, verfolge ich schon seit Wochen die Diskussion um den zukünftigen Zerbster Marktplatz", kommentierte Gerhard Seiler, der auf der Breite wohnte und 2013 verstorben ist. „Nachdem sich 16 Jahre nach der Wende niemand der verantwortlichen Stellen ernsthaft für das Erscheinungsbild des Marktes interessiert hat und die Stadt demnächst ins Jerichower Land verkauft wird (Anmerkung: Zerbst gehört inzwischen zum Landkreis Anhalt- Bitterfeld mit Kreisstadt Köthen) entdeckt man plötzlich den Marktplatz wieder neu und möchte ihn umgestalten. Mit dem geplanten Abriss von Block 38 hinter dem Roland werden wieder einmal vollendete Tatsachen geschaffen. Was danach kommt, ist völlig offen. Hauptsache, er ist für die städtische Wohnungsgesellschaft BWZ kein Kostenfaktor mehr. Nur eines scheint jedoch wieder von Anfang an festzustehen: Eine Neugestaltung des Marktplatzes in Anlehnung an historische Vorgaben ist von den Machern nicht geplant und auch nicht erwünscht. Das Bekenntnis zur 1050-jährigen Geschichte war also nur für den damaligen großen Festumzug von Interesse. Ein Blick auf den jetzigen Markt, in den Schlossgarten oder auf den Klosterhof in meiner Nachbarschaft, treibt einem die Tränen in die Augen und spottet jeder touristischen Parole von wegen: Sympathisch, gastlich und 1000 Jahre alt! Die Zerbster jedenfalls werden gar nicht erst gefragt und wenn sie eine Meinung haben, wird diese als 'wenig hilfreiche Negativdiskussion' einfach abgeschmettert."

27. April 2007

Mit 9 Für- und 5 Gegenstimmen verabschiedet der Zerbster Stadtrat die Teilfortschreibung des Stadtentwicklungskonzeptes. Die Vorlage beschäftigt sich mit der Abrissplanung der städtischen Wohnungsgesellschaft BWZ. Ein Konzept für den gesamten Bereich Zerbst-Nord sei zu entwickeln, was nach dem Abriss mit den freien Flächen passieren soll.

6. Juli 2007

Baudezernent Wolfgang Arndt gibt in der „Volksstimme" bekannt, dass die Entwürfe zur Umgestaltung des Zerbster Marktplatzes jetzt in der Öffentlichkeit vorgestellt werden und ruft die Bevölkerung auf, sie sollen die Chance zum Mitreden nutzen. Erst eine Woche vorher war die Bürgerinitiative „Pro Stadtbild" wegen nicht öffentlicher Beratung in der Stadtratssitzung nach Hause geschickt worden.

10. Juli 2007

Eine Planungsgemeinschaft der Stadt und der städtischen Wohnungsgesellschaft BWZ , stellen Entwürfe der Zerbster Ingenieurbüros Feldmann, Götz, Gebhard, Drosig und Mengewein zum Markt das erste Mal der Öffentlichkeit vor. Die Bevölkerung wird gebeten, sich die im Bauamt ausgelegten Pläne anzusehen und ihre Meinung dazu zu sagen. Die „Volksstimme" berichtet eine ganze Seite.

Ebenfalls 10. Juli 2007

Studenten der Fachhochschule Anhalt, Dessau unter der Leitung von Frau Prof. Haase, stellen eigene Entwürfe zur Marktgestaltung vor. Sie waren von der Bürgerinitiative „Pro Stadtbild" angesprochen worden. Vorausgegangen waren in den letzten Jahren mehrere unverbindliche Studien von Hoch- und Fachschulen Deutschlands zur Zerbster Stadtbildgestaltung (unter anderem auch aus der Partnerstadt Nürtingen), die der Stadt Unterstützung angeboten hatten. Keine dieser Studien wurde aber bisher umgesetzt.

14. Juli 2007

Die Lokalredaktion der „Volksstimme" ruft die Öffentlichkeit zu Meinungsäußerungen auf. Nur ein Zerbster und die Bürgerinitiative hatten sich bisher zu Wort gemeldet, bzw. wurden veröffentlicht

17. Juli 2007

Erste Meinungsäußerung durch den Vorsitzenden des Stadtrates, Wilfried Bustro (CDU) und seiner Frau. Beide sind für das vorgestellte Projekt.

23. Juli 2007

„Flickwerk haben wir seit dem Krieg" – von mir: „Eine Woche ist es schon wieder her, seit die Volksstimme zur Diskussion um die Marktplatzgestaltung aufforderte. Hier soll das Zentrum unserer 1050-jährigen Stadt umgestaltet werden und niemanden scheint es zu interessieren. Welche Meinung haben denn z.B. der Heimatverein, der Katharina-Verein, die Fasch-Gesellschaft, die Schützengesellschaft, die Rolandbrüder, die Kreishandwerkerschaft, der Verkehrsverein oder das Museum – um nur einige zu nennen? Oder einfach nur der gemeine Mann auf der Straße? Hat man keine Meinung dazu, oder wurden schon Maulkörbe verteilt? Oder ist es so wie bei der letzten Wahl? Aus Frust und Enttäuschung über bestehende Verhältnisse sind viele gar nicht erst an die Wahlurne gegangen? Was ist mit dem optischen Erscheinungsbild der neuen Gebäude? Passen die überhaupt zur Kirche oder zum Roland? Ich habe mal gelernt, dass bei Lückenbebauungen sich die neuen Gebäude harmonisch in bereits bestehende Strukturen einfügen sollten. Nach den vorgelegten Plänen tun sie das aber nicht. Springbrunnen und Wasserspiele sollen das nun alles retten? Vielleicht noch jeden Abend ein Höhenfeuerwerk?"

24. Juli 2007

Völlige Ablehnung auch vom ehemaligen Bürgermeister Rudolf Schrickel (Bgm. von 1976 – 1992 und inzwischen ebenfalls verstorben) und von Herrn Kiefer. Immer wieder zu lesende Aussage: „Die machen ja doch, was sie wollen – das war hier schon immer so!"

25. Juli 2007

Stadtrat und Vermessungsingenieur Hans-Ulrich Müller (SPD) aus dem Rheinland verteidigt die Pläne und meint, man solle auch an den Gebäuden sehen, dass wir im 21. Jahrhundert angekommen sind. Die gezeigten Entwürfe hätten ihn „begeistert." Rene' Matzke lehnt diese Ansicht ab: „Wozu überhaupt noch an Anhörungen und Entscheidungen der Stadt teilnehmen? Wehe, der kleine Mann oder die kleine Frau sanieren ihre Häuser, da werden sofort Auflagen erteilt, weil ein blaues Haus nicht ins Straßenbild passt ..."

20. Juli 2007

Stadtratsmitglied Gunter Zabler und Bürger Günter Benke äußern sich kontrovers. Herr Benke fügt ein Gedicht des Heimatdichters Joachim Morgenthal (1933 - 2006) aus Bärenthoren von 1997 hinzu:

„Mein Dackel schätzt das Bäumchen sehr.
er braucht es für sein Leben.
Wo soll der Kleine in seiner Not
denn sonst sein Beinchen heben?
Als Standort wünscht er sich den Markt,
weil dort die Bäume fehlen.
Er darf ja nicht für seinen Zweck
die Butterjungfer wählen.
Der Roland der ist auch tabu,
den darf er nicht bepinkeln.
Obwohl der das nicht übel nähm,
er ist ja nicht von Schinkeln.
Die Diskussion ist heiß entbrannt
um alle diese Sachen,
und wenn es nicht so traurig wär,
man könnt darüber lachen."

(mit freundl. Genehmigung von Frau Morgenthal)

1. August 2007
Die Lokalredaktion der Volksstimme, Antje Rohm, interviewt den damaligen Direktor des Dessauer Bauhauses, Prof. Omar Akbar. Dieser fordert einen „äußerst sensiblen Umgang mit dem Zerbster Markt und einen internationalen Ideenwettbewerb." Er selbst bietet seine Hilfe und Unterstützung an. Die Stadt hat kein Interesse.

In der Zwischenzeit war mir ein Entwurf des Projektierungsbüros Götz aus Zerbst aus dem Jahre 2001 zugespielt worden, in dem der Rückbau der vorhandenen Blöcke auf zwei Etagen und die Herstellung von Giebeln zur Marktseite mit Spitzdächern vorgeschlagen war. Ich hatte diesen an die Lokalredaktion weitergeleitet, er wurde aber nicht veröffentlicht. Das vorgeschlagene Projekt war vom Stadtrat angeblich nicht mitgetragen worden.

3. August 2007
Der Zerbster Bürger Hans-Joachim Heinemann sagt das, was inzwischen schon viele denken: Eine wirkliche Mitbestimmung ist weder geplant, noch gewollt!

4. August 2007
Unter der Überschrift „Die Projekte bringen Initialzündung für den Markt" trifft sich die Lokalredaktion der Volksstimme mit den „Machern" der Marktplanungen, d.h. mit Baudezernent Wolfgang Arndt, mit dem Leiter der BWZ, Wolfgang Stark und mit den beauftragten Ingenieurbüros Feldmann, Götz und Brosig. Eindeutige Aussage vom Leiter der BWZ und vom Dezernatsleiter: Die Häuser sind so gut wie fertig. Änderungen seien weder zeitlich noch finanziell möglich!

5. August 2007
Warum es keinen Wettbewerb und keine Ausschreibung um den Markt gegeben hätte, beantwortet Herr Arndt: „Wir haben ja vor Jahren schon Wettbewerbe gehabt zum Markt, die Ergebnisse haben wir da, die sind aus verschiedenen Gründen nicht umgesetzt worden. Wir haben uns darauf geeinigt, wir wollen einheimische Leute haben, die

es aus unserer Sicht sehen und so versuchen den Markt zu planen und zu beleben …"

Und tatsächlich war bereits im Dezember 1995 ein städtebaulicher Wettbewerb zum Zerbster Markt ausgeschrieben worden. Anliegen eines solchen Wettbewerbes war es, dem Markt seine Funktion als „belebter Mittelpunkt der Stadt Zerbst wiederzugeben." Städtebaufördermittel stünden zur Verfügung. Die in der damaligen Berufsschule am Frauentorplatz ausgestellten 21 Entwürfe waren Besuchermagnet und wurden von den Zerbstern regelrecht aufgesogen und heiß diskutiert. Kein einziges der vorgestellten Projekte wurde aber bisher umgesetzt.

Vorangegangen waren Diskussionen im Stadtrat. So sprach sich Gustav Tomas (SPD) gegen die Durchführung eines solchen Wettbewerbes aus und stellte den Antrag, den Beschluss aufzuheben. Aus einer Sicht spräche das erhalten gebliebene und denkmalgeschützte Marktplatzensemble dieses Sanierungsgebietes und bereits dazu gefasste Beschlüsse des Stadtrates dagegen. Vom Sanierungsträger Bau-Grund war dazu eine Untersuchung durchgeführt und der Markt als „gravierender städtebaulicher Mangel" eingestuft worden. Auch die Farbgestaltung bedürfe einer Überprüfung.

In der Diskussion reichten die Meinungen der Abgeordneten von der Notwendigkeit, am Markt etwas zu verändern, bis zum Vorschlag, die 60 000 Mark für den Wettbewerb erst nach Gründung eines Sanierungsbeirates freizugeben. Es ginge nicht um „ein Umgraben des Marktes, sondern um Ideen", sagte Stadtratsmitglied Steffen Grey (FDP). „Wer das verbiete, könne gleich das Denken verbieten." Die Mehrheit lehnte den Antrag von Gustav Tomas ab und so war der Weg frei für einen Ideenwettbewerb.

Auf die Frage von Frau Rohm („Volksstimme") an die aktuellen Gestalter des Marktes, was man zu Meinungsäußerungen des Zerbsters Rainer Frankowski sagen würde, wird Herr Feldmann am 4. August zitiert: „Ich habe vor dem Mut eines Herrn Frankowski Respekt, dass er sich ruck-zuck äußert, aber dann hört es auch auf. Da ist kein konstruktiver Aspekt drin …" (Ich hatte damals eine Zeichnung der Umrisse der bis 1945 an dieser Stelle stehenden Gebäude in der Volksstimme veröffentlicht und gebeten, bei einer Neugestaltung doch wenigstens an diese äußeren Formen anzuknüpfen, also Giebel zur Nicolaikirche, bzw. zum Markt, und Flachdach entsprechend des ehemaligen „Neuen Hauses" zur Brüderstraße!)

7. August 2007

Drei Bürger machen ihrem Ärger Luft: „Die Meinungen der Zerbster gelten nichts" kommentiert der ehemalige Bürgermeister Rudolf Schrickel. Und Ursula Schaaf meint: „ Mit einem Federstrich gelten die Meinungen der Zerbster gar nichts – es gibt nur Geld und Wirtschaft." Hans-Joachim Heinemann resigniert: „Sollen doch die Stadträte gegen den Willen der Bürger weiter entscheiden, so wie es in Zerbst immer schon üblich war. Die Zeiten ändern sich, die Handlungen bleiben immer gleich. Wie soll ich mich als Zerbster eigentlich noch mit der Stadt identifizieren, wenn nur ein paar Stadträte alle Entscheidungen festzimmern? Das war mit Block 38 auch so, er wurde auch gegen den Willen der Zerbster abgerissen (…) Und noch eines kam in der Diskussionsrunde zum Ausdruck: es geht gar nicht wirklich um den Markt, es geht um wohnungswirtschaftlich umsetzbare Pläne. Alles andere hat keinen Platz. Und das kennen wir zur Genüge aus vergangenen DDR-Zeiten …"

10. August 2007

Der Zerbster Heimatverein hat nach drei Wochen Schweigen endlich eine Meinung und lehnt die vorgestellten Pläne durchweg ab. Er sieht „Keine Auseinandersetzung mit der Historie!"

Dagegen bekunden Bürgermeister Helmut Behrendt (FDP) und der damalige Bürgermeisterkandidat und Stadtratsvorsitzender, Wilfried Bustro (CDU), sowie Bürgermeisterkandidat Degenhard Bielke (SPD) ihre volle Unterstützung für die vorgestellten Pläne. Behrendt übrigens zum ersten Mal öffentlich und nur auf Befragung durch die Presse.

„Die fertigen Konzepte dürfen nicht zerredet werden" – so seine Meinung. Behrendt und Bustro räumen ein, dass man die Bürger vielleicht doch vorher hätte einbeziehen sollen ... Die Bürgerinitiative „Pro Stadtbild" hat in der gleichen Ausgabe viele ungeklärte Fragen.

11. August 2007

Die Debatte erreicht ihren bisherigen Höhepunkt. Damaliges Stadtratsmitglied und Vorsitzender des Bau- und Entwicklungsausschusses, der selbständige Bauunternehmer Jürgen Lökes (CDU), aus den alten Bundesländern übergesiedelt, beschimpft alle Bürger, die sich den Plänen widersetzen, sie seien noch nicht im 21. Jahrhundert angekommen und würden an „Geschmacksverirrung" leiden. Er ist der Ansicht, die Kritiken würden nicht die Meinung der Zerbster Öffentlichkeit repräsentieren. Als Vorbild für den Zerbster Markt sieht er den Marktplatz von Chemnitz mit Glasfassaden. Daraufhin erntet er heftige Kritik.

14. August 2007

Dass die Meinung der Zerbster Bürger zur Marktbebauung durchaus die Öffentlichkeit repräsentieren, die aber leider nicht berücksichtigt wird, bekunden gleich drei Bürger in entsprechenden Stellung-nahmen.

„Wirklich geschmacklos finde ich die unqualifizierte Anmache der Zerbster Mitbürger. Mir scheint eher, Herr Lökes ist noch nicht im neuen Jahrtausend angekommen, bzw. hat das Problem nicht wirklich erkannt", reagiert Rolf Thiel. „Es geht darum, dass verschiedene Leute auch eine verschiedene Meinung haben dürfen, die Lösung ist dann der Konsens ... Es geht darum, dass hinter verschlossenen Türen Beschlüsse gefasst werden, die unter dem Anschein der Wahrung der Demokratie der Öffentlichkeit mit dem Hinweis vorgestellt werden, aus terminlichen Gründen sei eine Änderung nicht mehr möglich ... Wer repräsentiert denn nun Ihrer Meinung nach die Öffentlichkeit?" fragt Herr Thiel. „Sie etwa, als Stadtrat? Dann möchte ich lieber nicht repräsentiert werden, sonst könnten mir dazu noch eine Menge mehr oder weniger begründete Geschmacklosigkeiten einfallen ..."

Brigitta May kennt den Zerbster Marktplatz noch vor 1945. Viele der Zuschriften sprächen ihr aus dem Herzen. „Um den Marktplatz zu beleben, sollte man ihn auf alle Fälle vom Autoverkehr freihalten", meint Frau May. „Bei dem derzeitigen Vorschlag, wären Roland und Butterjungfer auf der Schlossfreiheit besser aufgehoben ...

Ich selbst schreibe einen offenen Brief an Stadtrat Lökes. Indem ich darauf hinweise, dass es einer Stadt wie Zerbst, die einst Fürstenresidenz war und heute noch nicht einmal mehr Kreisstadt ist, gut tun würde, sich auf alte Werte, auf unsere Kultur, unsere Geschichte und natürlich auf unser Stadtbild zu besinnen; und zwar mit Einbeziehung der Bürger und nicht gegen sie.

16. August 2007
Ich hege den Verdacht", sagt Gerd Diemunsch, „man will diese Planung ohne Rücksicht auf Verluste durchdrücken, um sich ein Denkmal zu setzen. Frank Wecke äußert sich ähnlich.

18. August 2007
Die Presse gibt zum ersten Mal die geplanten Kosten für die Umgestaltung des Markplatzes bekannt: 2,2 Millionen Euro sollen investiert werden, 700 000 Euro will die Stadt selbst bereitstellen. Alle anderen Mittel sollen aus Fördertöpfen, wie städte- und wohnungsbauliche Modellprojekte aus dem Stadtumbau Ost sowie aus KFW-Fördergeldern zur energetischen Sanierung von Wohngebäuden kommen.

23. August 2007
Weitere Kritiken in der Zeitung, z.B. „Sie suchen sich nach Bertold Brecht ein neues Volk, wenn ihnen das vorhandene nicht passt" von mir, oder „Glasfassaden nicht zukunftsweisend!" von Klaus-Dieter Müller. Die Rolandbrüder bekennen sich zur Umgestaltung nach ihren

eigenen Wünschen. Der Stadtrat lenkt schließlich ein und gibt bekannt, es werde vielleicht doch noch Veränderungen geben ...?

28. August 2007

„Es fehlen vollständig die Zitate der früheren Zeit" beklagt Norbert Kleinschmidt, Gebietsreferent beim Landesamt für Denkmalpflege. „Wir sind als Amt bisher noch nicht konkret beteiligt ..." Einen ersten Eindruck habe er von den Planungen des Marktes und der Blöcke schon gewonnen. Das Projekt des Generationenhauses sei „zu schrill", es gäbe „zu viel Bewegung in der Fassade und im Dach, was zu viel Unruhe ins Marktbild bringen würde und zu viel Aufmerksamkeit gegenüber den historischen Gebäuden beansprucht." Um der historischen Bedeutung des Zerbster Marktes gerecht zu werden, hätte auch er einen Architektenwettbewerb der Verpflichtung einheimischer Büros vorgezogen. Auch er verweist auf Städte wie Münster oder Frankfurt (Main) oder in Polen, deren kriegszerstörte Städte wieder entstanden sind. Was den Marktplatz an sich betrifft, sieht er keine Notwendigkeit, „ihn groß und neu zu machen oder den Auto- und Radverkehr anders zu führen." Auch das geplante Pflanzen von Bäumen am ehemaligen Rathausplatz findet nicht seine Zustimmung.

10. September 2007

Die Bürgerinitiative „Pro Stadtbild" fordert inzwischen nach Kenntnis vieler Details, z.B. auch zu den Problemen mit der vorhandenen Statik, den gesamten Abriss der maroden DDR-Blöcke und einen völligen Neubau an dessen Stelle im Einklang mit dem Denkmalschutz und dem Marktbild. „Es ist unverständlich, weshalb man die marode und schlechte Bausubstanz mit viel Geld stabilisiert, anstatt gleich einen solchen Bau zu schaffen, der diesen Anforderungen entspricht.

7. September 2007

Trotz aller Bedenken und Kritiken beschließt der 27-köpfige Zerbster Stadtrat einstimmig die Neugestaltung des Marktes nach Plänen der „Arbeitsgemeinschaft der Zerbster Architekten". Fragen nach dem Entstehen dieser Arbeitsgemeinschaft oder nach einer notwendigen Ausschreibung dieses Millionenprojektes, wie es die VOF vorschreibt, werden vorerst nicht beantwortet.

13. Oktober 2007

Der ehemalige Bürgermeister Rudolf Schrickel fasst noch einmal das gesamte Geschehen zusammen und resigniert, dass der Umgang mit den Bürgern wohl als „Einmischung in die Stadtpolitik gesehen wird." Die „geheim gehaltene Entwurfsplanung" ist ebenso in der Kritik, wie auch die „Durchsetzung von Unternehmenspolitik gepaart mit einer Verhöhnung des Bürgers.

3. November 2007

Der FDP-Stadtverband nominiert den 59-jährigen Bürgermeister Helmut Behrendt als Kandidaten für die Bürgermeisterwahl 2008. „Ich fühle mich körperlich und geistig noch frisch und jetzt schon aufzuhören, wäre zu früh." Er ist seit 1990 Bürgermeister der Stadt Zerbst.
Dass er zur anstehenden Wahl dann doch nicht mehr antritt, ist schon wieder eine andere Geschichte ...

14. November 2008

Die „Volksstimme" zitiert Herrn Arndt und Herrn Stark, wonach die Baugenehmigung erteilt worden wäre und dass die Förderung für das ehrgeizige 4,8 Millionen - Projekt gesichert sei. Eigens zur Planung und zur Baubetreuung hätten das Ingenieurbüro Gebhard und das Bauingenieurbüro Götz (beide Zerbst) eine Arbeitsgemeinschaft gegründet. Was allerdings nicht in der Zeitung stand: die Denkmalschutzbehörden des Landes und des Kreises hätten der Neugestaltung des Marktes angeblich so nicht zugestimmt, hieß es aus Insider-Kreisen. Die Baugenehmigung soll direkt vom Bauministerium erteilt worden sein, hält sich hartnäckig ein Gerücht ... Nachfragen blieben ergebnislos.

12. Januar 2009

Die Sprecherin der Bürgerinitiative „Pro Stadtbild", Ulrike von Thadden, erklärt gegenüber der Zeitung, dass sie bei den Planungen der BWZ-Gebäudeumbauten, aber auch schon bei der zuvor erfolgten Kaufland-Ansiedlung, immer nur vor vollendete Tatsachen gestellt wurden. „Wir sind noch weit davon entfernt, die Dinge wirklich gemeinsam zu beraten. Die Hartnäckigkeit der Bürgerinitiative werde offenbar immer noch als störend empfunden ..." Sehr verbittert sei man über die knappe Antwort aus dem Rathaus auf die Frage, was der Denkmalschutz an den Planungen zum Umbau der BWZ-Blöcke auf dem Markt zu bemängeln hätte. Der Baudezernent Wolfgang Arndt, hätte da nur erklärt, die Baugenehmigung sei nunmehr erteilt ... Aber das wäre doch keine Antwort, so Frau von Thadden. Es sei „wichtiger denn je, dass wir unser Anliegen darstellen und Veränderungen anmahnen."

15. Januar 2009
„20 Jahre nach der Wende wird die Stadt Zerbst auf dem Marktplatz erstmals investieren und bauen, statt abzureißen. Mit rund zwei Millionen Euro soll der zentrale, inzwischen mächtig verkümmerte Platz neu gestaltet und mächtig aufgewertet werden. Zeitgleich hat die kommunale Bau- und Wohnungsgesellschaft (BWZ) mit dem 4,8 Millionen Euro schweren Mehrgenerationenhaus begonnen, das 45 Wohnungen am oberen Markt schafft." Eine farbige Abbildung vom zukünftigen Markt zeigt noch einen Kreisverkehr hinter dem Roland. Baudezernent Wolfgang Arndt dazu: „Ich weiß, dass es in der Bevölkerung Enttäuschung gibt, dass so wenig aus der Zeit vor 1945 nachempfunden wird. Dafür hätten wir keine Förderung bekommen. Und ohne diese massive Förderung könnte die Stadt ein solches Projekt überhaupt nicht stemmen ..." Arndt erinnert an einen Architektenwettbewerb Anfang der 90er Jahre. Diese Pläne waren einfach nicht zu finanzieren, so Arndt

30. Januar 2009
„Die in der Volksstimme veröffentlichten Skizzen von Herrn Schöttke zur Gestaltung des Marktes gefallen mir sehr gut, denn sie nehmen Bezug auf die historische Ansicht. Der ebenfalls vorgestellte Entwurf des Mehrgenerationenhauses von der BWZ dagegen ist katastrophal ..." meldet sich Helgard Worch aus Zerbst zu Wort. „Vor einigen Tagen

wurde auch der Plan zur neuen Verkehrsführung auf dem Markt veröffentlicht … Soll jetzt auf dem Zerbster Markt der Linksverkehr eingeführt werden? (…) Wozu der Kreisel hinter dem Roland?" macht sich Frau Worch Gedanken und fordert eine „Zitrone für das Bauamt."

Und Renate Baake kommentiert: „ Als ich am Sonntag mit meiner Verwandtschaft über unseren Abrissmarkt ging und wir den Entwurf des zukünftigen Mittelzentrums unserer Stadt auf dem großen Plakat sahen, glaubten wir unseren Augen nicht zu trauen. Man kann doch keine Lego-Stadt ohne Dächer errichten. Das kann doch wohl niemand schön finden…? Da reicht doch wirklich schon dieser hässliche Einkaufsmarkt."

25. Februar 2009

Anlässlich der 44. Zerbster Kulturfesttage stellt der Zerbster Museumsmitarbeiter und Hobbykünstler Frank Schöttke eigene Entwürfe des Marktes aus und sorgt damit für das Wiederaufflammen der Diskussion. Bürgermeister Helmut Behrendt lässt die Bilder aus der Ausstellung entfernen und droht Schöttke mit persönlichen Konsequenzen. Diese „Vermarktung auf Kosten der Stadt" bezeichnet er als „Frechheit". Schöttke würde damit „die Leute durcheinander bringen."

Die Öffentlichkeit ist entsetzt und empört. Künstler protestieren gegen diesen Eingriff in das Persönlichkeitsrecht und in das Grundgesetz der Bundesrepublik. Die Fraktion von B`90 / Grüne fordert die „Freiheit des Gedankens." „Man muss sich diese Aussagen des Bürgermeisters auf der Zunge zergehen lassen, um ihre Ungeheuerlichkeit auf sich wirken zu lassen!", kommentiert der ehemalige Oberkirchenrat Dietrich Franke. Und Gerlinde Schröter teilt keineswegs die Meinung des Bürgermeisters, es „sei lange genug öffentlich über den Markt diskutiert worden". Auch kritisiert sie, die Denkmalpflege auf seine Art und Weise ins Spiel zu bringen. Behrendt hatte behauptet, auch diese Institution hätte eine sensiblere Bebauung des Marktes abgelehnt. Gleichzeitig stellt sie die Frage, ob es denn überhaupt eine ordnungsgemäße

Ausschreibung zu diesem Millionen-Projekt gegeben habe? (Später wird sich auch noch der Landesrechnungshof mit diesem Thema auseinandersetzten und zu dem Schluss kommen, dass keine Fehler festgestellt werden konnten.)

27. Februar 2009

Sachsen-Anhalts Bauminister Karl-Heinz Daehre vollzieht vor Ort den symbolischen Spatenstich zum Generationenhaus. Das Vorhaben hätte eine Investitionssumme von 5 Millionen Euro und wird vom Land mit 1,4 Millionen Euro gefördert. Bürgermeister Behrendt beschimpft in seiner öffentlichen Ansprache, an der außer geladenen Gästen kaum ein Zerbster teilnimmt, alle, die sich eine andere Lösung und einen sensibleren Umgang mit dem Markt gewünscht hatten, als „Traumtänzer".

28. Februar 2009

„Über Kunst und Baukultur kann man streiten, aber irgendwann muss man dann zur Realisierung kommen", wird Bauminister Karl-Heinz Daehre zitiert, der auch befürwortet, dass sich Bürger in eine Projektdiskussion einbringen. Dies müsse aber zum richtigen Zeitpunkt geschehen. Der Zerbster Rolf Thiel rechnet noch einmal nach: Am 12. Juli 2007 stellte die Volksstimme das Projekt einer am 10. Juli stattgefundenen Veranstaltung der erstaunten Öffentlichkeit vor. Bereits am 4. August 2007 antwortete Baudezernent Arndt auf die Frage, wie viele Änderungen noch möglich seien: „Im Großen und Ganzen stehen sie ... Wir sind daran gebunden, bis zum 15 Oktober einen Fördermittelantrag in Magdeburg vorliegen zu haben." Das bedeutet, resümiert Herr Thiel, dass gerade mal 17 Tage hätten Änderungswünsche eingebracht und Pläne überarbeitet werden können. „Ohne mich an Spekulationen zu beteiligen, bin ich davon überzeugt, dass der Marktplatz lediglich eine machtpolitische Entscheidung ist."

11. Juni 2009

Am 3. August soll die Umgestaltung des Zerbster Marktes beginnen und der obere Bereich bis Jahresende abgeschlossen sein. Dass es wegen Problemen mit der Statik seit längerem einen Baustopp am Generationenhaus gegeben haben soll, wird von Wolfgang Arndt dementiert.

8. Mai 2010

Nach der bereits zweiten Umgestaltung des Marktes seit 1989 und Inanspruchnahme von 2,5 Millionen Euro, fordert die CDU anlässlich der bevorstehenden Fertigstellung des gesamten Projektes von der Bevölkerung in der Volksstimme „Ein Konzept und Pläne für den neuen Zerbster Markt". Ich selbst frage daraufhin, ob es sich vielleicht um einen verspäteten Aprilscherz handelt? Schließlich war der gesamte Umbau mit einer „Initialzündung für die Marktbelebung" begründet worden! Außerdem war es gerade die städtische Wohnungsgesellschaft BWZ, die mit ihren hohen Mieten und den wenigen Investitionen die bisherigen Mieter vom Marktplatz vertrieben hatte.

Bereits Jahre vorher, am 27. Oktober 1999, hatte ich auf Anfrage der Wohnungsgesellschaft BWZ an die Bevölkerung, wie man denn den Markt beleben könnte, vorgeschlagen, die historischen Figuren Roland und Butterjungfer doch viel mehr in den Mittelpunkt zu rücken, als das bisher der Fall war. Ein Rolandfest gibt es übrigens bis heute nicht und auch die Butterjungfer wartet weiter auf ihre touristische Vermarktung (z.B. als Souvenir). Zwar ist Zerbst Gründungsmitglied des 2007 gegründeten Netzwerkes deutscher Rolandorte. Eine wirkliche Hervorhebung oder Würdigung dieser Figuren findet aber nicht statt.

15. Mai 2010

15 Monate nach Baustart soll am 20. Mai das Generationenhaus am Markt seiner Bestimmung übergeben werden. Die Öffentlichkeit erfährt, dass die BWZ im Jahr 2007 einen landesweiten städte- und wohnungsbaulichen Wettbewerb mit diesem Projekt gewonnen hatte. Damit kamen der Finanzierung des Vorhabens mit Modellprojekt-Charakter rund 1,4 Millionen Euro Landesfördermittel zugute. Das bedeutet,

das Projekt des Generationenhauses war schon lange fertig, bevor die Pläne überhaupt an die Öffentlichkeit gelangten.

20. Mai 2010

„Das Generationenhaus am Markt wertet als öffentlicher Raum mit Aufenthaltsqualitäten den Markt auf und lässt in Verbindung mit dem historischen Ensemble Ruine Nicolaikirche – Roland – Toskanischen Brunnen – Butterjungfer und der sensiblen und aufwendigen Marktumgestaltung – ein direktes Wohnumfeld mit Beispielcharakter entstehen." (Zitat: Amtsbote Zerbst/Anhalt)

20. Mai 2010, 11.00 Uhr

Das Generationenhaus am Markt wird in Anwesenheit von Sachsen-Anhalts Bauminister Karl-Heinz Daehre feierlich eingeweiht. Die Teilnahme der Zerbster hält sich in engen Grenzen.

Das heutige Generationenhaus war früher ein DDR-Plattenbau

Was ist eigentlich ein Generationenhaus?

Das Aktionsprogramm „Mehrgenerationenhäuser" wurde von der Bundesregierung 2006 ins Leben gerufen. Es überträgt in 500 teilnehmenden Einrichtungen das Prinzip der früheren Großfamilie in die moderne Gesellschaft. Mit Millionen an Euro gefördert, und besonders für Ballungszentren mit oft anonymer Wohnkultur gedacht, sollten hier soziale Netzwerke entstehen. Inwieweit diese Idee dann in der Praxis funktioniert und ob Alt und Jung tatsächlich mit einander leben, oder nur nebeneinander, wie in vielen anderen Häusern auch, sei hier für das Zerbster Generationenhaus einmal offen gelassen.
Nach Abschluss der Arbeiten können die Zerbster das Ergebnis dieser „sensiblen und aufwendigen Umgestaltung mit Beispielcharakter" sel-

ber in Augenschein nehmen. Während die Macher begeistert sind, schütteln viele nur verständnislos mit dem Kopf ... Und selbst die Markthändler, die die ganze Zeit der Bauphase auf die „ Alte Brücke" ausgewichen waren, wollen wegen höherer Umsätze in der Fußgängerzone nicht wieder auf den Markt zurück. Stadträte drohen mit „Zwangsumsiedlung".

Sag' mir, wo die Bären sind ?

Als erstes fiel auf, dass um den Roland der Zaun fehlte. Dieser war erst vor wenigen Jahren neu angefertigt worden, um diese historische Figur zu schützen. 20 000 DM kostete der Zaun, 12 000 DM die nach im Museum befindlichen Originalen neu gegossenen Bären für die Eckpfeiler. Den Auftrag erhielt damals Horst Niemann (Fahrrad-Niemann, Dobritzer Str.) und der Zaun stand dort bis zum Jahre 2009. Auf die Frage, weshalb dieser handgefertigte und teure Zaun nicht wieder errichtet worden war, antwortete Bauamtsleiter Bernd Köhler am 6. August 2010 in der „Volksstimme", ein solcher Zaun wäre historisch nicht belegt.

Abgesehen davon, dass der Roland tatsächlich die meiste Zeit ohne Zaun existiert hat und es sogar überliefert ist, dass schon 1703 „Bubenhände" seinen „Zierrat" abgebrochen hatten (→ *Reinhold Specht, „Die Geschichte der Stadt Zerbst")* gab es aber auch Epochen, wo er durch einen Zaun geschützt war. Das ist fotografisch belegt, z.B. in Dr. Beckers Buch „Zerbst und Umgebung" von 1912. Am 6. August 2010 bestätigte nun Herr Köhler das, was die meisten schon vermutet hatten: der alte Zaun passte nach Umgestaltung des Marktes und massiver Veränderung des Bodenniveaus einfach nicht mehr an seinen angestammten Platz!

Schon am 7. März 2002 hatte Stadtrat Hans-Ulrich Müller (SPD/UWZ) angesichts dramatischer Haushaltssituation in der „Volksstimme" darauf hingewiesen, dass die Stadt „nicht umhin kommen werde, die eine oder andere heilige Kuh zu schlachten." Daraufhin zeichnete ich eine Karikatur für die „Volksstimme": den Zerbster Roland mit einem Schild um den Bauch, auf dem zu lesen stand, dass er für 1 000 Euro zum Verkauf stehen würde ...

Als Angestellter der Stadt handelte ich mir damit zwar einigen Ärger ein. Die Ironie der Geschichte war aber, dass sich tatsächlich nach Veröffentlichung dieses Bildes ein potentieller Käufer für den Roland gemeldet haben soll ...

Eine weitere Ironie der Geschichte war, dass nach dem Entfernen des Zauns eines Morgens der Kopf des Hundes abgefallen war, auf den der Roland seinen Fuß stellt (eine absolute Besonderheit aller existierenden Rolande). Der erste Verdacht, es würde sich um eine mutwillige Zerstörung handeln, bestätigte sich nicht. Es soll es sich um einen Frostschaden gehandelt haben. Als ich dieses Dilemma fotografierte, fiel mir auf, dass sich hinter den Füßen des Rolands ein Taubennest befand. Ich traute meinen Augen nicht! Sollten tatsächlich am drittältesten Roland Deutschland Tauben nisten können, ohne dass das hier jemanden interessiert?

Dieser Kopf-Fall jedenfalls führte dazu, dass das Thema Rolandzaun wieder im Stadtrat auf der Tagesordnung stand. Und da man auf die Idee gekommen war, einen 9 m hohen Wappenbaum auf dem Markt zu errichten, um die Wappen aller eingemeindeten Orte zu verewigen, kamen die Mitglieder des Bau- und Entwicklungsausschusses auf die Idee, einen neuen Edelstahlzaun um den Roland vorzuschlagen. An diesem sollten dann die farbigen Wappen aller Gemeinden angebracht werden. Dadurch versprach man sich im mehrheitlichen Konsens eine „deutliche Aufwertung des Rolands und des Marktes".
(Volksstimme, 6.August 2010)

Der abgefallene Hundekopf am Zerbster Roland 2010,
Hinter den Füssen deutlich zu erkennen: ein Taubennest!

Daraufhin stellte ich die Frage, ob es der drittälteste Roland Deutschlands nötig hätte, aufgewertet zu werden? Als Symbol einstiger städtischer Hoheit und Gerichtsbarkeit und einer über 1050-jährigen Geschichte?

Der Zerbster Rolf Thiel stellte gleich den gesamten Wappenbaumkult in Frage. Als Überbleibsel einer längst vergangenen Zeit und Sinnbild von Machtansprüchen über Land und Leute, sei dieser Wappenbaum überflüssig und nicht mehr zeitgemäß.

Inzwischen steht besagter Wappenbaum nicht, wie erstmals geplant, in der Grünanlage links vor dem Gebäude des einstigen „Wehrkreiskommandos", sondern in der Mitte des Eingangs zum Zerbster Markt, gut sichtbar von der B 184.

Im Juni 2013 erhielt der Roland eine neue Abgrenzung, die aus Spendengeldern finanziert wurde. Nach einem Projekt von Rudi Partheil, wurden statt eines Zaunes im Abstand von 7 m die 4 Eckpfeiler mit den askanischen Bären gesetzt und diese mit Ketten verbunden. Im vorderen Bereich ist keine Absperrung vorgesehen. Der einst von Herrn Niemann gebaute Zaun ist seitdem öffentlich zum Verkauf ausgeschrieben.

Der Sturz der Butterjungfer

Die Zerbster Butterjungfer ist neben dem Roland die wichtigste historische Figur auf dem Zerbster Marktplatz. Die in zwei verschiedenen Ausführungen existierende, bronzene Figur von 1516 mit einer Kugel in der Hand (jetzt im Museum der Stadt), und die von 1647 mit einem Geldbeutel in der Hand, auf dem Marktplatz stehend, wurde traurigerweise das erste Opfer des Marktumbaus.

Was war passiert? Im Zuge der Umgestaltung des Zerbster Marktes wurde die auf einer 7 m hohen Holzsäule stehende Figur ihres Sockels beraubt und auf einen im Boden eingelassenen Stab gesetzt. War vor diesem Umbau um diese Figur eine Bordsteinkante, so stand sie nun ungeschützt auf freier Fläche. Da der gesamte Markt jetzt für den Autoverkehr freigegeben worden war, konnte nun jeder fahren oder parken, wo und wie er wollte.

So kam es am 25. Oktober 2010 gegen 9.30 Uhr zu einem tragischen Zwischenfall: sie wurde von einem rückwärts fahrenden Auto gerammt, stürzte zu Boden und wurde schwer beschädigt. Durch den fehlenden Halt eines Sockels, wirkte die Säule nach einem Anstoß wie eine Peitsche und die dabei auftretenden Kräfte waren so zerstörerisch, dass die Figur von der Säule geschleudert wurde und zerbrach. Vor etwa 30 Jahren, zu DDR-Zeiten, war diese Säule schon einmal umgefahren worden, und zwar von einem Militär-LKW der russischen Armeestreitkräfte. Eine weitere, aufwendige Restaurierung der Figur und der Säule waren nach dem neuesten und völlig unnötigen Zwischenfall notwendig. (Dass dies im Juni 2016 noch einmal passieren würde, ahnte zu diesem Zeitpunkt noch niemand.)

Roland und Butterjungfer vor 1945.

Die „Verspargelung" des Marktes

Zugegeben, zu DDR-Zeiten war der Markt ein ziemlich finsterer Platz. Roland und Butterjungfer konnten bei hereinbrechender Dunkelheit kaum noch wahrgenommen werden. Ich erinnere mich, dass ich dieses Thema nach der Wende in einem Bild verarbeitete, das ich dann zu den Kulturfesttagen im Museum ausstellte. Auf einer großen schwarzen Fläche hatte ich die Aufschrift: „TOURISTENATTRAKTION ROLAND UND BUTTERJUNGFER AB 20 UHR" gesetzt. Dazu einen Aufkleber, der gerade herausgekommen war:

„ZERBST – SYMPATHISCH, GASTLICH UND 1000 JAHRE ALT".

(Dass bei der ersten Ausgabe dieses Aufklebers ein peinlicher Fehler unterlief und statt „sympathisch" dort „symphatisch" gedruckt worden war, sei hier nur als lustige Episode ganz am Rande vermerkt.)
Eine Delegation des Zerbster Stadtrates war dann tatsächlich zu einer Vor-Ort-Besichtigung auf dem Markt und da muss ihnen, im wahrsten Sinne des Wortes, eine Erleuchtung gekommen sein! Nach einiger Zeit wurden im Boden Strahler angebracht, die den Roland bei Dunkelheit ins rechte Licht rücken sollten. Für Zerbst damals ein sensationeller Schritt in Richtung Tourismus und Vermarktung des eigenen Stadtbildes – immerhin ganze 45 Jahre nach Kriegsende und über 60 Jahre nach dem einstigen „Lichtwunder von Zerbst"!

Übrigens muss natürlich auch bei solcher Beleuchtung einiges berücksichtigt werden und das falsche Licht oder an die falsche Stelle gesetzt, kann hässliche Auswirkungen auf das Erscheinungsbild des angestrahlten Objekts haben. Aus diesem Grund werden z.B. Großprojekte, wie z.B. der Pariser Eiffelturm, von professionellen Lichtkünstlern gestaltet. Das ist sicherlich für Zerbst nicht unbedingt notwendig, aber auch hier gäbe es viele Möglichkeiten, den Roland oder andere Sehenswürdigkeiten sogar in ein farbiges Licht zu tauchen, um sie als Besonderheit noch etwas mehr hervor zu heben.
Zu überdenken wäre meiner Meinung nach auch die Illumination des Zerbster Heidetores. Gerade die weihnachtliche Beleuchtung, bei der ein Lichtband die Form der Zinnen nachzeichnet, erinnert mich immer wieder an eine Jahrmarkts- und Kasperbude. Ein Wunder, dass es nicht noch im Rhythmus blinkt! Hier wäre es ratsam, das gesamte Objekt

ein- oder mehrfarbig anzustrahlen. Es wirkt in dunkler Nacht auf stille, imposante Weise und bedarf keiner weiteren Effekthascherei. Ähnliches gilt übrigens auch für die imposante Kulisse der Nicolaikirche, die ja 70 Jahre nach Kriegsende bis heute noch nicht angestrahlt wird. Stattdessen errichtete man davor eine Reihe von hüfthohen Stableuchten, die aber leider mit ihrem Licht wenig zur Beleuchtung des Weges oder zum Gesamteindruck dieses Bereiches, geschweige denn zur Unterstreichung des gewaltigen Kirchenschiffes beitragen. Leider passen auch die modernen Bauhausleuchten so gar nicht zum Marktplatz einer über 1050-jährigen Stadt wie Zerbst.

Bäume an Stelle des alten Rathauses

Weil den Verantwortlichen der Marktgestaltung nach Abriss des zu DDR-Zeiten errichteten Blockes 38 hinter dem Roland der natürliche Abschluss nach Norden fehlte, und sich ein harmonisches Bild trotz aller Form- und Farbspielereien einfach nicht einzustellen schien, kam der Vorschlag von B`90/Grüne gerade recht, den Markt mit Bäumen zu begrünen. Tatsächlich standen auf dem Zerbster Markt geschichtlich bisher niemals Bäume. Offenbar dachten die Planer auch nicht darüber nach, dass Bäume Laub produzieren und dass unter den Bäumen auch Unkraut wächst. Und so musste der Boden unter diesen Bäumen einer speziellen Behandlung unterzogen werden. Als dezenter Hinweis auf das fehlende Rathaus in diesem Ensemble ist es aber eine akzeptable Variante. Die Hunde jedenfalls sollen von diesen Bäumen regelrecht begeistert gewesen sein ...

Der Toskanische Brunnen

Der in unmittelbarer Nachbarschaft des Rolands befindliche Toskanische Brunnen, 1501 zum ersten Mal urkundlich erwähnt, war seit 1945 verschwunden. Wie mir Erwin Erbe berichtete, gab es bereits vor der Wende Bestrebungen, diesen Brunnen wieder zu errichten. Da Unterlagen fehlten, fuhr man damals bis nach Wittenberg, um sich dort einen ähnlichen Brunnen anzusehen. Trotzdem wurde leider nichts daraus.
Nach der Wende tauchten auf einmal bei der Zerbster Steinmetz-Firma Keck Zeichnungen dieses Brunnens auf, so dass bei der ersten Umgestaltung des Zerbster Marktes das markante Brunnenhaus von 1564/65 wieder rekonstruiert werden konnte. Seit 1997 ist der Toskanische Brunnen nach 52 verschollenen Jahren endlich wieder Teil des Zerbster Marktbildes!

Wie man aus einer Weiche eine Harte machte

Untrennbar mit dem Zerbster Markt verbunden ist auch die Geschichte der Zerbster Pferdebahn, die von 1891 bis 1928 vom Markt zum Bahnhof fuhr und die letzte Pferdebahn Deutschlands war. Die Reste der dort noch liegenden Schienenstränge konnten bis zur neuesten Umgestaltung des Marktes noch im Original bewundert werden. Und es gab sogar schon Überlegungen, die Pferdebahn nachzubauen und wieder dort aufzustellen *(Dezernatsleiter Wolfgang Arndt am 3. Februar 2009 in der „Volksstimme"!)*. Und während man den Verfechtern eines „historisierten Marktes" vorwarf, sie wollten ein Disneyland errichten, schien so ein Ansinnen bezüglich der Pferdebahn völlig akzeptabel zu sein ...

Bei der neuesten Umgestaltung wurden wegen der Schaffung von Parkflächen und Lampenanschlüssen die Schienen von ihrer ursprünglichen Lage entfernt und an anderer Stelle und in anderer Form wieder eingesetzt. Vermutlich mit der Absicht, eine Weiche anzudeuten, entstand dort ein Konstrukt, dass mit einer wirklichen Schienenführung nichts mehr gemeinsam hat. Ich brauche wohl nicht zu erwähnen, dass so etwas in Disneyland mit Sicherheit nicht passiert wäre! In Disneyland-Paris fährt übrigens eine echte Pferdebahn durch die bis ins kleinste Detail nachgebaute Altstadt!

Zurück zum Zerbster Markt. Ein dort seit Jahrhunderten existierender, wichtiger Messpunkt war hier ebenfalls schon sang- und klanglos entfernt worden. Erst auf Betreiben des Museumsleiters Heinz-Jürgen Friedrich, dem das aufgefallen war, kam dieser schließlich wieder an seinen angestammten Platz samt Neuneck-Pflasterung zurück. Erwähnenswert ist vielleicht auch noch, dass ursprünglich geplant war, auf größeren Flächen des Marktes das historische Pflaster durch moderne Betonplatten zu ersetzen ...

Das Wasserspiel auf dem Markt

Als besonderer Höhepunkt der Marktgestaltung wurden im vorderen, südlichen Bereich drei schwarze Steinblöcke installiert, aus denen kleine Wasserfontänen sprudeln. Von der Form her an Sitzelemente erinnernd, sollen sich hier einige arglose Besucher schon einen nassen Hintern geholt haben. Es ist ein Rätsel Zerbster Stadtbildplanung, wer an diesem „Meditationsbrunnen", wenige Meter neben der B 184 errichtet, Entspannung und Erholung der Sinne finden soll? Außerdem war doch jedes Wasserspiel zu DDR-Zeiten (wir erinnern uns an die Ecke Breite/Fritz-Brandt-Str. oder an die Ecke Breite/Kleiner Klosterhof) viel attraktiver und anspruchsvoller, als die von der Bevölkerung auch schon als „Schwarzer Sarg" bezeichneten Klötze auf dem zentralen Platz der 1000-jährigen Stadt Zerbst. Um Verwechslungen zu vermeiden, wurde der Wassersprudeleffekt inzwischen etwas verstärkt.

Das Bronzerelief mit der Ansicht vom alten Markt

Dieses Relief war ursprünglich vom Heimatverein am hinteren Ende des Marktes neben dem Toskanischen Brunnen aufgebaut worden. Mit finanzieller Unterstützung vom Land Sachsen-Anhalt, vom Landkreis Anhalt-Zerbst und von der Stadt, schuf hier die Künstlerin Anne Ochmann nach historischem Bildmaterial ein „greif- und fühlbares Stück altes Zerbst". Nach der zweiten Umgestaltung und Einwilligung des Heimatvereins, musste dieses Relief in den vorderen, südlichen Bereich des Marktes umziehen. Statt wie bisher schräg, wurde es dort waagerecht auf einem Sockel installiert, der gleichzeitig die Pumpe für das Wasserspiel beherbergt. Abgesehen von der schlechten Erkennbarkeit, sammelte sich nun Wasser und Schmutz in den Vertiefungen, im Winter war es mit Schnee überzogen. Auch hier gab es Meinungen in der Bevölkerung, die davon ausgingen, das wäre wohl Absicht; die Schönheit des alten Marktes solle vielleicht gar niemand sehen und unangenehme Vergleiche anstellen? Gott sei Dank ist dieser Fehler inzwischen behoben, die Bronzetafel erhielt inzwischen wieder eine Neigung.

Der Zerbster und der Dessauer Markplatz im Vergleich

Zwar hat jede Stadt ihre Eigenheiten und auch die Voraussetzungen sind unterschiedlich, trotzdem lohnt sich mitunter ein Vergleich mit dem nur 20 km entfernten Dessauer Markt.

Während man im kleinen Zerbst großen Wert darauf legte, den gesamten Markt für den Autoverkehr zu öffnen, ist das Befahren und das Parken des Dessauer Marktes grundsätzlich verboten. Nur Taxen und Busse haben eine Sondergenehmigung für einen bestimmten Bereich. Zusätzliche Parkmöglichkeiten gibt es nur einreihig entlang des Rathauses. Die Verkehrsführung ist in Dessau ganz klar geregelt und durch entsprechende Pflasterung optisch abgegrenzt, in der Nacht sogar mit LED-Bodenlichtern. In Zerbst dagegen kann seit Umgestaltung des Marktes jeder fahren und parken, wie er will. Irgendein System ist nirgends erkennbar, was zu gefährlichen Situationen führen kann. Selbst um den Roland oder vor der Butterjungfer kann gefahren und geparkt werden, was schon im Interesse des Denkmalschutzes und des Tourismus ein Unding ist. Wie soll jemand ein Foto vom Roland oder vom Toskanischen Brunnen machen, wenn er durch Autos oder Markthändler verstellt ist?

Als Beleuchtung sind auf dem Markt von Dessau keine modernen Bauhausleuchten aufgestellt worden, wie in Zerbst, obwohl man dazu in der Bauhausstadt alle Gründe hätte. Solche Lampen findet man dort nur ab dem Westausgang des Bahnhofes bis zum Bauhaus selbst ...

In Dessau gibt es inzwischen in der Mitte des Marktplatzes überhaupt keine Beleuchtung mehr, sondern nur eine Beleuchtung am Rande. Auch werden die Häuser (besonders zur Weihnachtszeit) durch spezielle Spots selbst angestrahlt, was einen ganz anderen Eindruck hinterlässt und die Gesamtheit der einzelnen Gebäude unterstreicht. Die Zerbster „Verspargelung" an allen möglichen und unmöglichen Stellen beleuchtet hauptsächlich die leere Fläche, nur ganz zufällig die Häuserfassaden. Die Gebäude selbst liegen nachts meist im Dunkeln, spielen also optisch für das hiesige Marktbild kaum eine Rolle. Nur Roland, Toskanischer Brunnen und Butterjungfer sind direkt beleuchtet (inzwischen auch der Eingang zur Trinitatiskirche, das Hotelrestaurant von Rephuns Garten und die Kavaliershäuser auf der Schlossfreiheit).

In Dessau wurden auch keine überdimensionalen Pflanzkübel aus Beton aufgestellt wie in Zerbst. Kleine hölzerne Pflanzkübel stehen am Rande des Platzes und bilden gemeinsam mit den Bäumen im Randbereich samt Sitzgelegenheiten der Gaststätten, einen optisch und funktional abgetrennten Ruhebereich. Auf dem Dessauer Marktplatz gibt es inzwischen im vorderen Bereich einen großen Springbrunnen mit Wasserspiel und Sitzgelegenheit. Finanziert wurde er aus Mitteln der Europäischen Union. Auf dem Zerbster Markt gehört die einzige Sitzfläche einem griechischen Restaurant und ist leider umgeben von Autoverkehr. Erwähnt werden soll hier aber auch, dass sich in Dessau unter dem Rathaus-Center eine Tiefgarage befindet, die eine große Zahl der Fahrzeuge aufnimmt.

　Anlässlich der Zerbster Kulturfesttage 2010 malte ich ein großformatiges Bild, welches Vincent van Goghs weltberühmtes Gemälde „Café-Terrasse am Abend" darzustellen schien. Erst bei genauerem Hinsehen wurde deutlich, dass es sich nicht um die französische Stadt Arles handelte, sondern um den heutigen Zerbster Marktplatz!

Die Freisitzfläche befand sich genau vor dem Hotel Anhalt. Wenige Wochen später hatte der Besitzer des Restaurants „Athos" dort tatsächlich eine Sitzfläche errichtet und wurde für sein Engagement von der „Volksstimme" gelobt. Warum er dort allerdings auf dem gerade erst umgebauten und mit der Maßgabe der völligen Barrierefreiheit gestalteten Marktplatz nun erst einmal ein hölzernes Hindernis in Form eines Podestes auf öffentlicher Fläche errichten durfte, ist für mich ein weiteres Rätsel Zerbster Stadtbildgestaltung.

Nachtrag:
Der bisherige Leiter der Zerbster Wohnungsbaugesellschaft BWZ, Wolfgang Stark, wurde 2013 verabschiedet und seine Stelle neu besetzt. Anlässlich dieses Aktes gab es weder Sekt noch ein Glas Wasser, bemerkte damals verwundert Thomas Drechsel von der „Volksstimme". Erst im April 2014 erfuhr die Öffentlichkeit dann die Hintergründe: Der ehemalige, langjährige Geschäftsführer der BWZ war am 15. April 2014 vom Amtsgericht Zerbst wegen Untreue in zwei besonders schweren Fällen zu einer Freiheitsstrafe auf Bewährung verurteilt worden. Stark soll seine Position als Geschäftsführer ausgenutzt haben, um seine privaten Schulden in Höhe von 180 000 Euro zu begleichen, berichtete damals die Presse.

Geheimprojekt Klappgasse?

Da staunten die Zerbster Stadträte nicht schlecht: Bei der Umgestaltung des Marktes waren doch tatsächlich 200 000 Euro übriggeblieben! Dieser Rest musste nun wie alle Stadtumbau Ost- Mittel sowohl fristgemäß ausgegeben und zur Beseitigung städtebaulicher Missstände benutzt werden. Und derer gab es viele. Schon 2008 hatte der Stadtrat ein „Sanierungskonzept für die Altstadt Zerbst" beschlossen.

Leider reichte diese zur Verfügung stehende Summe plus 50 000 Euro Fördermittel weder für den Klosterhof, noch für einzelne Gebäude des Rosenwinkels oder der Schlossfreiheit aus. Und nun entdeckten die Stadträte das am 25. Januar 2012 selbst beschlossene Viertelmillion Euro-Projekt zur Umgestaltung der Klappgassen-Nische und waren sauer. 250 000 Euro für die Gestaltung einer bisher völlig unbeachteten, aber als Sanierungsschwerpunkt eingestuften Ecke von Zerbst. Es störe ihn, kommentierte damals Stadtratsvorsitzender Wilfried Bustro (CDU), dass nach drei Jahren Stille ein Projekt im Haushalt landet, über das mit keiner Silbe gesprochen wurde. Aber er sähe auch keine Chance, das Projekt zugunsten anderer Vorhaben zu stoppen … Und so kamen die Anwohner dieses alten, aber bisher wenig beachteten Zerbster Winkels auf wundersame Weise zu einer Modernisierung ihres Wohnumfeldes, wobei sich Familie Albert mit ihrem 360 Jahre alten Fachwerkhaus besonders freute.

Probleme nach der Wende: Zerbst aus Schweizer Sicht

Kurz bevor am 3. Oktober 1990 die DDR der Bundesrepublik beitrat, berichtete die Deutschlandreporterin der „Weltwoche" Zürich, Sabine Sütterlin, hier vor Ort aus Zerbst. Die Zeitung wollte sich ein Bild machen, wie man hier mit den Folgen der Währungsunion, dem Zusammenbruch der Betriebe und dem Chaos zurechtkam, das die Umstellung von der zentralen Planung auf die kommunale Selbstverwaltung mit sich brachte. „Und wie fast überall hausierten auch hier allerlei – echte oder angebliche – Investoren mit großartigen Projekten", erkannte die Reporterin damals völlig richtig.

Was ist daraus geworden, fragte die „Weltwoche" und besuchte Zerbst fünf Jahre später noch einmal. Der ganzseitige Bericht der „Weltwoche" Zürich/Schweiz erschien in der Ausgabe Nr.30 am 28. September 1995. Da er den meisten Zerbstern gar nicht bekannt sein dürfte, und ein überaus interessantes Zeitdokument darstellt, sei mir hier erlaubt, etwas ausführlicher daraus zu zitieren:

„Eine Illusion nach der anderen zerplatzte: Wie die Stadt Zerbst im Osten die fünf Jahre deutsche Einheit erlebte."

„An kühnen Plänen fehlte es nicht in jenen letzten Monaten der DDR", schildert die Journalistin und zählt einige Großprojekte auf: ein Einkaufs- und Erlebnis Center auf 40 000 Quadratmetern des sowjetischen Kasernengeländes, oder ein Fünf-Sterne Luxushotel im Zerbster Schloss ... Eine Firma aus München plante, die Ruine des Ostflügels zu sanieren und die ehemalige Reithalle als Spielcasino zu nutzen. Die nicht mehr benötigten Felder der ehemaligen Landwirtschaftlichen Produktionsgenossenschaften (LPG) in der Umgebung sollten zu Golfplätzen werden und auf dem sowjetischen Fliegerhorst, so die damalige Vorstellung, sollten die Privatjets der mondänen Gäste landen ...

Eine Illusion nach der anderen zerplatzte. „Wir sind viel realistischer geworden", wird Bürgermeister Helmut Behrendt vor „verrottender Schlossruine" zitiert. „Aber wenigstens ist die Jammerphase jetzt vorbei", schätzte er selbst damals ein.

Der Erbauer des Shopping-Paradieses zog sein Vorhaben zurück. Die Regierung des Bundeslandes Sachsen-Anhalt zerstörte den Traum vom Casino. Sie gestand nur Magdeburg oder Halle so ein Etablissement zu. Später sollte sich herausstellen, dass der Verkauf des Schlosses nicht zulässig war. Es gehörte zwar offiziell der Stadt, aber es lagen inzwischen mehrere Ansprüche von Alteigentümern vor, unter anderem auch von Prinz Eduard von Anhalt. Der Fall lag damals noch beim Amt für offene Vermögensfragen. „Unterdessen forderte die Münchner Firma ihr Geld zurück und zwar mit Zins und Zinseszins. Die Stadt kann aber nicht zahlen. So wird die Ruine wohl auch noch die nächsten Jahre weiter verrotten und der Golf spielende Jet-Set seinen Goldregen anderswo niedergehen lassen", kommentierte die „Weltwoche" die Zerbster Situation 1995.

Zeitweilig hatte sich für den maroden Adelssitz auch der Schlösser- und Burgenliebhaber Herbert Hillebrand aus Köln interessiert, der solche Objekte sammelte und meist nur für einen Euro kaufte. Die Stadt war kurz davor, mit ihm ins Geschäft zu kommen. Eine zufällig zu dieser Zeit ausgestrahlte Fernsehdokumentation, die diese Machenschaften kritisch hinterfragte, verhinderte dies möglicherweise. Dafür verkaufte die Stadt Zerbst an diesen Herrn die aus Wilhelminischer Zeit stammenden Kasernen, die bis zum Abzug der Sowjets noch als solche benutzt wurden. Aus diesen am Stadtrand idyllisch gelegenen, stilvollen, aber völlig heruntergekommenen Backsteinbauten, sollte ein gepflegtes Rehabilitationszentrum für Herz-Kreislauf-Kranke entstehen. Auch daraus wurde nichts, der „Schlösserkönig" verkaufte die Objekte weiter an eine Bau- und Immobiliengesellschaft. Vermutlich war das für Zerbst aber ein Glücksfall, denn heute ist der sanierte Komplex der Wilhelminischen Kasernen eine gefragte Wohngegend der Stadt.

Auch die Privatisierung der ehemals volkseigenen Betriebe stieß auf unerwartete Hindernisse, berichtet die „Weltwoche". So entpuppte sich der Investor, der sich um die Übernahme der Zerbster Werkzeugmaschinenfabrik bemühte, als Tarnfirma der Moon-Sekte. Die Treuhandverkäufer mussten das Ausschreibungsverfahren neu aufrollen. 1994 fand das Unternehmen dann einen neuen Besitzer aus Westdeutschland. Der versuchte dann mit 180 Mitarbeitern von vormals 900 einen Neustart. Außerdem würden Altschulden und die Klärung von Eigentumsansprüchen bis heute viele Investitionen und Bauvorhaben blockieren.

Auch die Zerbster Stadtverwaltung blieb nicht verschont. Die Villa auf der Schlossfreiheit, die seit dem Krieg als Amtssitz diente, war Ende des 19. Jahrhunderts von der Freimaurerloge „Friedrich zur Beständigkeit" erbaut worden und die klagte nun ihren von den Nazis beschlagnahmten Besitz ein. Die Zerbster mussten sich deshalb ein neues Rathaus suchen. Die Wahl fiel auf eines der beiden prächtigen, barocken „Kavaliershäuser" gleich gegenüber.

Die Schweizer Journalistin jedenfalls schildert uns ihre Erlebnisse beim Besuch des damaligen Rathauses, in dem sie noch den „realsozialistischen Dienststellenmief" vorfand, mit ausgetretenen Kunststoffbelägen in den Fluren und mit Tapeten in verschiedenen, lebhaften Braun-Beige Mustern. Bürgermeister Helmut Behrendt und seine Mitarbeiter fand sie aber schon in frisch geweißten und neu möblierten

Büros. „Der FDP-Mann Behrendt (47), im lockeren Leinenhemd mit sorgfältig zur Hose abgestimmter Krawatte, wirkt gar nicht wie ein DDR-Fossil, markiert aber auch nicht den hyperaktiven Macher. Er verbreitet vorsichtig Optimismus; schließlich hat er wohl die Niederlagen als auch die Fortschritte der letzten fünf Jahre aus nächster Nähe miterlebt ..."

Nach einigen Angaben zu seinem politischen Werdegang schildert der Bürgermeister selbst die Situation nach der Wende:

„Die Krise bei den Betrieben und bei den vielen LPG`s rund um Zerbst, ließ die Arbeitslosenquote auf 24 Prozent ansteigen. Und sie wäre noch höher gewesen, wäre nicht ein Teil der Entlassenen durch staatlich finanzierte Arbeitsbeschaffungsmaßnahmen, Nullstunden-Kurzarbeit, Frühpensionierungen und andere Tricks aus der Statistik entfernt worden. Die 137 neuen Gewerbeanmeldungen, auf die der damalige Chef des Kreiswirtschafts-Dezernates voller Stolz verwies, schufen kaum neue Stellen. Nur wenige kamen von lokalen Handwerkern, den Hauptanteil bildeten Ein-Personen-Dienstleister: ein Sonnenstudio und ein Videoverleih, Getränkestützpunkte und Imbissbuden, die an jeder Straßenecke aus dem Boden schossen – und bald wieder verschwanden."

Von all den Projekten blieb zur Zeit des Umbruchs nur eine Wäscherei für Krankenhaus-Textilien. Um wenigstens die nach Zerbst zu locken, so Behrendt, bot die Stadt der Bank das Rathaus, das kommunale Hallenbad und eine weitere Immobilie als Bürgschaft an. 1995 beschäftigte diese Wäscherei 320 Angestellte, hauptsächlich Frauen. (Andere kamen noch dazu, wie die Tiefkühlkette „Nordfrost" bei Jütrichau oder die Fleisch- und Wurstverarbeitung GmbH) mit Millionen gefördert.

Die demografische Entwicklung jedenfalls war erschreckend: in den letzten 5 Jahren, so der Bürgermeister, schrumpfte die Zerbster Bevölkerung von 19 000 um rund 1000 Köpfe. Die Geburtenfreudigkeit hätte hier stark nachgelassen und viele, die hier keine Chance sahen, zogen in den Westen. „Das Gefühl der Unsicherheit ist hier weit verbreitet."

Die Ansiedlung von Industrie gehe nur langsam vor sich. Von den 320 Hektar vorbereitete Gewerbefläche im Kreis Anhalt-Zerbst lägen über die Hälfte noch brach. Und wenn sich neue Betriebe niederlassen, so der Bürgermeister, arbeiten sie rationell und personalsparend. Die Arbeitslosigkeit liege inzwischen bei 16 Prozent ...

Helmut Behrendt führte die Journalistin ins neu gestaltete Freibad mit Edelstahlbecken (!), welches ursprünglich in den 1930er Jahren als Wettkampf- und Trainingsstätte für die Olympiade errichtet worden war und nun nach neuesten Erkenntnissen als Erlebnisbad umgestaltet wurde. Er zeigte eine eben fertig gebaute Einfamilienhaus-Siedlung und frisch renovierte Wohnblöcke, die „mit ihren orange und lila abgesetzten, verglasten Balkons aussehen, als klebe an jedem von ihnen ein Geschenkpaket" – so der Eindruck der Journalistin.

„Die Alte Brücke als Shopping-Meile liegt wie ausgestorben (...) und in den HO-Kaufhäusern liegt Billigstware, fast so trist wie zu Honeckers Zeiten. (...) Händler und Handwerker mussten ihre Läden schließen, weil ihnen die Shopping-Center auf der grünen Wiese die Kundschaft weg saugen ...", kommentierte Frau Sütterlin von der „Weltwoche" Zürich im September 1995.
„Doch die Einsicht kommt spät, demnächst wächst, von CDU und SPD beschlossen, außerhalb der Stadt ein weiteres Einkaufscenter aus dem Boden ."

Wenn Supermärkte das Stadtbild beherrschen

Ob die Journalistin wohl damals in ihren kühnsten Träumen geahnt hätte, dass der Stadtrat bis heute noch weitere Supermärkte in Zerbst angesiedelt hat, und Steuern nur anteilmäßig in der Gemeindekasse landen? Statistiken zu Folge, soll sich hier in Zerbst inzwischen eine fünf Mal höhere Verkaufsfläche befinden, als in vergleichbaren Städten der alten Bundesländer!
Stadtbildplanung, die auf Tourismus setzt, sieht ganz anders aus! Sollte der Trend so weitergehen, bestimmen bald ein oder zwei Supermarktketten das gesamte Stadtbild und natürlich auch die Preise. Und die ganzen, schnuckeligen und individuellen Geschäfte, die Touristen interessieren könnten, lösen sich in Wohlgefallen auf …
 Supermarktketten haben auch keine Schaufenster, die man zu jedem Anlass attraktiv gestalten kann. Und wo soll der Gast dann bummeln gehen? Am Beispiel der Zerbster „Breite" sieht man inzwischen schon, wohin das führt. Statt einer Vielzahl von kleinen, ansprechenden Geschäften, machen sich immer mehr Versicherungen, Telefonshops und Dönerläden breit. Der 2012 aus Altersgründen geschlossene Spirituosen und Pralinen-Laden der Familie Wust, ehemals Speidel, mit seinem ausgesucht, liebevollen Sortiment und immer besonders attraktivem Hingucker-Schaufenster, ist ein echter Verlust für das alte Zerbster Stadtbild. Er wird nicht der letzte sein, den Zerbst verliert.

Und so konnte es eigentlich auch gar nicht verwundern, dass Zerbst, als man sich mit der damals gerade neu gestalteten Fußgängerzone Alte Brücke an einem Wettbewerb um die attraktivste Einkaufsstraße bewarb, gleich zu Anfang wieder ausscheiden musste …

„Wann starb die Jeversche Straße?"

Als wäre diese Frage nach allen bisherigen Weichenstellungen nicht schon längst abzusehen, stellte sie am 13. Februar 2015 auch die „Volksstimme" ihren Lesern aufgrund aktuellen Leerstands und weiteren geplanten Schließungen 2015. In den nachfolgenden Tagen und Wochen meldeten sich die Leser zu Wort.

Während einige eine verfehlte Stadtbild- und Ansiedlungspolitik als Ursache erkannten, oder die Versäumnisse der städtischen Wohnungsgesellschaft BWZ kritisierten, sahen andere, wie beispielsweise Hannelore Seidler von der Buchhandlung Gast oder Bürgermeister Dittmann, die Ursachen darin, dass die Leute zu wenig in die Innenstadt kommen und bequemer von zu Hause aus im Internet einkaufen würden. Andere wiederum sahen im Sterben der kleinen Läden und Handwerker die Konzentration der Supermarktketten und das Abschöpfen der Kaufkraft.

„Der Bedarf sinkt, das Angebot auch", kommentierte Dieter Friedrich die innerstädtische Entwicklung. Wenn im Ort etwas zu bemängeln ist, werde viel zu schnell die Verwaltung beschuldigt. Im Zeitalter der Supermärkte und des Internets seien kleine Gewerbe- und Handelsbetriebe nicht mehr konkurrenzfähig. Während im Jahre noch 1935 für den Markt noch 32 Gewerbebetriebe und für die Alte Brücke noch 37 aufgeführt waren, befänden sich heute davon allein 24 im Supermarkt auf der Alten Brücke. „Insofern erweist sich der groteske Beschluss der DDR-Planer, in der Innenstadt große Wohnblöcke zu errichten, im Nachhinein als weitsichtig", schätzt Herr Friedrich ein. „Andernfalls hätten wir eine verfallene Innenstadt und am Stadtrand Wohnsiedlungen (...) Letztendlich sollten wir auf die von uns gewählten Vertreter im Stadtparlament vertrauen, dass sie mit den verfügbaren Geldern sparsam und verantwortungsbewusst umgehen. Dafür finden sich genügend Beispiele im Stadtgebiet", meint Herr Friedrich.

Im November 2015 völlig verwahrlost abgerissen:
das Gebäude der einstigen
Staatsbank in der Jeverschen Straße.

Allerdings haben wir genau wegen dieser „weitsichtigen" Beschlüsse heute beidseitig der B 184 Wohnblöcke und eine geteilte Stadt, sowie jede Menge leere Flächen nach dem Wohnungsrückbau-Ost in der Innenstadt und in Zerbst-Nord, marode und vernachlässigte Gebäude im Schlossgarten, sowie im gesamten Sanierungsgebiet Zerbst und einen toten Markt. In der Jeverschen Straße wurde Ende September 2015 ein weiteres, historisches Gebäude (ehemals Staatsbank) abgerissen.

Weitere Gebäude auf der gegenüberliegenden Straßenseite werden möglicherweise folgen ...

Zerbst im demografischen Wandel

Im Jahre 2025, so die düstere Prognose, werden in Zerbst weit über 1 000 Wohnungen leer stehen! Das Problem könne mit bisherigen Mitteln nicht mehr gelöst werden ... Zu dieser Einschätzung kommt der „Beteiligungsbericht der Stadt" im Februar 2012. Weil die Bevölkerung schrumpft, werde bis 2025 der Wohnungsbedarf in Sachsen-Anhalt um 190 000 Wohnungseinheiten sinken. Auf Zerbst heruntergerechnet, bedeute das 1900 Wohnungen weniger, als 2008. In Bezug auf das 100-prozentige Tochterunternehmen Bau- und Wohnungsgesellschaft Zerbst (BWZ) müssten bis 2025 rund 800 Wohnungen abgerissen werden. Ab 2021 werden 22 Prozent des Wohnungsbestandes leer stehen. Die BWZ hätte bis 2010 mehr Wohnungen abgerissen, als geplant und nehme nicht abgestimmten Einfluss auf das Stadtbild und seine Strukturen, so der Vorwurf des Stadtrates. Es werde nichts zurückgebaut, sondern nur abgerissen. Die BWZ hatte Kredite in Höhe von 31 Millionen Euro zu bedienen. Die Stadt selbst hatte einen Kredit über 441 278 Euro aufgenommen und sich mit 1,5 Millionen Euro verbürgt.

Käffchen? - Bingo!

Dass die Wirklichkeit die besten Geschichten schreibt, ist allgemein bekannt. Folgende wahre Begebenheit aus dem Zerbster Rathaus veranlasste den Zerbster Redakteur Claus Blumstengel in der Mitteldeutsche Zeitung (MZ) 1996 zu einem Beitrag:

„Baumann und Clausen wird`s geärgert haben, als 1996 aus sämtlichen Amtsstuben der Zerbster Stadtverwaltung die Kaffeemaschinen entfernt wurden. Der gerade angeschaffte zentrale Kaffeeautomat im Foyer soll besser ausgelastet werden, lautete die Begründung für diesen brachialen Eingriff in die harmonische Büro-Atmosphäre. Entsprechend der Benutzervereinbarung zahlte die Stadtverwaltung an den Automatenaufsteller 4968 Mark. Diese außerplanmäßige Ausgabe sollte laut Haushaltsplan von den Einnahmen aus dem Kaffee- und Kakao-Verkauf gedeckt werden. Man hatte jedoch den Kaffeedurst der Angestellten und Beamten überschätzt. Zum Jahresende lagen nur 1753 Mark in der Kaffeeautomatenkasse, so dass die Stadtverwaltung den Kaffeekonsum ihrer Beschäftigten mit 3215 Mark Steuergeldern stützen musste."

Zur Ehrenrettung der Mitarbeiter sei hier angemerkt, dass der Kaffeekonsum in der Stadtverwaltung Zerbst auch nicht höher war, als in anderen Behörden. Und die Idee, einen Automaten aufzustellen, kam nicht von den Beschäftigten, sondern von einem Dezernatsleiter. Anschließend kam es zu der kuriosen Situation, dass die Mitarbeiter mit Thermoskannen bewaffnet über den Hof des Gebäudekomplexes laufen mussten, um sich am Kaffeeautomaten anzustellen. Da dieser dann auch noch recht teuer war, brachten viele ihren Kaffee dann gleich von zu Hause mit.

Die Archivkatzen

Sie sind weltbekannt und ein Kuriosum: die Palast-Katzen der St. Petersburger Eremitage. Einstmals auf Anweisung der Zarin Elisabeth Petrowna angeschafft, sollten sie Ratten und Mäuse vertreiben, die die unzähligen und überaus wertvollen Kunst- und Kulturschätze in einer der größten Kunstsammlungen der Welt bedrohten. Diese Katzentradition wird bis heute fortgesetzt, auch wenn inzwischen nicht mehr das Fürstenhaus die Kosten für die Versorgung übernimmt, sondern die Angestellten selbst von ihrem bescheidenen Einkommen. Die ca.

50 Tiere genießen sichtlich ihren besonderen Status, mischen sich unter die wartenden Besucher, schlendern genüsslich durch die Ausstellungsräume oder gönnen sich in einer sonnigen Ecke ein Schläfchen. Von einer dieser Katzen wird berichtet, dass sie eine ganze Woche verschwunden war, bevor sie aus einem Lüftungsschacht am Ende des riesigen Gebäudekomplexes wieder ans Tageslicht kam.

Mit der Herausgabe eines neuen Landesarchivgesetzes 1995 erhielt die Stadt Zerbst nach der Wende die Chance, ihr historisches Stadtarchiv, welches bis 1945 im Zerbster Schloss untergebracht war, wieder in ihren Besitz zu nehmen und selbst zu betreuen. Eigens dafür wurde im Gewölbekeller zwei Etagen unter dem Kavaliershaus auf der Schlossfreiheit ein Archiv eingerichtet.
(Rainer Frankowski: „Das Zerbster Stadtarchiv", Zerbster Heimatkalender 1998 und Festschrift zur 1050-Jahrfeier der Stadt Zerbst).

1995 wurde ich nach einem Praktikum im Landesarchiv und diversen speziellen Fortbildungen damit beauftragt, diese Archivbestände zu sichten, zusammenzuführen, zu betreuen, zu archivieren und inhaltlich auszuwerten. Bis zum Jahre 2004 nahm ich diese Aufgabe war.
 Als ich eines Morgens die Tür zum Archiv aufschließen wollte, hörte ich ein klägliches Miauen aus einem der vielen Kellerschächte. Ich staunte nicht schlecht, als ich dort im Laub unter dem Gitterrost ein kleines, hilfloses Kätzchen entdeckte. Fette Frösche aus dem nahe gelegenen Schlossgarten waren keine Seltenheit, aber ein Kätzchen?
 Nachdem ich es geborgen hatte, stellte ich fest, dass es für das Tierheim noch viel zu klein war, und noch seine Mama brauchte. Als ich meinen Fund etwas später meinen Kolleginnen vom Standesamt zeigte, fragten sie mich, ob ich denn schon mal in die anderen Kellerschächte geschaut hätte? Und tatsächlich fanden sich dort weitere 4 Katzenbabys! Ganz spontan beschlossen wir, uns zumindest so lange um diesen Fund zu kümmern, bis sie ins Tierheim gebracht werden

konnten. Nach einem Check beim Tierarzt errichteten wir auf dem Hof des Kavaliershauses eine kuschelige, überdachte Unterkunft aus diversen Materialien. Damit hatte nun auch die Katzenmama die Möglichkeit des freien Zugangs zu ihren Babys, was sie in der Nacht auch nutzte. Tagsüber und am Wochenende kümmerten wir uns gemeinsam abwechselnd um die Katzenkinder und freuten uns über deren Entwicklung. Als sie nach einigen Wochen groß und kräftig genug waren, konnten sie schließlich im Tierheim aufgenommen werden.

Inzwischen sollen sie alle längst ein neues Zuhause gefunden haben. So ganz nebenbei kam also auch die Stadt Zerbst mehr oder weniger zu ihren „Archivkatzen". Unsere Partnerstadt Puschkin/St.Petersburg würde sich über so viel Gemeinsamkeit sicher freuen ...

Fehlendes Stadtentwicklungskonzept

Mit städteplanerischen Ideen zur Innenstadtgestaltung und zur Lebensqualität in Zerbst machte sich der Mitarbeiter eines Zerbster Planungsbüros, Tino Höpner am 27. Juni 1998 in der „Volksstimme" Gedanken:

„Die bisher geführte Diskussion über die Lebensqualität in Zerbst und die schon weit fortgeschrittenen Planungen erscheinen mir sehr fragwürdig. Sie lassen mich nicht auf eine attraktive und interessante Zerbster Innenstadt hoffen. Dies ist besonders traurig, da die Voraussetzungen gar nicht so schlecht sind. Anscheinend fehlt es hier an Fantasie und behördlicher und politischer Courage. Ein Blick über den eigenen Tellerrand könnte auch hier nicht schaden. Was macht eine Innenstadt eigentlich lebenswert für ihre Einwohner? Gewöhnlich besteht die Attraktivität der Innenstädte durch die enge räumliche Nähe von Wohnraum und der Konzentration sowie Vielfalt von Verkaufs- und Serviceeinrichtungen. Gut durchdachte Ruhe-, Bewegungs- und Konträume mit möglichst geringer Belästigung durch den motorisierten Verkehr ..." Die Hervorhebung, Bewahrung und Rekonstruktion von städtebaulichen Vorkriegsstrukturen und die geschickte Kombination mit neuzeitlichen Stadtentwicklungen würden Zerbst eine interessante Individualität verleihen, schätzte Tino Höpner schon damals völlig richtig ein.

„Wie sieht es aber aus?" fragt Herr Höpner. „Um eine Innenstadt zu beleben, benötigt man ein Gesamtkonzept, und nicht wie zurzeit in Zerbst, eine isolierte Betrachtung einzelner Sanierungsprojekte (Klosterhof, Alte Brücke, Breite). Grundvoraussetzung für alle weiteren Planungen, ist die Klärung der zukünftigen Verkehrsführung. Gerade durch isolierte Betrachtungsweisen kam es in dieser Beziehung zu den unmöglichsten Entscheidungen, so dass man sich immer wieder selber Steine in den Weg gelegt hat.

„Wie könnte die Innenstadt aussehen?", fragt er weiter und beantwortet die Frage gleich selber: „Die besten Voraussetzungen für einen attraktiven Innenstadtkern bietet das Karree Breite, Alte Brücke, Nuthelauf, Mühlenbrücke. Gerade naturnahe und renaturierte Wasserläufe besitzen einen hohen Erlebnis- und Erholungswert. An diesen Kern würden sich der Markt, die beiden Klosterhöfe und die Schlossfreiheit anschließen. Die derzeit größte Belästigung erfolgt durch den innerstädtischen Nord-Süd-Durchgangsverkehr. Hier sollte eine Konzentration auf den kürzesten Weg erfolgen. Dafür würden sich die Alte Brücke oder die Neue Brücke eignen. Eine Öffnung beider Straßen, wie es sich jetzt andeutet, wird zu einer noch größeren Verkehrsbelästigung führen. Dies führt genau in die falsche Richtung ..."

Er empfiehlt eine boulevard- ähnliche Gestaltung der Breite zur Bummel- und Verweilmeile. Und er schätzt ein, dass die vorhandenen alten Bäume dieser Gestaltung sehr entgegen kommen würden. „Zuweilen hat man den Eindruck, dass unter dem Vorwand einer übertriebenen Verkehrssicherungspflicht, bzw. aufgrund von Beschäftigungsmaßnahmen, die Bäume durch unqualifizierte Schnitte kaputt gepflegt werden." – so sein Eindruck. Das Stadtbild und das ästhetische Empfinden würden besonders vom Vorhandensein größerer Einzelbäume profitieren. (Wir erinnern uns hier an die Worte von Stadtrat Kirchner aus den 1930er Jahren und seine Ortssatzung, in der auch „Stadtbild prägende Bäume" unter besonderem Schutz standen!)

Tino Höpner kommt zu den Schluss: „Eine positive Identifizierung der Zerbster Bürger mit ihrer Stadt ist unter den derzeitigen städtebaulichen Bedingungen wohl kaum möglich. Deshalb kann man von den zuständigen Behörden, sowie den politischen und fachlichen Gremien nur fordern, dass sie eine komplexe Betrachtungsweise als Voraussetzung für die innerstädtische Planung zugrunde legen. Es wäre sehr traurig, so Herr Höpner, wenn Zerbst ein zweites Mal nach dem Krieg, aufgrund von Konzeptlosigkeit, die Chance verpasst, sich langfristig eine attraktive und lebenswerte Innenstadt aufzubauen."

Bis 1999 fehlt Leitbild für die Stadtentwicklung

Im Dezember 1999 forderte Stadtrat Horst Grubitz (PDS/Linke), aus Anlass der Prüfungen der Jahresendrechnungen ein „längst überfälliges städtisches Gesamtentwicklungskonzept und ein Leitbild für die Stadt Zerbst" ein. Fast 10 Jahre hatte man mehr oder weniger planlos vor sich hin gewurstelt. Bürgermeister Behrendt verwies auf die bisherige Arbeit des Stadtentwicklungsausschusses. Das reichte aber den Stadträten nicht mehr aus. Sie wollten nun endlich das von vielen Seiten dringend eingeforderte, überfällige Leitbild. Unterlagen für eine langfristige Haushalts- und Investitionsplanung seien nicht ausreichend vorhanden, so die Vorsitzende des Rechnungsprüfungsausschusses, Sigrun Knäbel (SPD).

Innenstadtentwicklungskonzept fehlt auch noch 2010

Unter der Überschrift „Viel zu viel Verkaufsfläche – Kunden vermissen Vielfalt" präsentiert die Industrie- und Handelskammer Halle-Dessau den Handelsatlas 2009 für Zerbst *(„Volksstimme", 15. April 2010)*. Danach sind die Verkaufsflächen von Discountern um 17,2 % auf 5 795 Quadratmetern gestiegen, während sie bei Fachgeschäften um 5,3 % auf 6 330 Quadratmetern gesunken seien. Veröffentlicht wird auch eine Umfrage zur Innenstadt in Zerbst. Das Ergebnis ist deprimierend: 65 % der Befragten würden öfter in die Innenstadt kommen, wenn die Angebotsvielfalt größer wäre. 55 % finden die Innenstadt nur befriedigend attraktiv. Zu einer ähnlichen Beurteilung kamen die befragten Unternehmen, von denen sich selbst nur 41 % für gut einschätzen würden ... Unter einem Foto von der „Alten Brücke" kommentiert die „Volksstimme", dass dieser Fußgängerzone noch einiges zu einer wirklichen Einkaufsmeile fehlen würde.

„Dass die Stadt 20 Jahre nach der Wende immer noch kein Innenstadtentwicklungskonzept habe, sei ein Manko und räche sich", betonte IHK-Fachfrau Gudrun Loebe. Zugleich forderte sie die Geschäftsleute der Innenstadt auf, sich wie in anderen Städten zu organisieren ...

Nachtrag:
Wie bekannt wurde, soll die Stadtentwicklungsfirma „Stadt-LandGrün" aus Halle kürzlich beauftragt worden sein, ein Stadtentwicklungskonzept für die Stadt Zerbst, einschl. der Einheitsgemeinde, zu erarbeiten, das dann Grundlage für weitere Beschlüsse des Stadtrates sein soll. Vorgestellt werden soll dieses Konzept voraussichtlich im Juli 2016. Ob darin auch der Denkmalschutz, die Sanierung der Altstadt und der Tourismus Berücksichtigung finden werden, bleibt abzuwarten ...

Wie die Zerbster „Breite" zur Schmalen wurde

„Wir haben hier Millionen investiert. Was hier gebaut wird, bestimmen immer noch wir!" Mit diesen markigen Worten unterbrach ein auf der Breite ansässiger, bekannter Zerbster Geschäftsmann, die Erläuterungen eines Vertreters des Planungsbüros Argus, das mit den Projektierungen beauftragt worden war, im alten Zerbster Rathaussaal Anfang Mai 1997. Noch heute ist er mir der Planer wegen seiner roten Fliege am Hals in Erinnerung geblieben. Der Saal schien aus allen Nähten zu platzen, halb Zerbst schien herbeigeeilt zu sein, um zu erfahren, was denn bei dem geplanten Umbau der Breite zu erwarten wäre ... Viele fanden keinen Sitzplatz und standen im Raum bis weit hinaus auf den Rathausflur.

Man hätte schon sehr viele solcher Projekte realisiert, berichtete der Fachmann und schlug vier Gestaltungsvarianten vor. Eine davon wollte den Grünstreifen des Roten Gartens als Ruhezone über die gesamte Breite bis zur Wolfsbrücke fortzuführen. Die Breite der Straße würde das hergeben und da könnte sich dann auch mal eine Mutti mit Kind hinsetzen und ein Eis essen. Das stieß aber bei den auf der Breite ansässigen Geschäftsleuten auf wenig Gegenliebe. Parkplätze müssten her, so viele, wie möglich! Schließlich hätte man den Druck der riesigen Supermarktketten im Nacken, die überall in und um die Stadt aus dem Boden wuchsen, und die Leute gehen nun mal gern dort einkaufen, wo sie vor der Tür parken können.

Kurz und gut, alle vier Projekt-Varianten wurden von den Anwohnern abgelehnt. Daraufhin kam es zur Gründung einer „Arbeitsgruppe Breite". Es müsse doch erst mal geklärt werden, was wollen wir überhaupt auf der Breite, wie soll umgestaltet werden – meinte Argus Vertreter

Schlichting. Parken in der Mitte oder nicht? Radwege oder nicht? Querung des Roten Gartens oder nicht?

„Wir haben ein dreiviertel Jahr mehrere Planungen erstellt und jedes Mal war alles total anders!" Außerdem seien zwischenzeitlich in Vier-Augen-Gesprächen mit dem Dezernenten mehrfach Dinge an uns herangetragen worden, die nach unserem Eindruck gar nicht politischer Wille waren. In Sitzungen von Arbeitsgruppe oder Ausschuss sei dann immer Erstaunen darüber geäußert worden, warum die Planer anders als zuvor besprochen, handelten. Eine Ausführungsplanung hätte so nicht zustande kommen können, resignierte Schlichting. Schließlich kam es, wie es kommen musste: Argus trat vom Auftrag zurück.

Nach einer Vereinbarung beider Planungsbüros übernahm Giftge & Herbst im Mai/Anfang Juni 1998 mit städtischem Zuschlag die Breite und bekam die Bauoberleitung. Die vom Baudezernenten angeforderten Unterlagen mussten nachgebessert werden. Im Mai/Juni brauchte man die Ausführungsplanung für die Straße, aber die lag noch nicht vor. „Das einzige, was wir bekamen, waren Konzepte. Damit war keine Ausschreibung möglich", so Torsten Fleige-Lütgering. Selbst eine vernünftige Vermessung der Straße als notwendige Grundlage der Straßenplanung sei zu diesem Zeitpunkt nicht vorhanden gewesen.

Am 1. September 1998 war die Ausführungsplanung der Breite erneut Thema im Bau- und Wirtschaftsförderungsausschuss und das war gar nicht mehr lustig. Baudezernent Schaurich war bereits beurlaubt worden (→ *„Baudezernent gefeuert, weil er sich eine neue Straße gönnte"*).

Entsprechend dann auch die Reaktion der Ausschussmitglieder:

„Ich bin betroffen. Unsere Aufgabe muss es sein, den Schaden, der entstanden ist, von der Stadt abzuwenden." – Werner Bressel (FDP)

„Es ist eine Riesenschweinerei. Wir sind vom Baudezernenten im Ausschuss anders informiert, belogen und desorientiert worden." – Gustav Tomas (SPD)

„Wir streiten uns seit eineinhalb Jahren und haben in verschiedenen Sitzungen immer einen Konsens gefunden, damit Arbeitsschritte möglich waren. Es ist erschreckend, dass das nicht in die Tat umgesetzt wurde." – Karl-Heinz Wallwitz (PDS)

„Auch der Kostenfrage sollte jetzt noch unsere Sorge gelten. Gehen wir mit Gewalt vor, kostet es womöglich das Doppelte." – Wilfried Bustro (CDU)

„Wie können wir die Fördermittel retten?" – Inge Tharan (Grüne).

800 000 Euro waren an Städtebaufördermitteln für das Breite-Projekt 1998 eingeplant. Seitens des Dezernenten sei immer auf einen Baustart Ende August im Bereich der Schlossfreiheit orientiert worden, im Bauausschuss war aber wegen der 1050-Jahrfeier von einem Baustart am Frauentorplatz ausgegangen worden ... Die Ausschussmitglieder zeigten sich äußerst betroffen von der Situation und forderten, die Straßenplanungen im Vorfeld noch einmal zu sehen. Auch über die tatsächlichen Kosten verlangten sie Aufklärung. „Fast 5 nach 12" nannte Bürgermeister Behrendt den jetzt aufzuholenden Stand. (*„Volksstimme", 4. September 1998*)

Entstanden ist etwas, was nur wenig befriedigt und selbst Baudezernatsleiter Wolfgang Arndt musste Jahre danach noch eingestehen, dass die „Breite" nicht so funktioniert, wie man sich das einst vorgestellt hatte. „Die Breite ist verkorkst " schätzt auch Stadtrat Hans-Ulrich Müller (UWZ) im August 2013 noch ein. Erst nach 2025 dürfe deren damals geförderter Ausbau verändert werden, gibt der Leiter der

Bauverwaltung, Bernd Köhler, zu bedenken, sonst müsse man die Fördermittel zurückzahlen ... Und außerdem hätten die Anwohner das damals so gewollt, ergänzt Stadtrat Werner Bressel (SPD).

Richtig! Aber was hatten die Zerbster nicht alles schon gewollt? Mit dem Markt zum Beispiel, oder dem Schlossgarten? Und, hat man sie erhört? Eine nagelneue Straße soll nun vielleicht umgebaut werden, weil sie nicht richtig funktioniert? Wird demnächst auch der Markt wieder umgebaut? Oder der Vorplatz vor dem Heidetor mit seinem unübersichtlichen Fahrradweg durch das Vortor des Heidetores?

In der Kritik steht bis heute auf der Breite, die in früherer Zeit einstmals eine beliebte Flanier- und Vergnügungszone war, die Anordnung der Parkplätze in der Mitte der Straße, die die einstige breiteste Straße der Stadt enorm einengt. Schon beim Entladen von Lieferfahrzeugen, dem Entleeren der Mülltonnen, oder einfach nur beim falschen Parken, geht hier nichts mehr und es bilden sich lange Staus. Ebenfalls in der Kritik sind fehlende Fahrradstreifen, denn die dicht aneinander gedrängten Fahrzeuge beidseitig der Straße bilden eine nicht zu unterschätzende Gefahrenquelle für alle, die mit dem umweltfreundlichsten Verkehrsmittel unterwegs sind – und das sind in Zerbst sehr viele. Dass sich schon nach kurzer Zeit die Pflastersteine lösten und auch heute noch lösen, der eingebaute Kurvenradius der Straßen vergrößert werden musste, weil Busse Schwierigkeiten damit hatten, um die Ecken zu kommen, ist schon wieder eine ganz andere Geschichte. Auch, dass B`90/ Grüne alle einstigen großen Bäume der Breite mit schwarzen Trauerschleifen versehen hatten, bevor sie dann komplett gefällt wurden, und der freie Bildjournalist Wolfgang Kirchhoff sogar anonyme Drohungen bekam, falls er vom Fällen der Bäume berichten würde, sind weitere spannende Episoden aus jüngster Zerbster Geschichte.

Inzwischen präsentiert sich die „Breite" als Zerbster Vorzeigestraße, über die gern Touristen geführt werden. Als meist gelungen muss man die vielen liebevoll, privat sanierten Häuser auf der „Breite" bezeichnen, die inzwischen dazu beitragen, dass hier wenigstens ein kleiner Eindruck vom schönen, alten Zerbster Stadtbild aufkommen kann.

Dass im Rahmen des Förderprogramms „Rückbau Ost" auch die Plattenbauten an der Ecke Breite /Fritz-Brandt-Straße und an der Ecke Breite/Wolfsbrücke abgerissen wurden, und seitdem als „unfreiwillige" Brachfläche dienen, ist für ein harmonisches, altes Stadtbild fast ein Segen. Man möge sich nicht vorstellen, wie hier moderne Architektur oder weitere Supermärkte samt Parkplätzen auch noch den Rest des alten Zerbster Innenstadtbildes verschandeln würden ... Aber Touristen kommen nun mal nicht in eine 1050-jährige Stadt, um sich Neubaublöcke anzusehen und im Supermarkt einkaufen, können sie auch bei sich zu Hause.

Das Haus Breite Nr. 10

Das markante, unter Denkmalschutz stehende Gebäude, den Zerbstern besser bekannt als Kino und im vorderen Bereich als Eisbar und Konditorei Pfeiffer, wurde im Jahre 1998 von den Denkmalschutzbehörden zum Abriss frei gegeben. Alle Bemühungen, von diesem geschichtsträchtigen Haus, das schon vor dem Dreißigjährigen Krieg als Herberge und Gaststätte diente, und auch Gäste des fürstlichen Hofes aufnahm, wenigstens die Fassade zu erhalten, scheiterten kläglich. Und das, obwohl es bereits fertige Projekte zum Um- und Ausbau gegeben haben soll. Auch die Handelskette „New Yorker", die nach der Wende vorübergehend in einer Baracke am Rephuns Garten untergekommen war, soll damals Interesse angemeldet haben, hieß es. Inzwischen ist diese beliebte Jugendmode in Dessau, Köthen und auch Wittenberg vertreten, nur nicht in Zerbst. Ähnlich ging es der Oldenburger Firma Ernsting's Family, die gern in Zerbst ein Zentrallager angesiedelt hätte. Sie fanden dann in Klieken bei Roßlau bessere Bedingungen und schufen dort Arbeitsplätze. Nur bei EDEKA sind sie hier präsent.

Unser Versuch, die Bevölkerung zu mobilisieren, um den Abriss von Haus Nr. 10 zu verhindern, indem wir die ehemalige Bauschüler-Zeichnung dieses Gebäudes zur 1050-Jahrfeier im Museum der Stadt ausstellten, brachte trotz regen Interesses leider nicht den gewünschten Erfolg. Den Abriss selbst habe ich als Stadtarchivar damals vor Ort fotografisch dokumentiert. Die Aufnahmen befinden sich zusammen mit vielen anderen zur Stadtbildentwicklung heute im Stadtarchiv Zerbst.

Im Vordergrund Haus Breite Nr. 10, 1998 abgerissen und durch einen Neubau ersetzt. Links daneben das hier bereits neu errichtete Haus Nr.12. (Foto 1998)

In der „Volksstimme" veröffentlichte ich am 23. Juni 1998 eine ganzseitige Dokumentation → zum Thema: „Mit jedem Abriss eines alten Hauses verliert Zerbst ein Stück seiner Identität", in der ich nicht nur

die fortlaufende Zerstörung des Altstadtbildes kritisierte, sondern auch darauf hinwies, dass Tourismus ein Standbein und lohnendes Ziel für das wirtschaftlich so gebeutelte Zerbst sein könnte ... Das war also schon vor 17 Jahren!
Das geschichtsträchtige Haus Breite Nr. 10 wurde also noch ganze 52 Jahre nach dem Krieg abgerissen. Entstanden ist an dieser Stelle nach 1998 ein moderner Zweckbau, der weder von seiner Höhe, noch von der Fassade in irgendeinem Zusammenhang mit dem einstigen Gebäude dieser Straße steht.

Das Haus Breite Nr. 12

Links neben dem Gebäude Nr. 10 befand sich ein altes, zweistöckiges Fachwerkhaus, wie viele andere in dieser Straße mit einer Toreinfahrt, was in späterer Zeit eine Vorsatzfassade erhalten hatte. Es beherbergte noch zu DDR-Zeiten die Fleischerei Bölling. Nach der Wende wurde dieses, unter Denkmalschutz stehende Gebäude, bis auf das Kellergewölbe abgerissen. An seine Stelle kam ein moderner Zweckbau, der ebenfalls weder von seiner Höhe, noch von seiner optischen Erscheinung in irgendeinem Zusammenhang mit dem ursprünglichen Haus oder mit dem ursprünglichen Gesamtbild der Straße steht.

Das Haus Breite Nr. 14

ist ebenfalls ein altes Fachwerkhaus aus dem 16. Jahrhundert mit markanten, durchgebogenen Balken, das sich bis vor wenigen Jahren noch in einem schlimmen Zustand befand. Auch hier befürchteten viele schon den Abriss. Inzwischen wurde es von einer Zerbster Apothekenbesitzerin gekauft, liebevoll saniert und restauriert, und der hintere Teil neu aufgebaut. Es beherbergt heute verschiedenen Arztpraxen und ist ein gelungenes Beispiel dafür, dass es durchaus möglich ist, solche Häuser für ein schönes altes Stadtbild zu retten und trotzdem modern und zweckmäßig zu nutzen.

Ein Schmuckstück: Das gerettete Haus Breite Nr. 14

Das Mahnmal im Roten Garten

Im Jahre 1944 wurde auf dem Zerbster Fliegerhorst ein Strafgefangenenlager der SS-Organisation Todt eingerichtet, in dem nach bisherigen Erkenntnissen etwa 700 sogenannte jüdische Mischlinge ersten Grades aus dem Raum Berlin-Potsdam, 140 aus Schleswig Holstein, 180 russische Kriegsgefangene, 420 Polen, aber auch Franzosen, Norweger und Belgier zu Arbeitseinsätzen gezwungen wurden. Nach dem Auffinden von verscharrten Opfern des Fliegerhorstlagers bei Straguth und auf Antrag der Kommunistischen Partei Deutschlands vom 26. Juli

1949 fasste die Stadtverordnetenversammlung am 28. Juli 1949 den Beschluss zur Errichtung eines „Ehrenmals für die Opfer des Faschis-mus, bzw. eines Mahnmals für den Frieden". „Dieses Mahnmal soll nicht den Toten dienen, sondern vor allem den Lebenden. Es soll uns erinnern an die Schrecken des Krieges und den Terror der SA und der SS, auch an die furchtbaren Bombenangriffe", hieß es im Beschluss.

Im Juni 1948 waren bereits Verhandlungen mit den Grundstückseigentümern Margarete Mittelstraß, Richard Schreiber, Adolf Stachelhausen und Martha Neumann geführt worden. Später kaufte die Stadt das rund 1 000 Quadratmeter große Grundstück im Roten Garten für 16 Mark je Quadratmeter.

Termin der Grundsteinlegung im Roten Garten war der 11. September 1949, der Gedenktag für die Opfer des Faschismus, verbunden mit einer Großkundgebung der Vereinigung „Verfolgte des Naziregimes" (VVN), sowie einem katholischen und evangelischen Gottesdienst. Die Plastik schuf der Hallenser Bildhauer Prof. Gustav Weidanz. Sie symbolisiert nach Aussagen des Künstlers „das Leiden, die Hilfsbereitschaft und den Widerstandswillen der KZ-Häftlinge."

Die Evangelische Gemeinde St. Bartholomäi wollte für den Guss des Mahnmals 150 kg Metall von einer zerstörten Glocke zur Verfügung stellen. Doch die Bronze erwies sich als ungeeignet, da die Plastik aus Eisen besteht. Die Kosten zur Errichtung des Mahnmals betrugen 42 000 Mark, 15 000 Mark übernahm die Stadt Zerbst, den Rest steuerte die Landesregierung bei. Unter dem Motto „Für eine Welt der Freiheit und des Friedens" wurde das Mahnmal vom Generalsekretaiat der VVN am 15. April 1951 feierlich eingeweiht. In einer Gruft unter dem Denkmal erfolgte die Beisetzung der vom Friedhof bereitgestellten 74 Urnen der polnischen Häftlinge des Lagers Straguth. Den Opfern des Bombenangriffs auf Zerbst war damals absichtlich ein gesonderter Platz auf dem Heidetorfriedhof zugewiesen worden.

(→ *Rainer Frankowski – "Die Bedeutung des Denkmals für die Stadt Zerbst wurde bisher völlig unterschätzt", ganzseitiger Bericht in der "Volksstimme" vom 17. April 1998 und → Rainer Frankowski – "Das Denkmal im Roten Garten", Zerbster Heimatkalender 2003)*

Das „kommunistische Machwerk" muss weg!

Nach der Wende, am 20 April 1991, erfuhr die Bevölkerung aus der „Volksstimme", dass der Stadtrat in einer nicht öffentlichen Sitzung den Verkauf und die Bebauung des Roten Gartens beschlossen hatte. Dieses Fleckchen Erde inmitten der Stadt schien ungeahnte Begehrlichkeiten zu wecken. Mit der Begründung, hier hätten auch vor dem Krieg schon Häuser gestanden, und so ein „kommunistisches Machwerk" könnte auch auf den Friedhof verbannt werden, schien alles längst beschlossene Sache zu sein. Die Kosten für eine Umsetzung waren schon veranschlagt worden und auch Termine sickerten nach und nach an die Öffentlichkeit. Die Zerbster Bevölkerung stand fassungslos außen vor und glaubte kaum, was sich ihre Volksvertreter da erlaubten.

Ganz spontan gründete sich eine Bürgerinitiative. Mit einer für Zerbst bisher ziemlich ungewöhnlichen Aktion, ein Bürgerbegehren nach Paragraph 18 der Kommunalverfassung, sollte dieses Vorhaben gestoppt werden. Walter Tharan schildert diese spannenden Ereignisse in seinem Beitrag →„Roter Garten – ein Stück Stadtgeschichte" im Zerbster Heimatkalender 2003 und es ist ein wahres Lehrstück in Sachen Demokratie.

Mit einer Unterschriftensammlung wurden 2254 gültige Unterschriften gesammelt. Das waren 15,8 % mehr als gefordert, erinnert sich Herr Tharan, die dann dem Vorsitzenden des Stadtrates Detlef Schrickel (SPD) und dem Bürgermeister Helmut Behrendt (FDP) übergeben

Das Mahnmal von Prof. Weidanz wurde inzwischen restauriert.

wurden. Zusammen mit einem Protest, wegen Verstößen gegen die Kommunalverfassung, weil die Durchführung des Begehrens von der Stadtverwaltung behindert und Unterschriftenlisten konfisziert worden waren. Am 17. Juni 1991 trafen sich dann Vertreter der Stadtverwaltung mit Vertretern der Bürgerinitiative. Die Stadt war nicht bereit, den geforderten Bürgerentscheid durchzuführen, die Rechtmäßigkeit und korrekte Befragung wurden angezweifelt. „Die Strategie der Stadt bestand darin", so Walter Tharan, einfach nichts zu tun …" „Man war nicht etwa froh über das Engagement der Bürger, sondern entrüstet über ihre Einmischung."

Der im Februar 1996 verstorbene Ehrenbürger der Stadt, Kreisdenkmalpfleger Erich Hänze, stellte damals resigniert fest:

„Diese Stadt ist es nicht wert, dass man etwas für sie tut!"

Da die Bürgerinitiative in Zerbst nicht weiter kam, wandte man sich an den Petitionsausschuss des Landtages, an den Präsidenten des Landtages und sogar an den Bundespräsidenten. Die Kommunalaufsicht stellte die Rechtmäßigkeit des Bürgerbegehrens fest, was aber keinerlei positive Reaktionen bei der Stadtverwaltung auslöste, erinnert sich Herr Tharan. Am 30. März reichte die Bürgerinitiative Klage gegen die Stadt Zerbst beim Landesverwaltungsgericht ein. Selbst dort bezweifelte der Anwalt der Stadt, dass sich unter dem Denkmal die Urnen der ermordeten Häftlinge befinden würden (trotz Vorhandensein von Namenslisten und Fotos aus der Gruft, die nummerierte Urnen zeigen).

Im Urteil wurde der Klage der Bürgerinitiative in vollem Umfang stattgegeben. Inzwischen war aber die alte Kommunalverfassung durch eine neue Gemeindeordnung ersetzt worden, die andere Verfahrensregelungen vorsah. Mit der Bürgerinitiative wurde nach dem Urteil nicht verhandelt, eine Anhörung im Stadtrat oder in einem Ausschuss wurde abgelehnt.

Im April 1996 erfuhr die Bürgerinitiative, dass schon seit 1993 Verhandlungen der Stadtverwaltung mit der Polnischen Botschaft liefen. Es ging um die Überführung der Urnen nach Polen, erinnert sich Walter Tharan. Voller Empörung wandten sich die Mitglieder der Bürgerinitiative an die Polnische Botschaft und informierten über die Hintergründe und über das Gerichtsverfahren. Beim Besuch einer polnischen Delegation im Zerbster Stadtrat, überreichte ein der Bürgerinitiative angehöriges Stadtratsmitglied die Unterlagen.

Die Jahre vergingen, erinnert sich Walter Tharan, neue Gesichter zogen ins Stadtparlament ein. Der Stadtratsbeschluss zur Bebauung des Roten Gartens wurde geändert. Zwar stehe das Denkmal noch an seinem Platz, aber die Sparkasse wurde von der Stadtverwaltung beauflagt, ihren Neubau um mehrere Meter Richtung Denkmal vorzuziehen. Quer durch den Roten Garten verläuft heute eine Straße. „Trotzdem kann man nicht von einem Sieg der Bürgerinitiative sprechen", schätzt Herr Tharan heute ein, „die meisten Mitglieder haben leider ihr Interesse und ihr Engagement für die Stadtentwicklung verloren."

Weil direkt vor dem Mahnmal im Roten Garten auf Wunsch einflussreicher Geschäftsleute einige Kurzzeitparkplätze eingerichtet worden waren, damit sie schnell mal zum Nachttresor der „Sparkasse" hinüberspringen können – und das, obwohl der Parkplatz der „Volksbank" nur wenige Schritte daneben lag – parkten nun auch am Tage ständig vor dem Denkmal Autos. Das Ordnungsamt war überfordert und da nutzte auch eine schöne Rosenrabatte nichts. „In Zerbst werden die Gefallenen offenbar mit Stoßstangen geehrt" – war damals die Reaktion eines Touristen in der Zeitung, der über diesen unhaltbaren Zustand gestolpert war. Die Zerbster hatten sich offenbar längst schon wieder daran gewöhnt. Es verging eine lange Zeit, bis diese überflüssigen und geschmacklosen Parkplätze wieder entfernt wurden. Und siehe da, es geht auch ohne sie!

Im Dicken Turm gegenüber war nach der Wende ein vietnamesischer Obst- und Gemüsehändler eingezogen, später dann die Zerbster Gärtnerei Genth, und gab mit seinen vor der Tür stehenden, frischen Blumen dieser markanten Ecke wieder ein ansprechendes, ortstypisches Gesicht. Inzwischen führt ein anderer Zerbster Blumenhändler das Geschäft fort. Die links neben dem Denkmal einmal auf Anraten des Bildhauers Prof. Dr. Weidanz gepflanzte Weide, die wegen des Vorziehens des Sparkassen-Gebäudes verschwinden musste, wurde inzwischen durch eine neue ersetzt. Was allerdings inzwischen völlig fehlt, sind die Rotdorn-Bäume, die dem Platz einst seinen Namen gaben.

Fußgängerzone „Alte Brücke"

Die Alte Brücke war früher eine der Zerbster Flanier- und Einkaufsmeilen und die Pferdebahn fuhr über diese Straße in Richtung Bahnhof und zurück. Leider sind Reste der Schienen nur noch auf dem Markt und vor dem Zerbster Bahnhof zu sehen.

Mit dem Beschluss, die „Alte Brücke" nach der Wende zur Fußgängerzone umzugestalten, ließ sich der Stadtrat fast 10 Jahre Zeit. Die Kontroverse, die Straße als Durchgangsstraße für Autos zu belassen, oder zur Ruhezone für Fußgänger zu erklären, war ein Kraftakt ohne Gleichen. Auch hier prallten die Interessen derjenigen, die Autos als Belebung der Innenstadt wollten und denjenigen, die eine Fußgängerzone vorschlugen, heftig aufeinander. Dass die Befürworter einer Fußgänger- und Ruhezone letztendlich siegten, scheint für Zerbst fast ein Wunder zu sein, denn Autos dominieren nach wie vor das gesamte Stadtbild. Erst vor kurzem wurde verkündet, dass zusätzliche Parkplätze in der Innenstadt unbedingt notwendig wären ...

Am 1. Juli 1992 beschloss die damalige Stadtverordnetenversammlung die Festlegung des „Sanierungsgebietes Altstadt Zerbst". Der Sanierungsträger BauGrund aus Berlin wurde bereits ein Jahr früher mit vorbereitenden Untersuchungen betraut. Seit 1991 seien 7,2 Millionen Mark an Städtebaufördermittel nach Zerbst geflossen, weitere 9 Millionen Mark wären für die kommenden Jahre sicher, berichtete die „Volksstimme" am 5. Dezember 1995. Für 1995 seien 4,5 Millionen Mark Stadtbaufördermittel zugesagt.

Die erste konkrete Maßnahme zur Umgestaltung der Alten Brücke 1995 waren die Wohn- und Geschäftshäuser Nr. 16 bis 24. Der Kundenstrom müsse wieder von Dessau und Magdeburg nach Zerbst geleitet werden, so der Bauherr Eberhard Strüber, der auch für den Neubau Breite/Ecke Wolfsbrücke verantwortlich zeichnet und für dessen

Höhe damals eine Ausnahmegenehmigung erteilt wurde. Als vor zwei Jahren der Rückbau und die Sanierung der daneben stehenden DDR-Blöcke zur Diskussion stand, war das wegen des hohen Giebels, der extra an diese Blöcke angepasst worden war, ein stadtbildliches und optisches Problem. Inzwischen hat man sich entschieden, die Blöcke, die seit 2013 saniert und altersgerecht umgebaut wurden, in ihrer Höhe zu belassen – auch wenn sie dadurch nicht den Vorgaben der um sie herum befindlichen Gebäude entsprechen und somit schon wieder einen neuen, fragwürdigen Kompromiss in der Zerbster Stadtbildgestaltung darstellen.

Beim Um- und Ausbau der „Alten Brücke" jedenfalls, entdeckte man einen großen, historischen Brunnen auf Höhe des heutigen Bäckerladens „Ohle". Und es bot sich an, diesen Brunnen als besonderen Hingucker in die Stadtbildgestaltung mit einzubeziehen. Er wurde mit einer Sitzgelegenheit umrahmt, mit einer Glasscheibe abgedeckt und konnte bei Dunkelheit von innen beleuchtet werden.

Leider hielt diese gute Idee in Zerbst nicht lange vor. Wegen Vandalismus musste die Glasscheibe wieder entfernt werden, bzw. der Brunnen wurde abgedeckt, und kaum jemand vermutet in dem erhabenen Rondell auf der Fußgängerzone einen historischen Brunnen aus dem Mittelalter ... Vielleicht hätte man über dem Brunnen eine Vorrichtung mit Winde anbringen sollen, damit überhaupt jemand versteht, dass dieses runde Etwas nichts mit den vielen anderen runden Blumenrabatten auf der Alten Brücke zu tun hat?

Ein weiterer, historischer Brunnen wurde auf dem Hinterhof der „Volksbank" entdeckt, der aber nicht im Sinne dieses Geldinstitutes war und wieder verschlossen wurde.

Aber auch bei der Umgestaltung der „Breite" fand man einen historischen Brunnen. Er befindet sich im hinteren Teil des Roten Gartens gegenüber dem „Gildehaus". Warum er nicht in die Grünflächengestaltung der „Breite" mit einbezogen wurde, ist mir ein weiteres Rätsel Zerbster Stadtbildplanung. Sogar ein attraktiver Springbrunnen mit Figuren wäre an seiner Stelle denkbar gewesen, ohne jemanden zu stören. Nicht nur hier lohnt sich ein Blick in unsere Partnerstadt Jever!

Ein symbolischer Brunnen mit der Figur der Wasserjette, einem Zerbster Original, entstand noch vor der Wende an der damaligen Kaufhalle zur Alten Brücke. Mit der Errichtung des Kaufland-Supermarktes wurde dieser Brunnen an den Rand des neu errichteten Parkplatzes versetzt. Leider funktioniert das Wasserspiel dieses Brunnens nur selten und sein Becken wird leider immer wieder als Abfallbehälter missbraucht ...
Ähnlich erging es übrigens auch einem alten Hydranten, der sich auf der Schlossfreiheit direkt hinter dem „Dicken Turm" befand. Weil er wegen des dort angelegten Volksbank-Parkplatzes und trotz Sockel ständig umgefahren wurde, ist dieses Stück Alt-Zerbst inzwischen spurlos entfernt worden, nur der Sockel ist geblieben.

Auch bei der Umgestaltung des Marktplatzes wurden übrigens historische Kellergewölbe und Gänge aus dem Mittelalter vor dem ehemaligen Rathaus freigelegt, die man ebenfalls als Attraktion für Besucher in die Platzgestaltung hätte mit einbeziehen können (in Brüssel wurden solche Gewölbe als Blick in die Geschichte z.B. mit Glas überdacht und sind nachts von innen beleuchtet). In Zerbst wurden sie weggebaggert und zugeschüttet.
Das ehemalige jüdische Kaufhaus, als HO-Kaufhaus bis Mitte der 1990er Jahre weiterhin genutzte Gebäude auf der Alten Brücke, präsentierte sich bis 2010 leerstehend und mit zugenagelten Schaufenstern. Es wurde abgerissen und durch einen Neubau ersetzt. Genau wie beim „Kaufland"-Supermarkt gegenüber, genehmigte man auch hier eine Sonderregelung von der sonst verbindlichen Rahmengestaltungssatzung der Stadt Zerbst.
Als die Pläne zur Errichtung des „Kaufland"-Supermarktes öffentlich wurden, gründete sich spontan die Bürgerinitiative „Pro Stadtbild", um

dem weiteren Ausverkauf des Zerbster Stadtbildes entgegen zu wirken und die Mitbestimmung der Bevölkerung einzufordern. Diese völlig fensterlose Kaufhalle sollte parallel zur Fußgängerzone Alte Brücke bis zur B 184 entstehen. Das dort seit DDR-Zeiten existierende und schwarze Zahlen schreibende Bekleidungshaus, das überhaupt nicht daran dachte, sein Geschäft aufzugeben, war in der Planung gar nicht berücksichtigt worden ...

Nach Korrektur der Pläne, wurde die Fläche anders aufgeteilt und der Supermarkt entstand parallel zur Nuthe in jetziger Form. Benutzer der Freisitzfläche des Cafe´s Schäfer auf der Fußgängerzone Alte Brücke werden heute von parkenden Autos flankiert und von vorbeifahrenden Radfahrern belästigt. Die Bürgerinitiative, die versucht hatte, sich einzubringen und auch die optische Erscheinung und die Funktion dieser Anlage dem Umfeld einer Fußgängerzone anzupassen, scheiterte leider. Die Vorstellung der meisten Stadträte, dieser Supermarkt würde zur Belebung des Zerbster Marktes beitragen, leider ebenso.

Die Brücke, die auf der Alten Brücke dort sein Jahrhunderten existiert und die der Straße auch ihren Namen gab, wurde abgetragen und der Breite dieser neuen Fußgängerzone angepasst, wobei der ursprüngliche aus Feldsteinen gemauerte Brückenkopf durch eine moderne, flache Variante ersetzt wurde. Leider führt die einst sprudelnde Nuthe heute kaum noch Wasser und wächst dadurch ständig zu. Die Chance, diesen lebendigen Flusslauf, wie ich ihn aus Kinderzeiten noch kenne, in die Gestaltung einer attraktiven Innenstadt mit einzubeziehen, konnte auch hier leider nur bedingt umgesetzt werden.

Die Mühlenbrücke

„Die Mühlenbrücke vermittelt noch einen Eindruck vom alten Zerbst. Eine kleine Gasse mit verwinkelten Häusern, typisch für die eng bebaute Innenstadt ...", beschreibt der „Stadtführer" von Zerbst diese alt-ehrwürdige Straße, die einschl. Mühle schon seit 1299 nachgewiesen ist. Nach der Wende mit großem Aufwand neu gepflastert und mit einer historisierten Beleuchtung versehen, wurden sogar die Steine von den Denkmalschutzbehörden mit ausgesucht.

In dieser Straße, die noch eine alte, originale Häuserzeile samt Litfaßsäule und eine Brücke aufweisen kann, befindet sich auch das einzige Zerbster Haus, das mit seiner prachtvoll geschnitzten Eingangstür den Krieg überstanden hatte. Leider wurden sämtliche Bemühungen der neuen Eigentümer, das Haus Nr. 60 liebevoll zu erhalten und zu sanieren, boykottiert, indem man ihnen anschließend den Kaufland-Supermarkt sozusagen direkt neben die Haustür baute. „Beim Erwerb des Hauses hatte man uns gesagt, dass hier auf der freien Fläche ein Wohngebiet mit Einfamilienhäusern entstehen soll, und zwar angebunden an den Wasserlauf der Nuthe", berichtet der Zerbster Torsten Jerchel, „und nun wohnen wir mitten in einem innerstädtischen Gewerbegebiet!"
Familie Jerchel war sehr daran interessiert, dieses alte Zerbst von 1667 (bzw. 1299) für die Nachwelt zu erhalten und scheute weder Kosten noch Mühe. Allein 7 Schichten Farbe mussten von den Fachwerkbalken entfernt werden, um den Originalzustand wieder herzustellen. Auch das Umfeld des Hauses war schon geplant: ein altes Mühlrad sollte beschafft werden, sodass auch das äußere Erscheinungsbild mit Flusslauf möglichst an eine Mühle erinnern sollte. Dazu muss man wissen, dass dieses Haus der Straße einst ihren Namen gab.

Alle Bemühungen und Einsprüche der Eigentümer, die sich über Jahre erstreckten und alle Institutionen durchliefen, die irgendetwas damit zu tun haben könnten, waren leider vergeblich. Einheimische Kommunalpolitiker versprachen vieles und änderten wenig.

Nur wenige Meter neben diesem architektonischen Kleinod und neben dem Flüsschen, wurde eine hohe und lange Mauer errichtet. Lieferfahrzeuge und Kühltransporte rollen dort jetzt Tag und Nacht zur Beschickung des Supermarktes an. Im westlichen Bereich bis hinüber zur Fußgängerzone Alte Brücke grenzt am Garten dieses Hauses jetzt ein riesiger Parkplatz. Im Kernbereich der Stadt auf einer der vielversprechendsten Architekturflächen, werden in Zerbst nun Autos abgestellt! Fahrzeugfrequenz: 1 000 Fahrzeuge am Tag! In der Nacht und an Sonn- und Feiertagen sind diese Flächen verwaist und vermitteln den Charme einer ausgestorbenen Geisterstadt ...

Damit nicht genug, zusätzlich wurden in der Mühlenbrücke im nördlichen Bereich zur Fuhrstraße noch mehrere, mehrstöckige, alte Häuser abgerissen und auch ein historischer Speicher. Und nachdem die Umgestaltung der Straße mit alten Pflastersteinen gerade beendet war, wurde erst einmal quer über diese jetzige Einbahnstraße von der Brücke bis zur Breite eine schwarz/gelbe Verkehrsberuhigungsschwelle installiert, um Autos daran zu hindern, in dieser Umgebung, mit nur Handtuch großen Bürgersteigen, zu schnell zu fahren – an normalen Werktagen im Minutentakt.

Im Mai 2008 reichte es den Anwohnern dann, als sogar große Lastkraftwagen diese Durchfahrt zur Breite benutzten, obwohl sie das wegen der Brücke gar nicht durften. Warum diese enge Einbahnstraße nicht schon längst für den Autoverkehr gesperrt wurde, ist für mich ein weiteres Rätsel Zerbster Stadtbildplanung. Wurde doch erst vor wenigen Jahren die 50 m parallel dazu verlaufende „Wolfsbrücke", aufwendig und verkehrsgerecht ausgebaut, so dass die historische Hälfte der Mühlenbrücke durchaus für den Autoverkehr gesperrt werden könnte – zur Freude von Touristen, zur Aufwertung des Stadtbildes und zur Entlastung der dortigen Anwohner.

Im nördlichen Bereich der „Mühlenbrücke" Nr. 14 wurde im Jahre 2008 auch noch ein Autohandel eröffnet, der eine metergroße, rote Werbung an die Wand malen ließ, die trotz verbindlicher Gestaltungssatzung der Stadt, genehmigt worden war. Es hängt damit zusammen, dass die einmal erteilte Sondergenehmigung für den Supermarkt natürlich auch andere Nachahmer auf den Plan rief. Dieser Teil der Mühlenbrücke erinnerte danach eher an den Hamburger Containerhafen oder an ein innerstädtisches Gewerbegebiet, als an eine 1000-jährige Stadt, die sich über Touristen freut. So teilte das Bauordnungsamt des Landkreises Anhalt-Bitterfeld am 28. Januar 2010 nach Anfrage eines Anwohners der Mühlenbrücke nach zwei Jahren (!) Bearbeitungszeit mit, dass die erforderlichen Baugenehmigungen für diesen Autohandel und für die auffällige Werbung nachträglich erteilt worden seien. (4 Jahre später war der Besitzer übrigens am Ende und diese Immobilie stand zum Verkauf.) Die überdimensionierte und völlig unpassende Beschriftung ist seit Ende 2013 endlich wieder entfernt worden.

Ein historisches, schmiedeeisernes Brückengeländer an der Nuthe in Höhe des alt-ehrwürdigen Fachwerkhauses Nr. 60 mit der wunderbaren Tür, wurde ebenfalls entfernt und durch ein DIN-gerechtes und Auto sicheres „Kuh-Gitter" ersetzt. Und das, obwohl die Eigentümer sich längst bereit erklärt hatten, dieses historische Geländer auf eigene Kosten restaurieren zu lassen und für das Stadtbild zu erhalten. Dass die ganze rechte Häuserzeile der Mühlenbrücke von der Breite aus gesehen, die den historischen Charme dieser Straße ausmacht, seit der Wende schon wieder weitere 25 Jahre unaufhaltsam verrottet, scheint kaum jemanden ernsthaft zu interessieren …

Den Krieg und den Sozialismus überstanden, verfällt 25 Jahre nach der Wende ein ganzes Ensemble Alt-Zerbst weiter: die östliche Seite der Mühlenbrücke zur Breite im Jahre 2015.

Die Klosterhöfe:
„Größter städtebaulicher Missstand"

Wie schon aus dem Namen ersichtlich, waren die Klosterhöfe mindestens seit dem 13. Jahrhundert Teil des ehemaligen Frauenklosters. Die Bewohner betrieben Viehzucht und Ackerbau, oder belieferten die Nonnen mit den verschiedensten Erzeugnissen. 1526 wurde das Kloster aufgelöst. Beim großen Brand 1542 verloren auch die Bewohner ihre Häuser. Auf Veranlassung des Fürsten wurde das Gelände 1546 wieder aufgebaut, Grund und Boden wurde kostenlos abgegeben. Die Siedler mussten sich verpflichten, Steuern zu entrichten oder auf dem Schloss Wachdienste zu leisten. So entstand die heute noch vorhandene Form des Kleinen und Großen Klosterhofes. Mit dem Wegfall der „Fürstlichen Freiheit" 1849 verlor der Klosterhof seine Eigenständigkeit.

„Übrig blieb ein malerischer Winkel mit seinen dicht an die Stadtmauer geschmiegten Fachwerkhäuschen",

steht im Zerbster Stadtführer von 1993.

„Der Klosterhof ist das erste Sanierungsgebiet innerhalb der Stadtmauer und soll in seiner alten Grundform wieder entstehen."

Schaut man sich beide, denkmalgeschützte Klosterhöfe heute an, also 26 Jahre nach der Wende, so ist von diesem, selbst vorgegebenen Ziel der Stadt leider nicht viel geblieben. Zwar wurden einige Häuser saniert und auch neu erbaut, was aber mit dem Charakter oder den ursprünglichen Gebäuden dieses historischen Fleckchens nur wenig zu tun hat. Auf dem Großen Klosterhof wurden inzwischen mehrere denkmalgeschützte Häuser abgerissen, die noch zu DDR-Zeiten bewohnt waren. Große Lücken klaffen seitdem auf diesem und auch mit Sicht auf die Breite. Das einzige, im alten Stil wieder aufgebaute Haus in diesem Bereich, ist das Haus Breite Nr. 78. Wenn man davor steht, möchte man gar nicht glauben, dass es nach der Wende völlig neu entstanden ist. Auch wenn es nicht dem einstigen Original entspricht, fügt es sich doch sehr harmonisch in das Gesamtensemble ein. Und es beweist: alles ist möglich, wenn nur der Wille und die Einsicht dazu vorhanden sind!

Blick auf den Großen Klosterhof von der Breite aus im Jahre 2015. Links das neu entstandene Haus Nr. 78, die Häuser Nr. 74 und 76 wurden nach der Wende abgerissen.

Warum die Lücke rechts daneben (Nr. 74 und 76) bis heute nicht im gleichen Stil geschlossen wurde, war mir bis vor kurzem ebenfalls ein Rätsel. Angeblich sollen dort die Kellergewölbe noch erhalten sein, und kaum jemand möchte wohl das Risiko eingehen, Ärger mit der Denkmalschutzbehörde zu bekommen, bzw. die Kosten für evtl. archäologische Untersuchungen zu tragen. Inzwischen wurde wenigstens das einzeln stehende, alte Haus am Eingang des Großen Klosterhofes, Breite Nr. 72 gesichert. Die Grundstücke befinden sich in privater Hand.

Das nach der Wende errichtete Haus auf der rechten Seite des Eingangs zum Großen Klosterhof jedenfalls, hat mit der ursprünglichen Bebauung oder mit dem Charakter dieses alten Zerbster Winkels nicht das Geringste zu tun. Und runde, blaue Fenster auf dessen Rückseite oder ein angedeuteter Balkon in Stahlkonstruktion auf der Vorderseite sind wohl eher dem Geschmacksempfinden des Bauingenieurs

Hinterer Winkel des Großen Klosterhofes, bis zur Wende noch von Familie Gehrmann bewohnt, anschließend ersatzlos abgerissen.
(Aquarell von Paul Frankowski, 1949)

Auch die rechte, hintere Seite des Großen Klosterhofes entspricht nicht mehr dem Original, bzw. wurde erst nach 1998 abgerissen.
(Aquarelle: Paul Frankowski)

geschuldet, als dem historischen Umfeld. Auf der gesamten Breite hatte es früher keine Balkons zur Straße gegeben.

Inzwischen hat wenigstens ein Zerbster Privatmann, Dieter Harnisch, die Bedeutung des wertvollen Altstadtbildes der Klosterhöfe erkannt und versucht, es mit seinen bescheidenen Mitteln und Möglichkeiten in der Freizeit für die Nachwelt zu retten – 70 Jahre nach Ende des Krieges! Nachdem er bereits das „kleinste Haus von Zerbst" auf dem Großen Klosterhof saniert und restauriert hatte, will er dasselbe jetzt mit 5 weiteren alten Fachwerkhäusern versuchen. Dabei stellt sich mir allerdings die Frage, ob das alte Zerbster Stadtbild in Verantwortung eines Einzelnen liegt, oder ob es nicht eine dringende Aufgabe der gesamten Stadt wäre, alles Erdenkliche zu tun, um dieses der Nachwelt und für den Tourismus zu erhalten? Wie schon Paul Kirchner festgestellt hatte, ist es ja überhaupt erst die Voraussetzung, um erfolgreich Tourismus zu betreiben. Und zu einem fürstlichen Schloss gehören nun mal auch die Behausungen der einstigen Untertanen und Bediensteten.

Leider erhielt selbst das an die Stadtmauer geschmiegte Häuschen Nr. 21 im Laufe der Jahrhunderte nicht nur einen Erweiterungsanbau nach hinten, sondern bei neuesten Umbauten 2013 auch noch einen Dacherker mit einem Fenster auf der Vorderseite.

Von den auf der gegenüberliegenden Seite befindlichen, drei völlig maroden Häusern, steht eines inzwischen ohne Spitzdach da und es ist zu befürchten, dass auch hier ein Gebäude entstehen könnte, was mit dem ursprünglichen wenig gemeinsam hat. Touristen und Besucher werden also in Zukunft auch hier das angeblich alte Zerbst gezeigt bekommen, was es so aber nie gegeben hat.

Vom Zustand dieser historischen Ecke des Kleinen Klosterhofes konnten sich übrigens die Zuschauer der Fernsehsendung „Frauentausch" weltweit überzeugen (→ „RTL-Frauentausch") Es ist schon erschreckend, wenn nur wenige Meter neben der Touristenattraktion Stadtmauer mit ihrer Marienpforte und dem noch erhaltenen Wehr-

Dank privater Initiative inzwischen gerettet: Das kleinste Haus
von Zerbst auf dem Großen Klosterhof 2015

gang, gleich mehrere historische Häuser verfallen! Und auch das ist nicht dem Krieg zuzuschreiben, sondern der Zerbster Stadtbildpolitik der letzten 70 Jahre! Bis zur Wende waren alle diese Häuser immerhin noch bewohnt, auch wenn einige sich bereits damals schon in einem sehr traurigen Zustand befanden. Besonders makaber: sie sind heute Teil der touristisch ausgeschilderten, offiziellen „Katharina-Route" durch die Stadt Zerbst!

Die Reste des imposanten, ehemaligen Klostergebäudes, das im Laufe der Jahrhunderte schon die unterschiedlichsten Nutzungen erlebt hatte und ein bedeutsames Teil Zerbster Stadtgeschichte verkörpert, wurde nach dem Krieg wieder aufgebaut und noch bis vor wenigen Jahren als Berufsschule genutzt. Von 1965 bis in die 1980er Jahre hinein, fanden hier im Februar die alljährlichen Ausstellungen der Zerbster Kulturfesttage statt. Immer wieder beeindruckend sind für mich die gelungene Kombination von alter und neuer Bausubstanz, der großzügige Eingangsbereich, die lichtdurchfluteten Räume, die Aula dieses Gebäudes und die grüne Oase des Innenhofes, einschließlich des leise plätschernden Bachlaufes der Nuthe – eine sagenhafte Idylle mitten in der Stadt! Auch dieses Gebäude ist viel zu schade, um weiterhin ein Schattendasein zu führen. Nachdem die Berufsschule nach Dessau verlegt worden war, wird es zur Zeit nur als Materiallager und wenige Räume ab und zu auch für den Schulunterricht genutzt.

Leider wartet der Stadtmauerturm des ehemaligen Frauentores an dieser Stelle schon seit vielen Jahren auf die Sanierung seines Daches. Erst beim letzten Sturm 2015 waren hier Teile der Dachabdeckung auf die Straße und auf anliegende Häuser gefallen.

An dieser Stelle sei erwähnt, dass sich an der nördlichen Wand des Klostergebäudes Jahrhunderte lang der sogenannte „Kleine Roland" von Zerbst befand. Diese steinerne Figur in Ritterrüstung ist inzwischen leider verschwunden und die meisten Zerbster werden davon vermutlich noch nie etwas gehört haben. Allerdings lassen sich trotz Wein-Bewuchs der Wand bei genauerer Betrachtung tatsächlich noch spärliche Reste davon erahnen.

Noch im September 2012 musste der Bauausschuss der Stadt eingestehen, dass die Klosterhöfe „der größte städtebauliche Missstand" der Stadt Zerbst sind, und eine baldige Sanierung vorerst ausgeschlossen wäre. Die baulichen Probleme am Großen Klosterhof seien „gravierend". Bereits seit 1992, seitdem das „Sanierungsgebiet Altstadt" besteht, seien beide Klosterhöfe als „städtebaulicher Missstand" eingestuft. Aber es wurden vom Stadtrat immer wieder andere Maßnahmen auf der Prioritätenliste vorangestellt, so dass die Sanierungsmittel für die Klosterhöfe nicht zur Verfügung standen. Außerdem, so Bürgermeister Dittmann, habe sich der Stadtrat bereits für den Schwerpunkt Schlossgarten und das Schloss entschieden. *(„Volksstimme", 8. September 2012)*

Blick auf den Kleinen Klosterhof mit dem Haus 21, hier noch ohne Dacherker (oben), auf der touristisch ausgeschilderten „Katharina-Route" der Stadt Zerbst (2013/2015)

Sanierungsmissstand: Der Kleine Klosterhof (2016)

Erwähnt werden soll hier noch, dass auch auf der nördlichen Seite der Breite das alte Zerbster Stadtbild existiert. Während das dominierende Fachwerkhaus der Fam. Wallwitz gegenüber dem Großen Klosterhof wunderbar saniert und restauriert wurde, befindet sich nur wenige Meter dahinter in der Mühlengasse ein weiteres, wertvolles Stück Alt-Zerbst. Leider wurde ein großes Fachwerkhaus in dieser Straße erst vor wenigen Jahren abgerissen. Auch das hatte sowohl den Krieg als auch den Sozialismus überstanden ...

Der Schützenplatz

Teil der 1050-jährigen Geschichte ist auch der Zerbster Schützenverein, der zu den ältesten Schützenvereinen Deutschlands gehört. Seit Hunderten von Jahren nutzte dieser Verein den Platz neben dem leider nicht mehr vorhandenen, einstigen prachtvollen Schützenhaus. Jedes Jahr wurde hier beim Vogelschießen der Zerbster Schützenkönig gekrönt und die zwei wertvollen Zerbster Schützenketten, die im Krieg vergraben waren und somit gerettet werden konnten, sind heute ein ganz besonderer Schatz, der auch für Touristen interessant sein dürfte. Aber auch Viehmärkte und Zirkusveranstaltungen fanden auf diesem Platz statt. Im angrenzenden Schützenhaus, in dem auch die Vereinigung von SPD und KPD vollzogen wurde, mit seiner herrlichen Freisitzfläche unter riesigen Bäumen, wurden Kinderfeste und Tanzveranstaltungen durchgeführt. An Feiertagen war dort, genau wie im Waldfrieden, im „Vogelherd" oder am „Tivoli" halb Zerbst unterwegs.

Die Bebauung dieses Platzes zu DDR-Zeiten mit dem Industriebaukombinat (Maculan-Gelände) und in den 1980er Jahren auf der Nuthe-Seite mit einem „Betonbunker", der einmal ein Jugendclub werden sollte, war an Charme kaum noch zu überbieten. Gott sei Dank, wurde der fensterlose Bunker nach der Wende wieder abgerissen, ohne jemals genutzt worden zu sein. Warum das mit der Industriebrache des ehemaligen Baubetriebes bis heute nicht möglich zu sein scheint, ist ein weiteres Rätsel Zerbster Stadtbildpolitik. Immerhin war es Bürgermeister Helmut Behrendt, der für diese Firma einst Maurerlehrlinge ausbildete.

   Nach der Wende sollte dort ein Hotel entstehen. Später wurde der Platz an einen westdeutschen Investor verkauft, der auf diesem geschichtsträchtigen, von großen Bäumen eingerahmten Ort, der direkt an den historischen Zerbster Heidetorfriedhof grenzt, einen Supermarkt, Wohnungen und Geschäftsräume bauen wollte. Und das, obwohl sich immer mehr Supermärkte in Zerbst ansiedelten und der Leerstand in der Innenstadt bereits erschreckende Ausmaße angenommen hatte. Dazu kam der weitere geplante „Rückbau" (sprich: Abriss!) von Plattenbauten aus DDR-Zeit. Man sollte es nicht glauben, aber der Zerbster Stadt- und Entwicklungsausschuss befürwortete diese wahnwitzige Idee des Investors noch im Oktober 2002!

Am 26. Oktober 2002 fragte ich dann in der „Volksstimme" nach, ob es nicht grotesk wäre, zwar jedes Jahr das traditionsreiche Heimat- und Schützenfest zu feiern, aber gleichzeitig den dazu gehörigen Schützenplatz bebauen zu wollen?

   Letztendlich genehmigte der Stadtrat dem Investor dann doch keine Bebauung des Schützenplatzes, solange es in der Innenstadt jede Menge freie Flächen gäbe. Seitdem gab es Überlegungen der Stadt, den Schützenplatz zurück zu kaufen. Hier sollten u.a. Parkplätze für die Sportler der dort auch befindlichen Kegelbahn und Eigenheime entstehen. Die SKV-Kegler von Rot-Weiß Zerbst sind seit Jahren in Deutschland Serienmeister, mehrmalige Weltpokalsieger und Gewinner der Champions-League. Aber auch die Errichtung einer Schulsporthalle für das Gymnasium Francisceum war bereits in der Diskussion. Die heute noch in Westhand befindliche Industriebrache des ehemaligen Baubetriebes wurde jedenfalls bis heute nicht beseitigt und widerstrebt sich scheinbar allen Bemühungen um ein ansprechendes Zerbster Stadtbild. Warum der inzwischen insolvente Eigentümer nicht schon längst verpflichtet wurde, auf seinem verwahrlosten Grundstück Ordnung und Sicherheit herzustellen, ist mir ein weiteres Mysterium Zerbster Stadtbild- und Ordnungspolitik. Und auch die Vorstellung, diesen geschichtsträchtigen Platz mit parkähnlichen Charakter wie seit Jahrhunderten einfach als unbebaute Grünfläche zu belassen, die mit dem Heidetorfriedhof, dem angrenzenden Bullerberg und dem Grünstreifen um das Gymnasium Francisceum ein harmonisches Fleckchen des alten Zerbst bildet, scheint hier kaum jemand ernsthaft in Erwägung zu ziehen ... Und von Störung der Friedhofsruhe will hier auch scheinbar auch niemand etwas wissen, was man täglich beim wilden und unkontrollierten Parken davor oder beim rücksichtslosen Radfahren auf dem Friedhof trotz Verbotes beobachten kann.

Das Schützenhaus selbst, zu DDR-Zeiten noch als Gaststätte „Volkspark" genutzt, brannte zum ersten Mal am 22. Januar 1969 und ein zweites Mal am 11. März 1977. Ursache war Brandstiftung. Eine dritte Brandstiftung am 9. September 1995 war das endgültige Aus für dieses Objekt. Der Zerbster Schützenverein bewarb sich um diese Ruine, bekam sie aber nicht. Ein Leipziger Unternehmer aus der Metallbaubranche, der hier in Zerbst eine Firma übernahm, bekam die Genehmigung, sich dort eine Privat-Villa zu errichten. Dieser, etwas widersprüchliche Unternehmer, war übrigens bis zu seinem Weggang aus Zerbst vor einigen Jahren auch Sponsor der „Botschafter des Sports für Sachsen-Anhalt" – Kegelsportler, mit Kegelbahn gleich nebenan. Inzwischen wurde auch ein großer, das Stadtbild prägende Baum auf dem Parkplatz vor der Villa entfernt, angeblich aus Sicherheitsgründen. Aber auch eine ganze Reihe von Bäumen zwischen der Villa und der Kegelsporthalle., weil dort ein weiteres Eigenheim entstanden ist.

Die Stadtmauer

Ein markantes Wahrzeichen der Stadt Zerbst ist zweifellos seine schon vor 720 Jahren erstmals urkundlich erwähnte und ab 1430 gebaute Stadtbefestigung, die diese auf einer Länge von 4,2 km umschließen soll – so die bisherige Darstellung. Ein aktuelles Gutachten von 2010 kommt auf 3,5 km.

Sie zeugt noch heute von der Wehrhaftigkeit der Zerbster Einwohner. Passierbar war diese, zum Teil 7 m hohe Mauer, nur an den dafür vorgesehenen, fünf Stadttoren, die meist zur besseren Kontrolle noch mit Vor-Toren (Zwinger) ausgerüstet waren. Außerdem konnten einige Flächen um die Mauer geflutet werden. Etwa 50 Wach- und Pulver-

türme, bzw. Wiekhäuser soll sie einmal besessen haben. Am Kleinen Klosterhof und am Breitestraßentor sind noch die überdachten Wehrgänge vorhanden, die mit dem Aufkommen der Vorderlader „Wallbüchsen" im 16. Jahrhundert errichtet wurden. Wie schon erwähnt, erfolgte der Abriss der Stadtwälle und Gräben ab 1820, wobei der „Bullerberg" am Heidetor ein Rest dieser Wallanlagen sein soll. Von den einstigen fünf Stadttoren sind heute nur noch zwei Tortürme und das Heidetor samt Teile des Zwingers vorhanden.

Viele Jahre führte die historische Stadtmauer in Zerbst ein Schattendasein. Zwar war man sich der geschichtlichen Bedeutung dieses Bauwerkes bewusst, war es doch ein greifbares Stück Stadtgeschichte, was nur wenige Städte aufzuweisen haben. Mit der Wiederentdeckung des Tourismus als Wirtschaftsfaktor für Zerbst und der Wiederentdeckung des Zerbster Schlossgartens in den letzten 10 Jahren, rückte nun auch die Zerbster Stadtmauer wieder ins Bewusstsein. Und das ist wohl auch dringend nötig! Nach dem Freischneiden der an einigen Stellen bereits dicht umwucherten Mauer, aus der selbst an markanten Punkten wie Heidetor, Wiekhaus, Priegnitz oder Kuchels Warte schon Bäume herauswuchsen und auch teilweise heute noch wachsen, wurde der marode Zustand sichtbar.
Wenn diese Stadtmauer auch noch nächste Generationen und Touristen erfreuen soll, ist hier an den verschiedensten Stellen dringender Handlungsbedarf geboten. 222 200 Euro waren für das Jahr 2012 für Arbeiten an der Stadtmauer vorgesehen, die allerdings zur nicht geplanten Schließung eines großen Mauerabschnittes verwendet werden mussten ...

Der Stadtmauer-Fall

„Wenn ein Stück von der Stadtmauer einfällt, wird der Bürgermeister oder Regent der Stadt ins Jenseits berufen", heißt es in einer alten Zerbster Überlieferung.
So geschehen im März des Jahres 1600, als die Mauer am Akenschen Tore eingefallen war und der damalige Bürgermeister Hironimus Wohlmann am 23. März erkrankte und am 2. April plötzlich verstorben war.

Und dann fiel in Zerbst Ende März 2010 tatsächlich wieder einmal die Stadtmauer um! 21 m am Stück, im nördlichen Bereich der Stadt, parallel zur Dr. Martin-Luther-Promenade. Auslöser waren vermutlich Erschütterungen, die verschiedenste Erdarbeiten in diesem Bereich ausgelöst hatten. Das Fällen von über zwanzig, großen und gesunden Linden *("Bäume fallen im Minutentakt", "Volksstimme", 5. März 2010)*, der grundhafte Ausbau dieser alten, das Zerbster Stadtbild prägenden Allee mit Original-Kopfsteinpflaster zu einer DIN-gerechten Kreisstraße und der Abriss von Kleingarten-Bungalows, die im Bereich der Stadtmauer gebaut worden waren. Dazu kamen bereits erhebliche Mängel am Mauerfuß bis hin zum Wegeberg.

Erst im Juli 2012 konnten die Arbeiten zur Schließung des gewaltigen Loches in Angriff genommen werden. Von der Konstruktion her, entsprach diese nicht mehr den historischen Vorgaben. Ein Betonkern wurde gegossen und Innen- und Außen mit einer Mauerschalung verkleidet. Für diese Methode hatte man sich aus Kostengründen ent-

schieden. Bauingenieur Karsten Gebhardt, der dieses Projekt betreute, hatte schon 2009 ein Gutachten zum Zustand der Zerbster Stadtmauer erstellt. Sein Ergebnis:
Ein Drittel der Stadtmauer wäre in Ordnung, aber an den verschiedensten Stellen auf einer Gesamtlänge von 1000 m gäbe es „dringenden Handlungsbedarf". „Die Entscheidung über weitere Umsetzungen nach der Prioritätenliste hänge von den Möglichkeiten des Haushaltes 2013 ab", war am 17. Oktober 2012 aus dem Rathaus zu hören.

Auf meine Anfrage im Februar 2014, wann denn seit 2009 fehlende Dachziegel über dem Wächtergang der Stadtmauer in der Puschkinpromenade ersetzt werden würden, erhielt ich die Antwort, dass dafür vorerst keine Mittel bereit stehen. Im Mai 2015 begann man mit der Sanierung eines Stadtmauerabschnittes im Bereich des Großen Klosterhofes, der inzwischen abgeschlossen wurde. Insgesamt stände eine Summe von 260 000 Euro zur Verfügung.

Die fehlenden Dachziegel wurden inzwischen ersetzt. Nach nochmaligen Nachfragen über die „Volksstimme" im Juli/August 2015 und der Auskunft des Bürgermeisters, dass dafür keine Gelder vorhanden wären, und Reparaturen nur nach Dringlichkeit durchgeführt werden können, meldete sich daraufhin Helmut Morbach aus Güterglück und stellte als Spende privat Dachziegel zur Verfügung. Zusammen mit Dachdecker Marco Schwengler sollte dieser Schaden am Wächtergang nun unbürokratisch und schnell behoben werden. Zusätzlich spendete die Zerbster Straßen- und Tiefbaufirma Zetieba aus Anlass ihres 25-jährigen Bestehens 6500 Euro konkret für die Förderung des Denkmalschutzes und der Denkmalpflege. 43 weitere, freiwillige Spender zahlten einen Gesamtbetrag von 4510 Euro in die Stadtkasse ein, 1 000 Euro kam von Dr. Karl Gerhold. (*„Volksstimme",20. Aug. 2015*)

Wie dieses Beispiel beweist, fühlen sich viele für den Erhalt unserer Zerbster Geschichte und Identität verantwortlich und sind gern bereit, dafür auch ein Opfer zu bringen. Allerdings nur, wenn man sie als Bürger ernst nimmt, sie umfassend informiert und in konkrete Projekte mit einbezieht. Auch Patenschaften wären sicher denkbar.

Da der seit 20 Jahren amtierende Bürgermeister Helmut Behrendt, obwohl er sich nach eigenen Angaben fit und gesund fühlte, nicht wieder zur Wahl des Bürgermeisters antrat, bewahrheitete sich wohl in gewisser Weise auch die alte Zerbster Prophezeiung, wonach ein Bürgermeister gehen werde, wenn Teile der Stadtmauer einfallen ...

Anmerkung:
Im November 2015 wurde Helmut Behrendt (FDP) von Ministerpäsident Reiner Haseloff (CDU) das Bundesverdienstkreuz verliehen. „Der 67-jährige Bürgermeister a.D. wird für sein langjähriges Engagement als Kommunalpolitiker der ersten Stunde gewürdigt", heißt es in der Begründung. Außerdem habe er sich Verdienste um die Pflege des kulturellen Erbes erworben und verantwortlich die Wiederherstellung des östlichen Seitenflügels des Zerbster Schlosses betrieben. *(„Volksstimme", 18.Dezember 2015)*
Bereits am nächsten Tag sah sich die „Volksstimme" veranlasst, einen entsprechenden Kommentar zu veröffentlichen. Oftmals würden Erwartungen enttäuscht werden, was aber kein Grund sei, den Überbringer der Botschaft zu töten ...

Die Priegnitz

In jedem älteren Stadtführer war sie als besondere Sehenswürdigkeit des alten Zerbster Stadtbildes empfohlen: Die idyllische Ecke des nordöstlichen Mauerabschnittes zwischen Heidetor und heutiger Martin Luther Promenade.

„Tausendjährige Geschichte und Schicksale haben dieser Stadt im Herzen unseres Vaterlandes das einzigartige Gepräge gegeben, das wie ein Stück Mittelalter in die Neuzeit unversehrt hineinragt",

schreibt der Zerbster Stadtführer von 1938.

„Um Zeugen mittelalterlichen Städtebauens zu finden, brauchen die Mitteldeutschen nicht in die Ferne, nicht nach Süd, West oder Nord zu reisen; in der nächsten Nähe haben sie an Zerbst ein seltenes Kleinod, das in stolzer Wehrhaftigkeit und Stadtschönheit das Sehen stillen kann, Geschichte zu schauen und nachzuerleben. Die neue Zeit hat hier vor den Toren der Altstadt bescheiden haltgemacht, und symbolisch fast will die alte, völlig erhaltene Wehrmauer mit ihren Wehrgängen und Schießscharten, trutzigen Wachtürmen und Ausfalltoren dieses einheitliche Bild schützend umschließen."

Heute verirrt sich selten ein Tourist in diesen, einst so typischen alten Zerbster Winkel. Für das Stadtbild scheint er längst vergessen zu sein. Auch hier hat die „neue Zeit" nach dem Krieg leider nicht „bescheiden haltgemacht."

Die Priegnitz vor 1945

Vor die Stadtmauer gestellte Garagen, sowie inzwischen privatisierte und versperrte Zugänge entlang der einst frei zugänglichen Stadtmauer vom Heidetor zur Priegnitz, machen diese touristische Sehenswürdigkeit fast zu einer Abstellkammer. Auch der zu DDR-Zeiten gegenüber der Straße errichtete Plattenbau der städtischen Wohnungsgesellschaft BWZ, der im Rahmen des staatlich geförderten Wohnungsrückbau-Ost schon längst hätte verschwunden, oder zumindest zurück gebaut sein können, trägt wenig dazu bei, die noch vorhandenen Reste des alten Zerbster Stadtbildes an der Priegnitz touristisch und optisch zu vermarkten.
Erwähnt werden soll hier aber, dass sowohl das Heidetor, als auch der daneben befindliche Pulverturm, der bereits gerissen war, in den letzten Jahren komplett saniert und restauriert wurden. Leider wachsen heute schon wieder aus dem Rundturm an der Priegnitz junge Bäume heraus ...

Der Schlossgarten - eine unendliche Geschichte?

Sachsen-Anhalt gehört mit seinen 1000 Parks und Gärten zu den Denkmal reichsten Bundesländern Deutschlands. Das Landesamt für Denkmalpflege und verschiedene Ministerien hatten im Juli 2002 die 40 bedeutendsten Anlagen für eine gezielte Förderung auserwählt. Bis zum Jahre 2006 sollten im Rahmen des Projektes „Gartenträume – historische Parks in Sachsen-Anhalt" mit dreistelligen Millionenbeträgen als Tourismus-Magnet wieder hergerichtet werden. Nach Ansicht des damaligen Wirtschaftsministers Rehberger, wurde dieser Bereich bisher wenig für die Belebung des Fremdenverkehrs genutzt. Bei der nachfolgenden Aufzählung aller unterstützungswürdigen Parks, suchte man den Zerbster Schlossgarten allerdings vergebens. Offenbar hatten weder das Landesamt für Denkmalpflege, das Kulturministerium, noch das Wirtschaftsministerium ein Interesse daran, dieses einmalige Landeskulturgut, aus dem die spätere Zarin Katharina II. hervorging, und somit ein Stück Landes- und Weltgeschichte verkörpert, zu restaurieren, touristisch zu vermarkten oder wenigstens für die Nachwelt zu erhalten.

Unter großer Anteilnahme der Fachwelt erschien im Jahre 1998 das erste umfassende Buch über das Zerbster Schloss und den Schlosspark vom Autor Dirk Herrmann, dem heutigen Vorsitzenden des Fördervereins Schloss Zerbst. (→ *Dirk Herrmann – „Schloss Zerbst in Anhalt", Schnell und Steiner 2005*).

„Wenn es stimmen sollte, dass der Zerbster Park inzwischen nicht einmal mehr in der Denkmalliste aufgeführt sein soll und weder die Stadt Zerbst als Eigentümer, noch übergeordnete Stellen ein wirkliches Interesse am Park und an darin befindlichen Gebäuden haben, dann kann wohl kaum von der Vermarktung der eigenen Geschichte gesprochen werden." – schrieb die Zerbsterin Dagmar Koch im Juli 2002 auf die Leserpost-Seite der „Volksstimme". Schon seit Januar war hier die längst überfällige Diskussion um den traurigen Zustand des Zerbster Schlossgartens entbrannt.

„Der Schlossgarten hat seinen historischen Charakter als Landschaftspark verloren", begründete Parkexperte Heinrich Hamann am 11. Januar 2002 in der „Volksstimme" die Situation. Der Zerbster war damals noch hauptberuflich für die Parkanlagen in Potsdam –Sanssouci verantwortlich und hatte schon zu DDR-Zeiten versucht, dem Zerbster Park wieder ein Gesicht zu geben. Leider traf er sowohl zu DDR-Zeiten, aber auch nach der hoffnungsvollen Wende auf wenig Gegenliebe bei den Verantwortlichen. In einem bemerkenswerten Gespräch, das er mit Volksstimme-Redakteurin Antje Rohm führte, wurde seine völlige Resignation sichtbar. Der Geist des Ortes sei längst verschwunden, kommentierte Heinrich Hamann damals die Situation.

„Wo ist das attraktive Ambiente?"

fragte dann am 27. Februar 2002 auch Dagmar Koch aus Zerbst noch einmal nach: „Als Parkexperte Heinrich Hamann kürzlich den katastrophalen Zustand des Zerbster Schlossgartens feststellte, sollte man meinen, dass bei allen Zerbstern und besonders bei den Kommunalpolitikern die Alarmglocken läuten müssten. Aber weit gefehlt! Die SPD-Fraktion des Stadtrates meldete sich zu Wort und verkündete, dass der Park sich heutigen Bedürfnissen angepasst hätte und man keinen Handlungsbedarf sehe. Das ist für eine Stadt, die gern Touristenstadt werden möchte und auf eine über tausendjährige Geschichte zurückblicken kann, mehr als beschämend! Der Park hätte sich heutigen Bedürfnissen angepasst, heißt es. Das ist eine völlige Verkennung der Lage, denn nicht der Park hat sich angepasst, sondern er wurde und wird systematisch vergewaltigt! Während selbst in den siebziger Jahren die Wege noch gepflegt waren und nicht nur an der Stadthalle Rosen- und Dahlien blühten, auf dem Schlossteich ein Springbrunnen plätscherte, Fuhrgeschäfte zum Heimatfest nur auf dem Innenhof des Schlosses standen, zerfurchen heute tonnenschwere Zugmaschinen den gesamten Park. Welches attraktive Ambiente meint eigentlich die SPD-Fraktion? Sieht man nicht die ständig weiter verfallende Schlossruine, den ständig weiter verfallenden Marstall, oder die ständig weiter demontierten Reste der ehemaligen Orangerie? Selbst das Teehäuschen war zu DDR-Zeiten noch bewirtschaftet – und heute?", fragt Frau Koch. „Hier von einem attraktiven Ambiente zu sprechen, zeugt von einer unglaublichen Ignoranz und Arroganz gegenüber der Wirklichkeit. Fachleute wie Herr Hamann oder der Schlossexperte Dirk Herrmann werden gar nicht erst angehört."

„Auch zur sagenhaften Entdeckung, dass der Schlosspark schon früher wirtschaftlich genutzt worden sei, kann man der SPD-Fraktion nur gratulieren! Auch andere Parkanlagen, wie der Wörlitzer Park, wurden und werden natürlich wirtschaftlich genutzt (wie auch der frühere Zerbster durch seine eigene Domäne), aber landwirtschaftlich und artgerecht und nicht als Kulisse für tonnenschwere Vergnügungstechnik."

„Übrigens ist das Problem des Schlossgartens ein Problem der ganzen Stadt Zerbst. Noch nie in der Geschichte sahen Parkanlagen so ungepflegt und traurig aus, wie 10 Jahre nach der Wende. Ich kann mich noch gut erinnern, dass im Park an der Friedrich-Naumann-Str. nicht nur ein funktionierender Springbrunnen, sondern auch Rosenbeete die Parkbesucher erfreuten. Und heute? Im Rephuns Garten war in der schwierigen Zeit der fünfziger Jahre sogar ein Wildtiergehege angelegt worden. Und was ist mit dem Waldfrieden?", fragt Frau Koch.

Hildegard Worch aus Zerbst meldete sich zu Wort. „Zu DDR-Zeiten waren alle Parkanlagen der Stadt Zerbst eine Augenweide. Und jetzt? Einstmals beneidete man die Zerbster Einwohner um die gepflegten Parks. Weder Roßlau, Dessau, ganz zu schweigen vom grauen Magdeburg hatten so etwas zu bieten, abgesehen vom Wörlitzer Park." Das Heimatfest sollte wieder wie früher auf dem Schützenplatz stattfinden und die Jugendlichen, die überall ihre Schmierereien hinterlassen, besser kontrolliert werden. „Vielleicht wird Zerbst dann wieder eine saubere Stadt, wo sich ein Besuch lohnt. Zurzeit ist es doch ein Horror!" meint Frau Worch.

So ähnlich sieht das auch Thorsten Winter aus Delitzsch:

„Wo kein Wille ist, ist auch kein Weg"

„Es wird Zeit, dass etwas geschieht. Lange genug konnte man mit ungeklärten Eigentumsverhältnissen das Nichtstun entschuldigen. Es steht außer Frage, dass man sachkundig und wohlüberlegt herangehen muss. Nicht, dass noch mal ähnliches passiert, wie mit den Sumpfzypressen, die am falschen Ort gepflanzt, folgerichtig eingingen …" Herr Winter beschreibt, wie in seinem Wohnort Delitzsch ein Barockgarten und ein Schloss gerettet wurden und das, obwohl die Kassen dort sicher nicht voller waren, als in Zerbst. Er beklagt den Zustand der Ruinen im Schlossgarten und stellt fest „Mir ist nicht mal eine Idee der Stadtoberen bekannt, was daraus werden könnte …" „Alljährlich zieht es tausende Touristen ins Dessau-Wörlitzer Gartenreich. Wenn es in Zerbst außer dem Roland und der Stadtmauer das ganze Jahr etwas zu sehen gäbe, kämen sie auch hierher und ließen den hiesigen Gewerbetreibenden so manchen Euro in der Kasse klingeln. Für eine Nutzung nur während des Heimatfestes ist der Schlossgarten zu schade. Es ist ohnehin ein Wunder, dass die immer noch vorhandenen Kellergewölbe des Schlosses alljährlich das Riesenrad und andere tonnenschwere Fahrgeschäfte ertragen können …"

Heimatfest als letzter Luxus?

„Wir können froh sein, wenn wir uns das Heimatfest als letzten Luxus noch leisten können!" meldet sich der damalige Kulturamtsleiter Andreas Dittmann (SPD) zu Wort, wie er vermerkt, allerdings ausdrücklich als Privatperson. „Die Frage, was aus dem Zerbster Schlossgarten werden kann, verdient es in der Tat, öffentlich diskutiert zu werden. Wenn sich Diskussionen jedoch in ideenloser Kritik wie im Beitrag von Frau Koch erschöpft, bleibt die Problemlösung auf der Strecke (...) Kein Zerbster, der sich zu dieser Stadt bekennt, wird allen Ernstes die Sorge und den Frust von Heinrich Hamann als unbegründet abtun. Vermutlich waren seine Äußerungen sogar als sehr zurückhaltend zu beschreiben. Die SPD-Fraktion hat sich daraufhin zumindest getraut, öffentlich zu erklären, dass, wenn der historische Parkcharakter schon verloren gegangen ist und es an Alternativen für die derzeitige Nutzung mangelt, man dem Rechnung tragen und es doch als Fakt anerkennen sollte. Hier nun zum Rundumschlag auszuholen und die Positionierung der SPD in scheinbar direkte Verantwortung für Schlossruine, Marstall und Orangerie herbei zu reden, ist schon gewagt. Auslöser für den Zweiten Weltkrieg und damit unsäglichen Folgen für Zerbst war der Nationalsozialismus und nicht die Sozialdemokratie. Aus der Stellungnahme der SPD war aus meiner Sicht nicht herauszulesen, dass der Zustand des Schlossgartens als befriedigend hinzunehmen wäre ..."

„Wenn es aber gewollt ist, dass das Zerbster Heimat- und Schützenfest auch weiterhin die Führungsposition in den Besucher-zahlen des Fremdenverkehrsverbandes Anhalt-Wittenberg einnimmt, sollte der Blick nach vorn erlaubt sein. Verbunden ist damit die Frage, ob die vielen Besucher des Festes es vorzögen, in Richtung Feuersäule oder Ahornweg zu pilgern, um auf freiem Feld zu feiern? Die Herstellung eines neuen Festplatzes dürfte in die Millionen gehen und mit einem fragwürdigen Ausgang verbunden sein ..."

„Wenn Herr Hamann kritisiert, dass von seinen Vorschlägen zur Wiederbelebung nur die Abholzmaßnahmen umgesetzt wurden, ist sein Zorn nur zu verständlich ...", stellt der damalige Kulturamtsleiter und heutige Bürgermeister fest.

„Städte sind lebendige, sich entwickelnde Lebensräume. Die Zäsur des 16. April 1945 ist für Zerbst unumkehrbar. So ist im Zweifelsfall der Barockgarten genauso Teil der Vergangenheit wie die Schönheit der vernichteten Altstadt. Wer das anerkennt, auch wenn es schmerzt, ist mindestens ehrlich. Das als `unglaubliche Ignoranz und Arroganz` abzutun, ist – ich bitte um Entschuldigung – mindestens weltfremd."

„Das Schlimme an der Situation in Zerbst ist", so Dittmann, „dass uns vermutlich gar nicht die Kraft zur Verfügung steht, am derzeitigen Zustand etwas zu ändern." Er verweist darauf, dass das zukünftige Maß ehrenamtlicher Tätigkeit darüber entscheiden wird, was wir uns künftig kulturell oder sportlich leisten können. „Die Berichterstattung der Volksstimme über die dem Stadtrat vorliegende Konsolidierung des Finanzplanes bis ins Jahr 2005 sprach schon deutlich von der im Raum stehenden Schließung kultureller und sportlicher Einrichtungen von Freibad über Stadtarchiv bis Stadthalle ... Vielleicht ist in nicht ferner Zukunft das Heimat- und Schützenfest der letzte uns verbleibende Luxus? Es wäre eine traurige Zukunft, doch die Fragestellung ist nicht mehr zu beschönigen und schon gar nicht zu vertagen ..."

Zerbst hatte 136,2 Millionen Mark Schulden

Bereits zum 31. Dezember 1999 war die Stadt Zerbst mit 136,2 Millionen Mark bei den verschiedensten Kreditinstituten verschuldet, wie man Veröffentlichungen des Statistischen Landesamtes entnehmen konnte. Diese Summe entsprach einer Pro-Kopf-Verschuldung von 8 121 Mark. Damit waren die Schulden der Stadt dreizehnmal höher, als die jährlichen Steuereinnahmen.

Welche Summe davon allein die Entlassung zweier Dezernatsleiter der Stadt gekostet hat und welchen Schaden in Millionenhöhe sie hinterlassen haben sollen, wird leider nicht erwähnt. Die Affäre war damals sogar der BILD-Zeitung eine Schlagzeile wert:

Dasselbe bestätigt dann auch die Mitteldeutsche Zeitung (MZ): Nach vertraulichen Erhebungen des Rechnungsprüfungsamtes habe Baudezernent Bernd Schaurich durch versäumte Abrechnung von Erschließungsbeiträgen und durch den Verzicht auf einen Bebauungsplan für das Wohngebiet „Eckernkamp" in den vergangenen fünf Jahren für die Stadt einen Schaden von sechs Millionen Mark verursacht ... Besonders makaber: er wohnte selber dort!

Dass das allerdings nur die Spitze des Eisberges war, erfuhren nur Eingeweihte. Mit der Begründung, weiteren finanziellen Schaden von der Stadt abzuwenden, sprach sich der Stadtrat für eine Kündigung Schaurichs aus. Im November 1997 hatte Bürgermeister Behrendt von seinen vier Dezernenten bereits dem Finanzdezernenten Gerhard Grimmelt, ebenfalls einen Westimport, sein Vertrauen entzogen, was die BILD- Zeitung in Anspielung auf einen alten Abzählreim von den

Zehn kleinen Negerlein zu der Feststellung veranlasste: *"Da waren es nur noch zwei ..."*

Stadt und Dezernatsleiter Schaurich einigten sich am 6. Oktober 1999 vor dem Landesarbeitsgericht in Halle auf einen Vergleich. Man vereinbarte, das Arbeitsverhältnis zum 31. Dezember 2000 aufzulösen und ihn unter Fortzahlung der Bezüge bis dahin freizustellen. Eine zusätzliche Abfindung wurde ihm zugesagt. Dieser verwies darauf, dass er für das Gehalt lieber gearbeitet hätte. Mit diesem Vergleich war auch das Schadensersatzverfahren erledigt worden. Die einstigen Forderungen der Stadt wurden nicht aufrecht erhalten. (→ „Wie die Breite zur Schmalen wurde")

Der Finanzdezernent der Stadt, Geschäftsführer der städtischen Wohnungsgesellschaft BWZ, Geschäftsführer des Abwasserszweckverbandes Zerbst und Dozent an der Verwaltungsfachschule, Gerhard Grimmelt, wurde vom Verwaltungsgericht Dessau am 6. Mai 1998 in der ersten Instanz zu einer Strafe von 109 000 Mark verurteilt. Nach einem Bericht der MZ soll er Kredite zu überhöhten Zinsen aufgenommen haben. Als Geschäftsführer des Abwasserzweckverbandes soll er Gebührenbescheide nach dem Wahrscheinlichkeitsprinzip berechnet haben, wobei die Bürger rückwirkend den Trinkwasserverbrauch der letzten zwei Jahre bezahlen sollten, obwohl damals zum großen Teil noch gar keine Wasseruhren installiert waren.

„Wer trägt die politische Verantwortung für die Personalaffären in Zerbst?"

Das wollte dann Gerd Benning am 16. März 2 000 in der „Volksstimme" wissen. „Als ich auf der Prunksitzung des Zerbster Karnevalvereins CCZ am 4. März in einer sehr guten Büttenrede hörte, dass wohlmeinende Bürger demnächst Spenden sammeln wollen, damit die Stadt die Abfindungen der nicht mehr im Amt befindlichen Dezernenten

Grimmelt und Schaurich bezahlen kann, habe ich herzhaft gelacht! Narrenmund tut Wahrheit kund!"

Herr Benning hatte die Berichterstattung in der Zeitung verfolgt und mal nachgefragt, was denn aus der Aufarbeitung der Vorgänge geworden sei, was der Untersuchungsausschuss der Stadt denn herausgefunden hätte. „Was ich zu hören bekam, war mehr als unbefriedigend und im Ergebnis auf dem Niveau eines schlechten Karnevalsscherzes", schätzte Herr Benning ein. „800 000 Mark hat der Ausschuss die Kosten für Anwälte, Gerichtsverfahren und Gehaltsfortzahlung beziffert. Wer dafür verantwortlich zu machen ist, hat er nicht gesagt. So zahlt denn die Stadt Zerbst für den nicht mehr im Amt befindlichen Baudezernenten dessen Gehalt ohne Gegenleistung von Mitte 1998 bis zum Ende dieses Jahres. Für den ehemaligen Finanzdezernenten ohne Gegenleistung das Gehalt während des Disziplinarverfahrens und jetzt die besondere Tätigkeit nach Weisung des Bürgermeisters ... 800 000 Mark aus einer leeren Stadtkasse! (…) Und das alles ohne Folgen für die Verantwortlichen?" fragt Herr Benning. „Das kann ich als Bürger dieser Stadt nicht akzeptieren! Ich fordere die Stadtratsfraktionen aller Parteien auf, endlich ihrer Verantwortung als Bürgervertreter gerecht zu werden und Licht ins Dunkel zu bringen, den Bürgern zu sagen, wer so verantwortungslos mit öffentlichen Geldern umgegangen ist!"

Am 23. März 2000 antwortet Bürgermeister Behrendt (FDP) auf diesen Leserbrief in der „Volksstimme":

„Die genannte Summe ist utopisch. Ich frage mich woher diese Aussage kommt?" sagt Behrendt, vermeidet es aber auch, die tatsächliche Summe zu nennen. Das tut auch Stadtratsvorsitzender Detlef Schrickel (SPD) nicht, der Vorsitzende des mit allen Fraktionen besetzten zeitweiligen Ausschusses. „Wir waren kein Untersuchungsausschuss. Unser klarer Stadtratsauftrag war Akteneinsicht und die Erstellung einer Kostenanalyse", so Schrickel. „Wir haben unsere Ergebnisse den Fraktionen überreicht. Eventuelle Reaktionen müssten aus den Fraktionen kommen", meint der Stadtratsvorsitzende. Und Reaktionen gebe es bisher weder positive noch negative ... Bürgermeister Behrendt verweist auf das Beamtengesetz aus dem 19. Jahrhundert und darauf, dass er die Stadt auch lieber nach der freien Wirtschaft ausrichten würde. Er findet es „befremdlich, wie die Summe von 800 000 Mark in die Öffentlichkeit gelangen kann".

Hierzu sei angemerkt, dass für Beamte zwar das Beamtenrecht gilt, Behrendt aber niemals gezwungen war, vier hochbezahlte Beamtenstellen einzurichten und Verträge abzuschließen, die ihn und der Stadt möglicherweise schaden könnten. Drei Bewerber standen übrigens für den Dezernatsleiterposten im Bauamt zur Verfügung. Der Stadtrat entschied sich in seiner Sitzung am 15. Juli 1992 mit 28 von 33 Stimmen für Herrn Bernd Schaurich.

Erwähnt werden soll an dieser Stelle noch, dass der als Berater und Aufbauhelfer ebenfalls aus dem Westen kommende Bau- und Verwaltungsfachmann Herr Wolf von der alten Stadt Zerbst fasziniert war und es trotz seines Rentenalters als eine Herausforderung ansah, dieser Stadt wieder ein Gesicht zu geben. Mit dem Amtsantritt Schaurichs verließ aber auch er die Stadt Zerbst für immer.

Wie die Beatles fast nach Zerbst kamen

„Waas?", wurde ich bei meiner Ausstellungseröffnung im Landratsamt Zerbst am 11. Oktober 2005 von erstaunten Redakteuren der Mitteldeutschen Zeitung gefragt, „Sie haben tatsächlich in Zerbst eine Straße, die nach dem Beatle John Lennon benannt wurde?"

Anlässlich meiner Karikaturenausstellung hatte ich auch ein Bild gezeichnet, das eine Aktion beleuchtete, die sich „Frühstücken für Anhalt" nannte und bei der es darum ging, gegen die geplante Zwangseingemeindung von Zerbst ins Jerichower Land zu protestieren. Dabei versammelte man sich vormittags vor dem Rathaus auf der Schlossfreiheit (oder auch mal vor dem Gildehaus auf der Breite) zu einem gemeinsamen, öffentlichem Protest-Frühstück.

Ich fragte also nun die anwesenden Besucher, was denn nach dieser Aktion kommen würde und ob man das evtl. noch steigern könnte? Und ich erinnerte daran, dass John Lennon und seine Frau Yoko Ono aus Protest gegen den Vietnamkrieg damals eine Woche lang im Bett geblieben waren … Zumindest hatte Zerbst ja schon mal den ersten Schritt getan und eine Straße nach ihm benannt!

Tatsächlich hatte sich Zerbst auch einige Zeit vorher angeboten, das einzige Beatles-Museum von Deutschland, das ein neues Quartier suchte, aufzunehmen. Mehrere Städte hatten sich dafür beworben. Die Verantwortlichen der Stadt sahen eine einmalige Chance, Zerbst dadurch etwas populärer zu machen, auch wenn Zerbst mit Liverpool und den Beatles so rein gar nichts gemeinsam hat. Letztendlich erhielt die Stadt Halle an der Saale den Zuschlag und ein Beatles-Museum. Ob man dort jetzt allerdings glücklicher ist als vorher, ist nicht bekannt ...

Auch die Bandidos waren schon hier

Sie sorgen seit Jahren für Schlagzeilen in den Massenmedien und in den Polizeiberichten: Die Motorrad-Rocker „Hells Angels" und „Bandidos". Sie werden in Zusammenhang gebracht mit blutigen Bandenkriegen und mit kriminellen Geschäften. Aus diesem Grund wurden sie in einigen Bundesländern bereits als kriminelle Organisation eingestuft und teilweise sogar verboten.

So staunten nicht nur die Zerbster, als berichtet wurde, dass die „Bandidos" ihr Jahrestreffen 2011 zur besten Heimatfestzeit auf dem ehemaligen Zerbster Flugplatzgelände durchführen werden. Der Radio-Sender SAW schickte sogar eine Reporterin mit einem Mikrofon durch die Zerbster Innenstadt, um die Meinung der Bevölkerung einzufangen. Während die Stadt bekräftigte, dass sie mit dieser privat organisierten Veranstaltung nichts zu tun hätte und die Rocker vermutlich auch nicht auf dem Zerbster Heimatfest für Ärger sorgen würden, hatte die Polizei Sachsen-Anhalts zwei Tage Großeinsatz. Großräumig wurde das Gelände abgesperrt und die anreisenden Rocker wurden auf Waffen und Drogen kontrolliert. Sogar ein Polizeihubschrauber war zwei Tage lang im Einsatz. Noch Monate später war unklar, wer die angefallenen Kosten dieses Einsatzes zu tragen hatte, wie eine mdr-Fernsehdokumentation 2011 anschließend berichtete. Ein Grund, weshalb man sich in den alten Bundesländern schon lange weigert, solche Veranstaltungen überhaupt noch zu erlauben, oder dafür ein Gelände bereit zu stellen. Tatsächlich besuchten Mitglieder der Bandidos auch das Zerbster Heimatfest und auch in den Einkaufsmärkten wurden sie gesichtet. Zwischenfälle soll es angeblich nicht gegeben haben.

Maxim Gorki geschäftsschädigend?

Während einige willkommen sind, um das Image aufzupolieren, werden andere entfernt. So ging es dem russischen Schriftsteller Maxim Gorki. So geschehen in Zerbst 2004, wo eine Straße mit seinem Namen auf Beschluss der Stadtrates umbenannt wurde, weil einige der Meinung waren, man müsse einem westdeutschen Unternehmer, der hier gerade einige Arbeitsplätze geschaffen hatte, einen Gefallen tun und eine Straße nach ihm benennen. Und der „Kommunist Maxim Gorki" auf dem Briefkopf dieser Metallbaufirma wäre möglicherweise etwas geschäftsschädigend ... Seit dieser Zeit prangt auf diesem Zerbster Straßenschild der Name eines Mannes, der nichts anderes tat als das, was alle Unternehmer dieser Welt tun. Da 50 % dieses Unternehmens inzwischen an die Chinesen verkauft worden sein soll, könnte eine nochmalige Umbenennung der Straße durchaus noch einmal auf die

Tagesordnung kommen. Vielleicht erhält dann Zerbst eine „Straße des himmlischen Friedens"?

Ein Zerbster erhielt in Österreich eine Straße

Ja, auch das gibt es noch: Die Stadtgemeinde Gallneukirchen in Oberösterreich erklärte den Zerbster Pfarrer Heinz Lischke zum „europäischen Brückenbauer!"

In dieser Gemeinde, knapp 10 km von Linz entfernt, war Lischke im Mai 1945 als junger Soldat mit rund 18 000 anderen Kameraden in russische Kriegsgefangenschaft geraten. Daraus wurden fünf Jahre seines Lebens und für den jungen Kriegsfreiwilligen ein Ort der Erkenntnis und der Umkehr. „Pastor Heinz Lischke gibt der Kultur des Gedenkens an die unheilvolle Kriegsgeschichte in der Gemeinde Gallneukirchen neue Impulse und Perspektiven", so der dortige Stadtrat Rupert Huber. „Wir dürfen die Geschichte der Menschen im nationalsozialistischen System nicht vergessen, nicht verschleiern und verdrängen. Nein, wir haben uns um ein Europa des Friedens und der Verständigung zu sorgen", kommentiert der Stadtrat von Gallneukirchen in seiner Laudatio. „Diesen Grundsatz lebt Pastor Heinz Lischke hervorragend!" Und dafür wurde die Straße, auf der er vor 64 Jahren als Soldat in die Kriegsgefangenschaft marschiert war, in Anwesenheit Lischkes am 1. Februar 2009 mit seinem Namen geehrt.

Seine Erlebnisse und Erfahrungen hat der inzwischen schon 85-jährige, unermüdliche Rentner Heinz Lischke in einem Buch veröffentlicht (→ *Henryk Silesius „Die Umkehr", Verlag Extrapost, ISBN 3-8334-1940-7*), das inzwischen schon in mehrere Sprachen übersetzt wurde.

Ehrenbürgerschaft für Erich Hänze

Am 9. Februar 1992 verlieh die Stadt Zerbst die Ehrenbürgerschaft an den ehrenamtlichen Kreisdenkmalpfleger Erich Hänze. Anlässlich der Eröffnung der 27. Zerbster Kulturfesttage überreichte Bürgermeister Behrendt dem damals 84-Jährigen in der Aula des Gymnasiums feierlich die (von mir geschaffene) Ehrenurkunde. Mit dieser nicht alltäglichen Auszeichnung würdigte die Stadtverordnetenversammlung die Verdienste Erich Hänzes um die Kultur und Geschichte dieser Stadt und sein umfangreiches Wissen. Maßgeblichen, wenn nicht gar entscheidenden Anteil hatte Hänze, als es darum ging, den Abriss der bedeutenden Nicolaikirchenruine zu verhindern.

„Baugeschichte ist Menschengeschichte"

Am 18. Dezember 1995 wurde Erich Hänze der erste Preisträger des Landesdenkmalpreises als Würdigung für sein fast 70-jähriges Lebenswerk. Vor ihm erhielten diese Würdigung 1926 Archivrat Hermann Wäschke und der Archivdirektor Theodor Schulze. Für Erich Hänze stellte diese hohe Auszeichnung

„eine Erhöhung der Stadt Zerbst" dar.
*„Mein Wunsch wäre, dass diese Feierstunde das harte Brot
des Denkmalpflegers ein klein wenig genießbarer macht",*

kommentierte Hänze damals mit Tränen in den Augen.

Als der Landeskonservator des Freistaates Anhalt Dr. Grothe in den 1920er Jahren einen Tischlermeister anwies, dass ein Apostelhaus einst vierteilige Fenster hatte und es also auch wieder vierteilige Fenster erhalten müsse, bekam Erich Hänze nach eigenen Angaben zum ersten Mal Respekt vor der Denkmalpflege. Seitdem ließ ihn dieses Thema nicht wieder los. Nach dem Besuch der Gewerbefachschule in Dessau, schloss er mit einem Stipendium gefördert, als Innenarchitekt ab.

1928 bekam er den Auftrag, im Schloss Dornburg Studien zu treiben. Das war seine erste Begegnung mit einem der bekanntesten deutschen Barockbaumeister Joachim Friedrich Michael Stengel, einem Sohn der Stadt Zerbst. Erich Hänze wollte, dem vor allem in Thüringen und im Saarland tätigen, hochdekorierten Baumeister auch in Zerbst zu Ehren verhelfen. „Seine Bemühungen glichen dem Ausschöpfen eines Wasserfasses mit einem Sieb", konstatierte Andreas Mangiras in der „Volksstimme" vom 19. Dezember 1995. Erst 1994, zum 300. Geburtstag Stengels, wurde der Platz vor dem Zerbster Bahnhof nach diesem Baumeister benannt und ein Gedenkstein aufgestellt.

In den 1970er Jahren findet Hänze heraus, dass auch die Dorfkirche in Dornburg ein Stengelbau ist. Dank und Anerkennung kommt aber nicht von hier, sondern von der Saarbrücker Landesregierung aus dem Westen. Dort hat man vor, ein zerstörtes Schloss und eine Kirche von Stengel wieder aufzubauen. Die Erkenntnis von Hänze, dass der Bau dem Schloss in Dornburg nachempfunden ist, setzt diplomatische Betriebsamkeiten in Gang, die auf den aus dem Saarland stammenden DDR-Staatsratsvorsitzenden Erich Honecker Eindruck machen sollen. Und so studieren Experten aus dem Saarland hier vor Ort das Schloss Dornburg. Da ohne Hänzes Hilfe die Rekonstruktion des Schlosses nicht möglich gewesen wäre, wird der Zerbster Anfang der 1990er Jahre offiziell zur Einweihung nach Saarbrücken eingeladen.

Nach der Zerstörung der Stadt Zerbst 1945 leitet Erich Hänze aus denkmalpflegerischer Sicht den Wiederaufbau. Wohnungsnot, knappe Kassen und eine fragwürdige Ideologie zwingen immer mehr zur Aufgabe einer maßvollen Gestaltung. Im einstigen Rothenburg an der Elbe machte sich der Plattenbau breit. 1968 fällt die Entscheidung, zur Errichtung eines neuen Wohnviertels die Nicolaikirche abzureißen. Für Erich Hänze, seit 1970 ehrenamtlicher Denkmalpfleger, beginnt hier eine Auseinandersetzung mit der SED - Staatsmacht. „Wären die Türme gefallen, wäre Zerbst eine flache Stadt" hält er den Abriss für unverantwortlich.

Nach dem Abrissbeschluss hatte er 1972 beantragt, die Kirche auf die Denkmalschutzliste zu setzen. Der Widerspruch reichte bis in die höchsten Stellen, SED-Zentralkomitee und Kulturministerium wurden eingeschaltet. „Mit Bescheidenheit und Bestimmtheit, mit Klugheit und Diplomatie gelingt Hänze das Unmögliche: die Kirche bleibt stehen!", kommentierte damals die „Volksstimme". „Die Entscheidung fiel auf der Chaussee nach Jütrichau", erinnert sich Hänze, „Die stellvertretende Kulturministerin war extra aus Berlin gekommen. Wir fuhren in Richtung Roßlau. Dann ließ ich den Fahrer anhalten, und wir gingen zu Fuß weiter. Keiner sollte unseren Disput mithören. Da habe ich sie wohl überzeugt."

1983, im Lutherjahr, wird Erich Hänze aus dem Ehrenamt gedrängt. Enttäuscht zieht er sich zurück. Er hält Vorträge über Anhalt und seine Geschichte. „Universell ist sein Betätigungsfeld, fast enzyklopädisch sein Wissen", schätzt die „Volksstimme" damals ein. Mit der Wende erfährt Hänze eine späte Genugtuung: 1990 holt ihn der Landrat Georg Credo zurück ins Ehrenamt als Kreisdenkmalpfleger.

Im Februar 1996 stirbt Erich Hänze. Wer nun allerdings versuchen sollte, die Grabstelle dieses Zerbster Ehrenbürgers auf dem Frauentorfriedhof zu finden, wird enttäuscht werden. Die Stadt Zerbst hat ihrem Ehrenbürger nämlich keinen Grabstein gestiftet … So weit ging die Ehrenbürgerschaft dann doch wieder nicht, bzw. endet mit dem Tod des Ehrenbürgers. So wurde Erich Hänze im Grab seiner Familie beigesetzt, ohne dass sein Name auf dem Grabstein zu finden ist. Inzwischen bietet das Grab Hänzes einen traurigen Eindruck, denn niemand kümmert sich darum.

Ähnlich erging es auch dem Grab vom Leiter des ehemaligen Staatsarchivs, Dr. Herrmann Wäschke, der ebenfalls auf dem Zerbster Frauentorfriedhof beigesetzt wurde und leider viele Jahre in Vergessenheit geraten war. Aber auch dem Grab von Reinhold Specht oder dem Grab von Friedrich Wilhelm Sintenis auf dem Frauentorfriedhof erging es nicht viel besser.

Anmerkung: Dass nach Wikipedia-Aussagen im Januar 2014 sogar noch Adolf Hitler als Ehrenbürger der Stadt Zerbst aufgeführt war, erschreckte nicht nur die recherchierenden Leute. Inzwischen ist dieser Name gestrichen.

Der Schlossgarten – eine Beleidigung fürs Auge

Im Juni 2012 beschloss der Bauausschuss der Stadt Zerbst eine Liste zu weiteren Vorhaben im Schlossgarten und zu den dort befindlichen Gebäuden. So wurden allein für ein Holzschutzgutachten des Marstalls, um eine Kostenschätzung für Dach und Fassade erstellen zu können, 4 500 Euro angesetzt. Hier rächte sich die Jahrzehnte dauernde Untätigkeit, standen doch hier seit vielen Jahren die Dachfenster offen und Regenwasser und Schnee konnten ungehindert ihr Zerstörungswerk fortsetzen.

Für das Teehäuschen soll nun ebenfalls, 25 Jahre nach der Wende, ein Nutzungskonzept zur Kostenschätzung erarbeitet werden. Allein die Sicherung der Mauerreste der einstigen Orangerie, wurde mit der stolzen Summe von 92 000 Euro veranschlagt. Sollten Mauerwerksergänzungen vorgenommen werden, erhöhe sich die Summe auf 125 100 Euro. Die Summe zur Wiederherstellung würde nach Expertengutachten 2,4 Millionen Euro betragen, schätzte Reinhard Moczko von der Hyder Consulting Halle ein. „Die Zerbster Orangerie war eine der bedeutendsten Anlagen in ganz Deutschland. Der gesamte Schlosspark mit seinen Gebäuden stellt in seiner Komplexität ein architektonisches und gartenkünstlerisches Kleinod höchster Priorität dar", so Moczko.

An oberste Stelle der Prioritätenliste setzte der Zerbster Bauausschuss zu diesem Zeitpunkt aber den Rückbau der Tribüne vor dem Schloss, die Bürgermeister Dittmann wichtiger einschätzte, als den schon 2011 geschleiften Westflügelweg. Der Zustand der Tribüne sei „eine permanente Stresssituation und eine Beleidigung fürs Auge bei Besucherführungen", so Dittmann.

Und das Schloss? Noch zur 1050-Jahrfeier der Stadt Zerbst im Museum, gab mir Bürgermeister Behrendt in Anwesenheit von Berliner Architekten deutlich zu verstehen: „Vergessen Sie das Schloss! Da kann man halt nichts machen, begreifen Sie das doch endlich!"
Das änderte sich erst in dem Moment, als sich ein Förderverein gründete und Privatleute die Initiative übernahmen. Aber auch das war ja bekanntlich kein Hindernis, das Schloss trotzdem noch verkaufen zu wollen und das möglichst schnell. (→ „Neue Zukunft für die Schlossruine?")

Das Zerbster Schloss

Der Bau des Zerbster Barock-Schlosses als Herrschaftssitz der fürstlichen Familie des kleinen Ländchens Anhalt-Zerbst (1603 bis 1793), entstand von 1681 bis 1760. Davor befand sich an dieser Stelle eine Wasserburg. Verschiedene namhafte Architekten und Baumeister, wie Cornelis Ryckwaert, Johann Christoph Schütze, Giovanni Simonetti, Johann Friedrich Friebel und Johann Michael Hoppenhaupt wirkten dabei mit. Die Tochter von Fürst Christian August von Anhalt-Zerbst-Dornburg und seiner Frau Johanna-Elisabeth von Holstein Gottorp, Sophie-Friederike-Auguste, war auserwählt, den Thronfolger Peter Fjodorowitsch zu heiraten und ging als spätere Zarin von Russland, Katharina II. in die Weltgeschichte ein. 1729 In Stettin geboren, verbrachte sie nur zwei Jahre in Zerbst und reiste 1744 mit 15 Jahren auf Einladung von Zarin Elisabeth Petrowna an den Zarenhof.

Nach dem Aussterben des Zerbster Fürstenhauses 1793 fiel das Schloss durch Losentscheid Anhalt-Dessau zu und verwaiste. Nach Abdankung des Herzoglichen Hauses 1918 übernahm die Joachim-Ernst-Stiftung unter anderem auch das Zerbster Schloss. Untergebracht wurden dort das Anhaltische Landesmuseum (mit 75 Räumen!), das Anhaltische Staatsarchiv, das Zerbster Stadtarchiv und das Finanzamt.

Bei der Bombardierung von Zerbst am 16. April 1945 wurde das Schloss von Bomben schwer getroffen und brannte lichterloh. Dieses Gebäude hatte der damalige Stadtkommandant Oberst Paul Koensgen vor seiner Flucht aus Zerbst als Hauptquartier benutzt. Unvorstellbare Werte der Archive und des Museums gingen verloren.

(→ *Rainer Frankowski – „Das Zerbster Stadtarchiv", im Zerbster Heimatkalender 1998 und* → *Therese Leue – „Wie die Zerbster Cranach-Bibel gerettet wurde" im Zerbster Heimatkalender 1999)*

Die Mauern des West- und des Nordflügels standen auch noch nach dem Krieg. Sie wurden aus politisch motivierten Gründen gesprengt. Seitdem fristet die verbliebene Ruine des Ostflügels ein trauriges Dasein. Obwohl auch zu DDR-Zeiten über einen möglichen Ausbau und eine mögliche Nutzung nachgedacht worden war, fehlten Jahrzehnte die Gelder, das Material und wohl auch der Wille. Wetter und Vandalismus über Jahrzehnte taten ein Übriges ...
Am 7. März 2003 gründete sich der Förderverein Schloss Zerbst unter Vorsitz von Dirk Herrmann, der inzwischen aus 242 Mitgliedern besteht. Zehn Jahre später konnten schon sechs Sicherungsmaßnahmen vermeldet werden, wobei es inzwischen auch Ausstellungen und Führungen mit regulären Öffnungszeiten gibt. Konzerte und Events runden das Bild ab.

Anfang September 2014 organisierten drei Wandergesellen der Gesellschaft der rechtschaffenen, fremden und einheimischen Maurergesellen einen Arbeitseinsatz im Zerbster Schloss, an dem 30 Steinmetze aus ganz Deutschland teilnahmen, um hier kostenlos zu arbeiten. Einer alten Tradition folgend, gehen die Gesellen auch heute noch nach Abschluss ihrer Lehre für mindestens drei Jahre und einen Tag auf Wanderschaft, um Erfahrungen zu sammeln und fremde Orte kennen zu lernen. 14 Tage nahmen sich die Handwerker Zeit, die steinernen Treppengeländer im Schloss und eine Außentreppe wieder originalgetreu herzustellen. Diese waren übrigens nicht nur Opfer des Krieges geworden, sondern wurden durch Vandalismus erst viel später zerstört. Aber auch an anderen Objekten waren die Steinmetze im Einsatz. *(Steintreffen: „Volksstimme", 22. Aug., 30. Aug, 2. Sept. und 12. Sept. 2014)*

Neue Zukunft für die Schlossruine?

fragte am 17. April 2009 die „Volksstimme" und berichtete darüber, dass der Zerbster Bau- und Entwicklungsausschuss mehrheitlich Bürgermeister Helmut Behrendt beauftragt hatte, mit einer russischen Interessengruppe Verbindung aufzunehmen, die die Schlossruine und Teile des Schlossgartens übernehmen wolle. Das Konzept für die spätere Nutzung allerdings, könne diese, nicht genannt werden wollende Interessengruppe, frühestens in zwei, drei oder vier Jahren vorlegen. Der Ausschuss hätte bereits grünes Licht gegeben und nun solle der Stadtrat in seiner Sitzung am 29. April dasselbe tun ...

Von einer Ersatzhalle an Stelle der Stadthalle war schon die Rede. „Wenn Sie eine neue Stadthalle auf dem Marktplatz bekommen, die besser und schöner ist, wollen Sie dann noch die alte behalten?" argumentierte damals Stadtrat und Bauunternehmer Jürgen Lökes (CDU). Die historische Halle, so der aus dem Westen kommende Lökes, entspräche ohnehin nicht mehr den modernen Erfordernissen ...

Gold und Edelsteine gegen billige Glasperlen eintauschen? Eine x-beliebige Mehrzweckhalle, die schöner sein soll, als die historische Reithalle im Schlossgarten – ein Meisterstück barocker Architekturkunst und Einmaligkeit weit über Sachsen-Anhalt hinaus? Wie fremd ist so ein Ansinnen eines „Volksvertreters" gegenüber den Wünschen und Bedürfnissen der Zerbster „Ureinwohner", die mit Recht stolz sind auf ihre Geschichte und ihr altes Stadtbild?

Zerbst sei vielfach den falschen punktuellen Weg gegangen, kommentierte Antje Rohm von der „Volksstimme" die Situation. Sei jetzt im Schlossgarten Bedeutendes gewollt, seien richtige Wege einzuschlagen ...

Aber wie sah der richtige Weg aus? Mit vielen offenen Fragezeichen eine schnelle Entscheidung durchzuwinken, ohne wirkliche Kenntnisse der Zusammenhänge, ohne die weitreichenden Auswirkungen einer solchen Entscheidung überblicken zu können? Haben nicht Stadträte die Pflicht, Schaden von der Stadt und von ihren Bürgern abzuwenden? Und warum wurde wieder einmal bei solch einer wichtigen Entscheidung alles hinter verschlossenen Türen abgehandelt? Noch nicht einmal der Förderverein Schloss Zerbst war angeblich beteiligt worden, hieß es. Hätte man als Verein in Zukunft noch eine Existenzberechtigung und ein Mitspracherecht? War jede freie Minute, die bisher investiert worden war, umsonst? Musste man unter Umständen sogar die bereits geflossenen Fördergelder zurückzahlen? Und hätten die Zerbster anschließend noch freien Zugang zum Park gehabt?

Wie sich später herausstellen sollte, löste sich bei näherer Betrachtung das gesamte Projekt in Luft auf. Dubiose Geschäftsleute träumten von einem „Deutsch-Russischen Handelszentrum" im Schloss Zerbst und in Teilen des Parks mit Investitionen in zweistelliger Millionenhöhe – alles ohne ein konkretes Konzept vorlegen zu können.

Der Ostflügel des Zerbster Schlosses 2015,
Ansicht von Osten

Wenn Fledermäuse den Aufschwung behindern

Wie geht es weiter mit dem Zerbster Schloss? – diese Frage war am 6. August 2013 wieder einmal Thema des Bau- und Kulturausschusses der Stadt Zerbst. Fördervereinsvorsitzender Dirk Herrmann, sah das Schloss perspektivisch als kulturelles Zentrum und empfahl dessen Einstufung als „bedeutsamstes Baudenkmal der Stadt". Die Stadt solle sich an den Betriebs- und Personalkosten beteiligen, und das Schloss solle in den Rahmendenkmalplan aufgenommen werden. Die offenen Sicherungsmaßnahmen sollen weiter fortgeführt, die Ausstellungsflächen vergrößert und weitere Vereine integriert werden, so seine Vorstellungen. 801 500 Euro seien bereits in das Schloss geflossen, 79 400 Euro davon seien der städtische Anteil. 142 820 Euro würden aus Spendenmitteln stammen. Diese Vorschläge fanden bei anwesenden Stadträten große Zustimmung, berichtet die „Volksstimme". Einziges

Problem: im Keller des Schlosses würden auf 874 Quadratmetern Fledermäuse nisten und das wäre ein Flora-Fauna-Habitat (FFH), das man nicht so einfach entfernen dürfe. „Das Habitat ist ein Grundhindernis für die Entwicklung des Schlosses", schätzte Bürgermeister Andreas Dittmann ein. „Wir müssen den Naturschutz beachten", gibt Claus-Jürgen Dietrich (Grüne) zu bedenken, „sonst drohen drakonische Strafen aus Brüssel!" Er empfiehlt, sich mit dem vorhandenen Habitat zu arrangieren und fordert die rechtzeitige Einbeziehung der Naturschutzbehörden. Eine im Januar 2013 gegründete Arbeitsgruppe der Stadt Zerbst zur Erstellung eines Gesamtnutzungskonzeptes für dieses Objekt, soll weitere Maßnahmen koordinieren.

In den Kellerräumen des Schlosses soll nach Vorstellung des Vereins und der Stadt Zerbst wieder ein Grabgelege für die fürstliche Familie errichtet werden. Deren mumifizierte Körper waren einstmals in der Hof- und Stiftskirche St. Bartholomäi in prächtigen Prunksärgen beigesetzt worden. 1899 wurden sämtliche 24 Särge auf Anweisung des regierenden Herzogs Friedrich I. in die Schlossgruft umgebettet. Dabei wurden alle geöffnet und – so wird vermutet – alle wertvollen Grabbeigaben entfernt. Im April 1945 sollen diese Prunksärge aus der Zeit von 1609 bis 1760 aufgebrochen und geplündert worden sein. Angeblich waren es Soldaten der sowjetischen Armee, die die mumifizierten Körper respektlos auf der davor liegenden Wiese verstreut haben sollen.
(→ *Dirk Herrmann, „Sonderbare Begebenheiten um das Schloss", Zerbster Heimatkalender 2001*)

Die sterblichen Überreste „lagern" bis heute wieder in der Gruft der Bartholomäikirche und befinden sich in einem „beklagenswerten Zustand." („*Volksstimme", 25. Januar 2013*)

Die geplante Restaurierung der 17 fürstlichen Särge ist inzwischen mit 1,7 Millionen Euro veranschlagt worden. (*"Volksstimme", 8. Juni 2013)*

Als sich dann auf Nachforschungen von Claus-Jürgen Dietrich (Grüne) herausstellte, dass es bereits seit 2010 eine unkündbare, vertragliche Vereinbarung der Stadt mit dem Landkreis zur Umsetzung der FFH-Richtlinie gab, die dem Stadtrat bisher vorenthalten worden war, und die Stadt trotzdem ein Ingenieurbüro beauftragt hatte, die Umsetzung der Fledermäuse zu prüfen, gab es heftigen Ärger im Stadtrat. Bürgermeister Dittmann sprach von „Verschwörungstheorien" und versprach, alle Unterlagen zur Verfügung zu stellen.

Im September 2013 begannen erstmals Sicherungsmaßnahmen im westlichen Teil der Ruine. Sie beinhalten ein Notdach, die Errichtung einer Stahlbetontreppe und die Wiederherstellung von Gewölben. Insgesamt 78 000 Euro standen dem Verein dafür zur Verfügung (5 000 Euro vom Landkreis, 23 000 Euro von der Deutschen Stiftung Denkmalschutz und 50 000 Euro von der Stadt Zerbst.) Die Treppe selbst, die früher eine Küchen- und Wirtschaftstreppe war, werde nur noch im Keller Ähnlichkeit mit dem Original haben, so Vereinsvorsitzender Dirk Herrmann, aber ihren Zweck erfüllen und alle Geschosse erschließen. Sie könne aber noch nicht unmittelbar benutzt werden, weil verschiedene Zwischendecken fehlen. Und er erwähnt bereits das geplante Vorhaben, außen an diesem Gebäudebereich einen Fahrstuhl anzubringen, wenn dann einmal die Tribüne umgebaut worden sei. Über deren Aussehen diskutierten die Stadträte bisher schon über zwei Jahre ...
(→ *„Eine Tribüne für die Zarin" und „Volksstimme", 27. September 2013, einschließlich einer Übersicht der bisherigen Sicherungsprojekte am Schloss Zerbst seit 2005)*

Pünktlich zum Tag des Offenen Denkmals 2014 konnte der Förderverein Schloss Zerbst die einstige Küche für Besucher öffnen. Kurz darauf wurde das mit Fototapeten wieder entstandene Zedernkabinett als weiterer Raum der Öffentlichkeit vorgestellt.

Die ehemalige Reithalle im Schlossgarten

Als Fürst Johann August von Anhalt-Zerbst 1724 den Auftrag zur Errichtung einer Reithalle im Zerbster Schlossgarten erteilte, ahnte wohl noch niemand, das das hier entstehende Gebäude Jahrhunderte später zum kulturellen Veranstaltungsort für das „gemeine Volk" werden würde. Bei der Bombardierung der Stadt 1945 nur wenig beschädigt, gibt dieses Bauwerk selbst 277 Jahre später eine Vorstellung von der einstigen Pracht des kleinen Fürstenhauses Anhalt-Zerbst und vom Können seiner Baumeister. Der frei schwingende Dachstuhl über einer Fläche von etwa 1 320 Quadratmetern, der gleichzeitig als „Klimaanlage" diente, eine große Musikantenempore mit Kuppel, in die Balustrade gestellte Figuren (Hermen), Fürstenloge und aufwendige Stuckarbeiten waren eine Meisterleistung des Hofbaumeisters Johann Christoph Schütze und der mit den Stuckarbeiten betrauten Meister Trebeßky und Schmidt. Die wegen des torfartigen Untergrundes auf Holzpfählen errichtete Reithalle der fürstlichen Familie, die ganz nebenbei auch noch eine phantastische Akustik bot, wurde schon 1753 anlässlich der Vermählung des Fürsten Friedrich August für die Aufführung einer Komödie durch die „Kochische Truppe" (Leipziger Hofkomödianten) genutzt. 1796 gab es eine weitere Aufführung von Hofschauspieler Bossmann vom Hoftheater Dessau sowie 1834 und 1836 Theatervorstellungen und Konzerte.

Nach dem Krieg war die Reithalle der größte in Zerbst noch zur Verfügung stehende Saal. Schon im Oktober 1949 beschäftigte sich der

Zerbster Stadtrat mit dem Ausbau dieser Räumlichkeit zu einem attraktiven Veranstaltungsort. Über eine dreifache Teilung des Saales in Bühne, Besucherraum und Garderobe wurde nachgedacht, ohne dass die Akustik darunter leiden durfte. Außerdem mussten in die Reithalle ein fester Fußboden und eine Heizungsanlage eingebaut werden ... Die Projektierungen sahen vor, dass die Umfassungsmauern „eines der ältesten stilechten Bauten in Sachsen-Anhalt" unverändert erhalten bleiben sollen. Nach Ausschachtung im östlichen Bereich und dem Einzug von Zwischendecken, wurde aber der Anbau einer äußeren Treppe notwendig. Diese erhielt dann später das schmiedeeiserne Geländer vom Zerbster Schloss, bis der gesamte Anbau wegen Feuchteschäden nach 2000 erneut als Haupteingang mit bisher nie vorhandenen, geschwungenen Treppenaufgängen und ohne historisches Geländer vollkommen neu umgestaltet wurde.

Die Errichtung von Trennwänden im Inneren der Reithalle war allerdings auch damals nicht unumstritten. Der mit den Planungen beauftragte Architekt und Baurat a.D. Max Hoppadietz, der Lehrer an der früheren Zerbster Bauschule war, bat Bürgermeister Freudrich am 17. Juli 1950 schriftlich, ihn von diesem Auftrag zu entbinden: „Wie Sie wissen, Herr Bürgermeister, ist die Zerbster Reithalle ein Meisterwerk. Wird sie räumlich umgestaltet, werden Räume und Decken einfach hineingestellt, ohne Rücksicht auf bestehende Architekturteile, so sieht das unfachmännisch aus und muss enttäuschen ... Nachdem ich Herrn Stadtbaumeister Weitsch den Kostenvoranschlag überbrachte, habe ich mich an Ort und Stelle noch einmal vergegenwärtigt, dass die barocke Architektur so weitgehende Änderungen nicht verträgt und die Lösung der Aufgabe im Handumdrehen mir so undenkbar erscheint, dass ich meine Zusage zurückziehen möchte." (→ *Ratsprotokolle 1949, Stadtarchiv Zerbst)*, Merkwürdigerweise hatte der Landeskonservator keine Bedenken ...

(→ R. Frankowski – „50 Jahre Stadthalle" im Zerbster Heimatkalender 2002)

Seither wurden in die Stadthalle Millionen investiert. 1995 wurde eine moderne Heizung eingebaut, 1996 erfolgte der Einbau von Doppelfenstern, der Bühnenboden wurde erneuert und die Trockenlegung feuchten Mauerwerks begann. 1998/99 musste der Dachboden von tonnenschwerem Schutt befreit werden und 2000 erhielt das Gebäude eine neue Dacheindeckung. Ab 2001 erfolgten die Erneuerung des Parketts und der Einbau einer Fußbodenheizung, die Entfernung der Holzverkleidungen an den Innenwänden, die Erneuerung der Toilettenanlage und ein neuer Anstrich.

In den frühen Morgenstunden des 25. Oktober 2000 musste die Feuerwehr einen Brand in der Stadthalle löschen. Unbekannte Täter hatten im angebauten Wirtschaftstrakt Feuer gelegt, der erhebliche Schäden verursachte. Wie durch ein Wunder blieb die Stadthalle selbst aber davon verschont ...

Denkmalpflegerisches Rahmenkonzept fällt aus dem Rahmen

Nachdem der Zerbster Stadtrat im Frühjahr 2007 eine denkmalpflegerische Rahmenkonzeption für den Zerbster Schlossgarten in Auftrag gegeben hatte und diese dann im Frühjahr 2008 beschloss, wollte die FDP-Fraktion im Dezember 2008 Auskunft darüber, welche Maßnahmen denn mit den geplanten 23 500 Euro konkret umgesetzt werden sollten? Hintergrund war genau diese Rahmenkonzeption, in der neben der Verlegung wichtiger Wege und die Verlagerung des Zerbster Heimatfestes aus dem Schlossgarten, auch der Rückbau der Stadthalle zurück zu einer Reithalle aufgeführt worden waren!

Schon bei der Annahme der Konzeption, hatte es starke Bedenken im Stadtrat und in der Verwaltung gegeben. Die von der Stadt in Auftrag gegebene und dann beschlossene Konzeption hatte den Anspruch, „die Anlage des Schlossgartens solle sich aus seiner historischen Entwicklung begründen und nicht losgelöst davon sein." Vom Barock und dem 1798 angelegten Landschaftsgarten war nach Ansicht der Denkmalpflege über die Jahrhunderte und mit dem Krieg wenig geblieben. So war neben den Streitpunkten Stadthalle und Heimatfest auch der Rückbau des neuen Parkplatzes in der Gartenstraße geplant. In diesen Fällen wollte man dem vorgelegten Konzept des Denkmalschutzes auf keinen Fall folgen. Und so musste das Thema am 17. Dezember 2008 erneut auf die Tagesordnung im Stadtrat. Dieser hatte die Konzeption im Frühjahr verabschiedet, mit der Maßgabe, dass über die Realisierung noch einmal gesondert beraten werde. „Wir wollen endlich Ruhe in das Thema bekommen", betonte FDP- Fraktionsvorsitzender Steffen Grey, „die Umwandlung in eine Reithalle oder den Abriss des Stadthallenanbaus kann kein Mensch wirklich wollen …" Für Bürgermeister Helmut Behrendt waren das „Phantastereien" und er forderte dazu auf, dass „ein Sanierungsmissbrauch beseitigt werden muss!" (*„Volksstimme", 10. Dezember 2008*). Am 19. Dezember 2008 stellte Bernd Köhler, Leiter der städtischen Bauverwaltung, vor dem Stadtrat klar, dass weder die Stadthalle noch das Heimatfest zur Disposition ständen. Langfristig stünde die Aufgabe, so Bernd Köhler, den zum Landschaftspark zu entwickelnden Schlossgarten mit dem Heimatfest zu vereinen. Im Sanierungskonzept der Stadt sei der Schlossgarten als „städtebaulicher Missstand" eingestuft.

Die Orangerie im Schlossgarten

hatte die Bombardierung leicht beschädigt überstanden. Sie brannte erst 1948 durch Brandstiftung von Jugendlichen aus. Sieht man sich alte Fotos von der 1000-Jahrfeier oder aus den 1950er Jahren an, so ist man erstaunt, dass das gesamte Gebäude noch vorhanden war.

Schon 1949 vermeldete ein Stadtratsprotokoll, dass das Dach neu eingedeckt worden war. Noch 1955 wurde die Bevölkerung dazu aufgerufen, im Rahmen des Nationalen Aufbauwerkes dieses Kleinod wieder aufzubauen. Die Orangerie sollte zum „Pionierpalast" werden. Vergleicht man diese Bilder mit dem heutigem Zustand, also 60 Jahre später, ist außer einem Fundament und den kläglichen Resten einer Mauer nichts mehr vorhanden. Auch hier hat wohl das völlige Desinteresse der Verantwortlichen, aber auch der Bevölkerung, ganze Arbeit geleistet. Zum Schaden heutiger und zukünftiger Generationen und letztendlich zum Schaden der Stadt Zerbst.
(→ „Stresssituationen im Schlossgarten")

Das Kämmerei-Gebäude im Schlossgarten

Das südliche Gegenstück zur Reithalle, bestand aus einem großen Saal mit herrlicher Stuckdecke Simonettis. Um 1700 entstanden, war es Orangerie und wurde auch für Theateraufführungen und Konzerte genutzt. Aber auch eine Wollkämmerei fand später darin ihren Platz. Nach der Bombardierung am 16. April 1945 nur noch als Ruine vorhanden, wurde es noch in den 1960er Jahren als Weinkeller genutzt. Es verfiel zusehends und wurde später bis auf die Keller abgerissen. Heute befindet sich darauf eine Grünfläche.

Der Komplex des Marstalls überlebte den Krieg und brannte erst 1979 nach einem Blitzeinschlag aus.

Das Marstall-Gebäude im Schlossgarten

Der linke Teil mit seinen großen Holztoren und Stallungen für Kutschen überlebte den Krieg und brannte erst im Jahre 1979 durch Blitzschlag aus. Das Wohngebäude selbst war noch 1988 für 130 000 Mark saniert worden, es sollte der Sitz des Kreiskulturhauses werden. Nach der Wende kümmerte sich kaum jemand um dieses Gebäude und es verfiel zusehends. Offen stehende Dachfenster über viele Jahre, ließen Regen und Schnee ungehindert eindringen und ihr Zerstörungswerk fortsetzen. Hätte man dieses Gebäude bewohnbar gemacht und unter bestimmten Bedingungen an geeignete Personen preisgünstig verpachtet oder vermietet, wäre zumindest der weitere Verfall gestoppt und Vandalismus verhindert worden. Das geschah aber bis heute nicht.

Die Stadt Zerbst als juristischer Eigentümer (seit 1994 bekannt, aber mit Rückführungsansprüchen einer Erbengemeinschaft u.a. um Prinz Eduard von Anhalt belastet, die vom Verwaltungsgericht 1998 endgültig abgelehnt wurden), bemühte sich, die Objekte im Schlossgarten zu verkaufen und sich damit ihrer Verantwortung zu entziehen. So meldete sich 2001 ein Investor, der die noch vorhandenen Reste des Marstalls zu einem modernen Wohnkomplex für barrierefreies Wohnen umbauen wollte. Statt Historie also moderner Bauhausstil mit Glas und Beton, wobei die Auswirkungen auf den Park, noch gar nicht kalkuliert worden waren. Als größtes Problem schien den Zerbster Stadtvätern und Frauen damals, dass es zum Heimat- und Schützenfest für die darin befindlichen Einwohner 10 Tage ziemlich laut werden könnte ...

Die damals in der „Volksstimme" dazu veröffentlichten Zeichnungen der Investoren dokumentierten den Irrsinn dieses Projektes, wobei der Marstall einschl. Teehäuschen eigentlich nur eine Alibifunktion übernahm, um in dieser schönen Umgebung mit Glas und Beton bauen zu dürfen. Gleichzeitig stellte sich natürlich die Frage, wie man überhaupt auf so eine Idee kommen konnte? Schließlich handelt es sich beim Schlossgarten um ein Flächendenkmal, aus dem man nicht wie aus einer Torte, ein Stück herausschneiden und verscherbeln kann. Alle im Park befindlichen Gebäude stehen ja auch in einem willkürlich bestimmten Zusammenhang zueinander, bzw. korrespondieren miteinander, genau so wie mit dem sie umgebenden Grün. Schließlich basiert der gesamte Park auf ein wohldurchdachtes und geplantes Gestaltungskonzept – auch wenn sich uns das heute wegen der vielen gravierenden Eingriffe und Schäden kaum noch erschließt.

Sogar der Petitionsausschuss des Landtages Sachsen-Anhalt beschäftigte sich mit dem Fall, holte sich von überall Informationen ein und empfahl letztendlich dem Zerbster Stadtrat, von diesem Projekt Abstand zu nehmen. Wäre dieses Projekt umgesetzt worden, hätte Zerbst auch noch die letzte Chance verspielt, den einstigen Fürstensitz touristisch zu vermarkten. Daran hätten auch fünf Denkmale für die große Zarin nichts ändern können.

Wenigstens wurde vor einigen Jahren schon das zwischen Marstall und Teehäuschen errichtete, massive Toilettenhaus ersatzlos entfernt, das zu DDR-Zeiten extra für die Benutzer des Heimatfestes gebaut worden war, um ein unkontrolliertes Urinieren im Park wenigstens etwas in den Griff zu bekommen ...

Das Teehäuschen im Schlossgarten

Wer nun dachte, die Verantwortlichen hätten aus der Geschichte um den Marstall etwas gelernt, der irrte sich! Im Jahre 2007 überraschte die „Volksstimme" mit der Meldung, dass unter anderem auch das Teehäuschen im Schlossgarten auf der Immobilienbörse in München zum Verkauf angeboten worden sei! Ich traute meinen Augen nicht! Stand nun inzwischen der Rest Zerbster Geschichte auch schon zum Ausverkauf: Der Roland, die Butterjungfer oder gar die Stadtmauer? Allerdings – oder sollte man sagen, glücklicherweise? – fand sich kein potentieller Käufer für dieses „eines der letzten fürstlichen Objekte" und so bleibt den Zerbstern die Hoffnung, dass dieses einmalige Stück Stadtgeschichte auch in Zukunft noch der Allgemeinheit zur Verfügung stehen könnte ... Vielleicht sogar als Bar oder als Kulisse für Theater und Konzerte im Sommer, denn das war an dieser Stelle schon zu fürstlichen Zeiten durchaus üblich. Selbst zu DDR-Zeiten, war das Teehäuschen (auch Pavillon genannt) ein beliebter Treffpunkt, um dem Trubel und dem Lärm des Heimatfestes etwas zu entfliehen, und trotzdem in geselliger Runde beisammen zu sitzen.

„Am Teehäuschen in Zerbst stehen die ersten Sicherungsmaßnahmen kurz vor dem Abschluss ...", wurde dann am 26. April 2008 vermeldet. Das Dach sei abgedichtet und eine Regenrinne montiert worden, so dass weitere Schäden zunächst abgewendet werden konnten. Finanziert wurde die Maßnahme aus Haushaltsmitteln der Stadt für die Instandhaltung von Denkmalen, 65 000 Euro insgesamt, mit Schwerpunkt Stadtmauer. In die Sanierung des Teehäuschens waren auch 6 150 Euro geflossen, die Bürgermeister Helmut Behrendt anlässlich seines 60. Geburtstages an Geldgeschenken einsammeln konnte. Das Ingenieurbüro Peter Schröder hatte sich bereit erklärt, die Planung und Heizung, sowie die Kosteneinschätzung für evtl. Ausschreibungen unentgeltlich auszuführen, da ihm das Teehäuschen schon längere Zeit am Herzen liegen würde. Parallel dazu hätte die Hochschule Anhalt eine Untersuchung nach dem bisher unbekannten Baumeister des 1725 entstandenen Gebäudes eingeleitet. Ein Bauzustandsgutachten und die Entscheidung über die weitere Sanierung und Nutzung würden voraussichtlich im Jahre 2009 anstehen, hieß es. Dann war zu diesem Thema 6 Jahre nichts mehr zu vernehmen.

Erst am 27. Juli 2015 wurde die Öffentlichkeit mit der Meldung überrascht, dass Tatyana und Fred Nindel die Absicht haben, das historische Teehäuschen käuflich zu erwerben, um dort eine Kunstgalerie einzurichten (die „Volksstimme" sprach sogar von einem Museum!). Man würde dort aber nur investieren, wenn das Objekt in privaten Besitz übergehen würde, eine Pachtung wäre nicht gewollt, wird die Vorsitzende des Katharina-Vereins zitiert. Wäre das nicht möglich, werde man sich eben in Leipzig nach einem passenden Objekt umsehen ...
Daraufhin erfolgte in der „Volksstimme" eine rege Diskussion. Neben der Meinung, man solle das Teehäuschen doch endlich verkaufen, um es vor dem weiteren Verfall zu retten, wandten sich verschiedene Bürger strikt gegen einen Verkauf. Auch eine mögliche Nutzung als Galerie wurde für diese Räumlichkeit angezweifelt. Am 19. August verkündete Bürgermeister Dittmann dann die Rücknahme des Vorhabens durch Familie Nindel. Ein Rückhalt in der Bevölkerung sei nicht gegeben. Inzwischen hat Fam. Nindel im Jeverhaus neben der Post Räumlichkeiten für eine Galerie erworben ...

Teehäuschen (oben) und ehemalige Reithalle der Fürsten
im Zerbster Schlossgarten 2015 (unten)

Die Orangerie überlebte den Krieg und brannte erst 1948 aus.
(Fotos: vor 1945 und 2016)

Das fürstliche Hofgärtnerhaus, Käsperstraße Nr. 14

Das Fachwerkhaus von 1706, zum Schlosspark gehörend, überstand zwar den Krieg, verfiel aber zusehends und stand in den 1990er Jahren als Ruine kurz vor dem Abriss. Nur ein Zufall sorgte dafür, dass es heute noch existiert: Wegen eines milden Winters konnten die bereits mit dem Abriss beauftragten Arbeiter des Bau- und Wirtschaftshofes für andere, wichtige Aufgaben eingesetzt werden. Heute ist es, wunderbar saniert, wieder ein Teil des alten Zerbster Stadtbildes und beherbergt das Projektierungs- und Immobilienbüro Schröder. Leider sind auch im hinteren, dem Schlosspark zugewandten Bereich, in neuerer Zeit verschiedene Häuser entstanden, die dort nicht hingehören.

Das Heimatfest im Schlossgarten

Das traditionsreiche Zerbster Heimat- und Schützenfest gehört mit seinen 10 Tagen zu den längsten Volksfesten Anhalts. Auch die inzwischen schon 114. Zerbster Pferdemarktlotterie 2015, bei der in DDR-Zeiten ein nagelneuer TRABANT als Hauptgewinn lockte, sind inzwischen jeden Sommer Teil des Zerbster Stadtbildes geworden. Vor und nach dem Kriege waren die Buden und Karrussels damals hauptsächlich auf dem Innenhof des Schlosses und am Hauptweg aufgebaut. Selbst hier wurde großer Wert auf die Historie gelegt, denn am Eingang zum Vergnügungspark auf der Schlossfreiheit, errichtete man ein großes, dem Akenschen Tor nachempfundenes Stadttor aus Holz und Leinwand. An der Herstellung und Gestaltung war auch mein Vater, Malermeister Paul Frankowski, maßgeblich beteiligt.

Dieser Vergnügungspark wurde von Jahr zu Jahr größer, was dem Park wenig zuträglich ist. Trucks der Schausteller mit Achslasten von 40 Tonnen zerfahren heute die Grünflächen und verdichten den Boden. Und als wäre das nicht schon schlimm genug, sie parken dort auch noch die ganze Zeit des Heimatfestes. Aber das Wort „Schlosspark" kommt eben nicht von parken! Hier zählen wohl gleich mehrere altbekannten Weisheiten: Die Größe ist nicht alles – weniger ist manchmal mehr – Qualität statt Quantität!

So gab es schon häufiger Überlegungen, dieses Volksfest aus dem Schlosspark zu verbannen. Schließlich ist das Münchener Oktoberfest auch nicht mitten in der Stadt, sondern am Rande auf der Wiesn angesiedelt. Mit liebgewordenen Gewohnheiten ist es aber so eine Sache. Während die Befürworter von einem „idealen Standort" sprachen, der sich über Jahrhunderte den Bedürfnissen angepasst hätte, sahen es andere als „Vergewaltigung des Parks" an und als Hemmnis, dem Park wieder ein attraktives Gesicht zu geben. Ein bisschen schwanger geht eben nicht. Früher war der Park übrigens noch mit einem schmiede-eisernen Zaun umgeben. Wohin dieses Stück Historie nach und nach verschwand und wo sich heute noch Originalstücke davon befinden, wäre eine interessante Aufgabe für junge Historiker. Ein paar Zaunfelder sollen beispielsweise in der Käsperstraße ausgemacht worden sein, einige sind damals in der Fohlenweide-Siedlung gelandet. Und der Originalzaun zwischen Stadtmauer und „Hexenhäuschen" in der Fritz-Brandt-Straße (ehemals Akensches Tor) war noch vor wenigen Jahren am Ort. Seitdem dort eine Grillbude eingezogen war, ist auch dieses Original leider verschwunden – 68 Jahre nach dem Krieg!

Und dass der ehemalige Zeitungskiosk vor dem Postgebäude, in dem heute asiatische Gerichte angeboten werden, ungeachtet seiner leckeren Speisen und seiner fleißigen Betreiber als „weiße Kiste" nicht mit dem historischen Stadtbild um die Post oder um das Kreishaus vereinbar ist, störte bisher auch niemanden ...

General Custers Schlacht in Little Big Zerbst?

Spätestens nach dem Abfeuern einer Kanone auf der Zerbster Schlossfreiheit durch uniformierte Soldaten des amerikanischen Bürgerkriegs vor einigen Jahren, anlässlich des Zerbster Heimat- und Schützenfestes, und dem Umfallen eines kleinen Jungen, der zufällig neben mir stand, und den der Knall regelrecht von den Beinen gerissen hatte, fragte nicht nur ich mich, was das eigentlich alles mit der Tradition des Zerbster Volksfestes zu tun hat? Bürger hatten sich an die Zeitung gewandt und nachgefragt, was denn das amerikanische Feldlager von General Custers Armee im Garten des Rathauses zu suchen hätte und weshalb man dort das Hissen der amerikanischen Flagge zelibrierte? Seit dem „Volksstimme"-Beitrag vom 3. August 2011 sind wir aufgeklärt: Es ging um amerikanische Geschichte und nicht um Politik!

Nun könnte man trefflich darüber streiten, warum im fernen Deutschland und speziell in Zippel-Zerbst die amerikanische Geschichte aufgearbeitet werden muss? „Wir bemerken schon, dass uns Ablehnung entgegenkommt, wenn wir die amerikanische Flagge hissen", wurde ein Mitglied der vom Schützenverein eingeladenen Schaustellertruppe Country-Express, Berlin zitiert. Man begründete das mit der fragwürdigen Politik der Bush-Regierung. Aber mit Politik hätte das alles nichts zu tun …

Wer war also General Custer? General Armstrong Custer machte sich nicht nur wegen seiner Kämpfe im amerikanischen Bürgerkrieg einen Namen. Er steht auch als Pseudonym für die Verfolgung und Ausrottung amerikanischer Indianer. 1867/68 unternahm Custer einen Feldzug gegen die Cheyenne, 1876 wurde er nach Dakota beordert, wo er drei Jahre gegen die Sioux und ihren Häuptling Sitting Bull kämpfte, um die einwandernden Siedler und Goldsucher zu beschützen. Am 25 Juni 1876 kam es zur legendären Schlacht am Little Big Horn, bei dem General Custers 264 Mann starke Abteilung und er selbst den Indianern unterlag.

Zu Ehren dieses letzten großen Sieges der Ureinwohner gegen den weißen Mann in den USA sprengt ein Bildhauer mit seinen Kindern bereits seit vielen Jahren am Little Big Horn ein gigantisches Denkmal in den Felsen hinein. Dieses wird nach Fertigstellung die größte, jemals von Menschenhand geschaffene Figur der Welt und das Monument der vier Präsidentenköpfe vom Mt. Rushmore um ein Vielfaches überragen. Dargestellt ist aber nicht etwa General Custer, wie man in den USA vermuten könnte, sondern der Sioux-Häuptling Grazy Horse auf seinem Pferd. Was würden diese beiden Männer wohl heute zur Geschichtsaufarbeitung anlässlich des Zerbster Heimatfestes in Little Big Zerbst sagen? *("Volksstimme", 11. August 2004). Inzw*ischen sind diese Darsteller nicht mehr Teil des Heimatfestes.

Ein Denkmal für die Zarin

Der Internationale Förderverein „Katharina II.", die Stadt Zerbst und die Zerbster „Volksstimme" hatten Bürgerinnen und Bürger der Stadt im Juni 1997 aufgerufen, sich zu einem geplanten Katharina-Denkmal und dessen möglichen Standort zu äußern. Vorgeschlagen waren: der hintere Teil des Roten Gartens, der Schlossgarten oder die Schlossfreiheit. Der Förderverein hatte bereits 1996/1997 die Idee eines Denkmals ins Spiel gebracht. Angedacht war eine Skulptur des russischen Bildhauers Prof. Michail Perejaslavez, die seitdem als Modell in der Sammlung Katharina II. auf der Schlossfreiheit zu bewundern war.

„Eigentlich wurde die Monarchie 1918 abgeschafft, doch heute soll einer russischen Selbstherrscherin ein riesiges Denkmal gesetzt werden. Das heißt doch, die Geschichte zurückzudrehen, einer vergangenen Zeit huldigen" – gibt U. Fräßdorf aus Zerbst am 17. Juni 1997 in der „Volksstimme"zu bedenken. „Die Errichtung eines Denkmals hat mit der Bekanntmachung einer Persönlichkeit nichts zu tun, es hat den Anschein, dass es hier nur um die Selbstdarstellung des Katharina-Vereins geht. Es wird ein Personenkult betrieben, der schon geschmacklos ist (...) Zerbst ist nun mal kein St. Petersburg. Außerdem stellt sich die Frage, worauf alle Zerbster Bürger stolz sein sollen? Auf eine Person, die sich nur wenige Monate in der ehemaligen Residenzstadt aufhielt und sonst auch keine Spuren in Zerbst hinterlassen hat? Eine Beziehung zu Zerbst, außer dass sie dem Fürstenhause entstammt, lässt sich nicht herstellen."

D. Laube aus Lübs ist erstaunt darüber, dass es so viele Zerbster gibt, die gegen ein Denkmal sind. „Zerbst könnte doch stolz darauf sein, im Zusammenhang mit solch einer bedeutenden historischen Persönlichkeit genannt zu werden. Würde es nicht allen zu Gute kommen, wenn nicht zuletzt dadurch viele Menschen im In- und Ausland überhaupt erst auf Zerbst aufmerksam werden würden?" Den Standort Roter Garten hält er für sehr gut geeignet.

„Zuerst kämpfte der Katharina-Verein für die Schaffung eines Katharina-Museums. Nachdem dieses Ziel erreicht war, wurden u.a. eine Katharina-Büste aus Liechtenstein und ein riesiges Gemälde mit der Darstellung Katharinas angeschafft. Nun soll es ein fünf Meter hohes Bronzestandbild sein, was an die große Herrscherin erinnert. Wenn dieser unglaubliche Personenkult anhält, ist wohl demnächst damit zu rechnen, dass unser Stadt in KATHARINASTADT ZERBST umbenannt wird", kommentierte ich selbst damals. „Bei aller Katharina-Euphorie und der Bereicherung der Stadt durch die Sammlung Katharina II. auf der Schlossfreiheit, darf doch nicht vergessen werden, dass der Tourist schon wenige Meter weiter vor den kläglichen Resten des Schlosses und seiner Nebengebäude steht ... Vielleicht sollte der Katharina-Verein seine Aktivitäten vorerst auf dieses Stück Zerbster Geschichte lenken?"

Martin Stolzenau ist der Ansicht, dass „die Wiege Katharina II. eigentlich in Dornburg steht." Und Prinzessin Sophie Auguste Friederike wurde 1729 in Stettin (Polen) geboren, wo ihr Vater Christian August von Anhalt Zerbst in militärischen Diensten des preußischen Königs stand. 1742 übernahm ihr Vater die Regierung des Fürstentums Anhalt-Zerbst, wo sie bis zu ihrer Abreise nach St. Petersburg im Jahre 1744 gerade mal zwei Jahre verbrachte. Der Ostflügel des Schlosses, der heute noch steht, wurde zu dieser Zeit gerade erst erbaut.

Der gebürtige Zerbster Hans Reinhard Gross aus Pforzheim meint, nachdem man Katharina fast 43 Jahre totgeschwiegen hat, sei es doch eine Verpflichtung aller Bürger, ihr mit einem Denkmal gerecht zu werden. Außerdem erhöhe so ein Denkmal das Image der Stadt. Er favorisiert den Standort Roter Garten. Im Schlossgarten würde das Denkmal keine vier Wochen überleben, schätzte Herr Gross damals ein.

Der Zerbster Andreas Fütterer ist nicht prinzipiell gegen ein Denkmal, er hat aber Bedenken zur Größe von fünf Metern. Eine kleinere Figur würde es auch tun. Nicht unterstützen könne er das Argument, das Denkmal könnte ein touristischer Anziehungspunkt werden.

In der „Mitteldeutschen Zeitung" erscheint dazu ein Beitrag vom Zerbster Redakteur Claus Blumstengel, dem langjährigen Herausgeber des Zerbster Heimatkalenders und Inhaber des Zerbster Verlages Extrapost: „Das Monstrum soll vor die Stadthalle!" Nicht ganz ernst gemeint, schlägt er als Standort auch den Bullerberg am Heidetor vor.

Hans-Ulrich Mollweide aus Zerbst findet das gut. Natürlich müsse man den dann in Katharina-Berg umbenennen. „Marketing beginnt mit Werbung und führt dazu, dass man darüber spricht – egal ob im positiven oder im negativen Sinne."

Unbedingt her sollte das Denkmal, meint Bärbel Hahnemann, eine Diskussion sei überflüssig. Ähnlich sieht es auch Christine Vollrath und favorisiert den Roten Garten.

„Was hat denn dieses ulkige Machwerk mit Katharina zu tun?", fragt besorgt Dieter Friesecke.

„Ich kann das ganze Theater um das Katharina-Denkmal wirklich nicht nachvollziehen", sagt Manfred Schumacher aus Zerbst am 1. Oktober 1997. „Wenn es wirklich von Russen mit gesponsert werden soll, warum verwenden diese die Gelder nicht dafür, die in Russland gebliebenen Nachkommen der von Katharina ins Land geholten Deutschen zu unterstützen?" „Es mutet ja wohl als Witz an, zu glauben, dass durch das Katharina-Denkmal mehr Besucher nach Zerbst kommen. Mir kommt es fast so vor, als ob die Zarin als eine Samariterin dargestellt werden soll ... Die Zeit des Personenkults sollte auch in Zerbst vorbei sein."

Herr Schumacher fragt: „Noch unverständlicher ist mir die Passage aus dem Schreiben des Katharina-Vereins an die Abgeordneten, in dem von den Großmächten Russland und Deutschland die Rede ist, wo doch gerade die Erweiterung des Weltsicherheitsrates um den Sitz Deutschlands von Russland abgelehnt worden war. Ich kann mich des Eindrucks nicht erwehren, dass das Katharina-Denkmal einigen Leuten zur Profilierung dienen soll."

Von 17 500 Zerbstern sind nur 360 dafür

Peter Schreiber aus Zerbst fragt, ob das Katharina-Denkmal tatsächlich Volkes Wille ist? Nach der Auswertung einer Umfrage des Katharina-Vereins im September kommt er zu dem Ergebnis: Von 17 500 Zerbstern sind nur 360 dafür!

„Auch in den dreißiger Jahren wusste man Götzenbilder zu schätzen, warum also nicht ein Denkmal für Zerbst?" fragt Herr Schreiber und beglückwünscht den Zerbster Stadtrat für seinen „dem Wählerauftrag dicht auf der Spur"- Beschluss. „Der Standort Roter Garten wäre dafür wie geschaffen. Schon das Szenario ließe den Betrachter vor Grausen erschaudern: Vorn sehen wir Katharina die Große, dahinter auf einem Sockel, zwei abgehärmte, verhungerte Menschen, mahnend die Hand erhebend. Die mögen wir für die Leibeigenen Russlands halten. Doch noch unter diesen ruhen die Reste von einstiger Großmachtpolitik – Urnen polnischer Gefangener, hier evtl. als Verweis auf die zweite polnische Teilung anführbar, die nicht ohne Einflussnahme Katharina II. geschah", kommentiert Herr Schreiber. „Auch hier beweist der Zerbster Stadtrat Weitsicht. Um dieses Schreckensszenario nicht Wirklichkeit werden zu lassen, kommt das Denkmal in den Schlossgarten ... Ist ja auch verständlich, den Touristen soll was geboten werden. Nun denn, die Galerie ist bezaubernd: zunächst die Reste von Grundmauern eines Stallgebäudes, nebenan das fast gänzlich zerstörte Marstall-Wohnhaus, architektonisch gelungen in einer Reihe mit öffentlichen Toiletten (...) Etwas zurückgesetzt ein Teehaus, dessen Gewölbe gerissen, Fenster und Türen zerstört sind. Im rechten Winkel dazu sehen wir die Stuck bröckelnde fürstliche Reithalle. Gelder für die längst überfällige Sanierung sind im Haushalt nicht zu finden. Die blühenden Landschaften wollen angesichts der herrlichen Orangerie-Bruchmauer nicht enden. Großes Finale: die Schlossruine! Schöner kann das Umfeld für ein Götzenbild nicht sein. Ob damit allerdings der von Frau Teslenko verkündete touristische Aufschwung zu erzielen ist, sei dahin gestellt ..." meint Herr Schreiber. „Und die paar Kosten, 500 000 Mark für das Denkmal, einschließlich steuerfinanzierter Fördermittel plus Parkumgestaltung, plus internationale Einweihungsfesttage ... Großmacht beweisen, heißt auch zu den Kosten stehen zu können. Wohlan Stadt Zerbst, die Rechnungen der letzten deutschen Großmacht sind noch immer Teil unseres Stadtbildes ...", meint Peter Schreiber.

„Ich persönlich würde es reizvoller finden, wenn man die veranschlagten 600 000 Mark dazu verwenden würde, die auf der Computergrafik dargestellten Berge aufzuschütten. Dann könnte sich Zerbst immerhin für die Austragung der Olympischen Winterspiele bewerben ...", spottet der Zerbster Rolf Thiel. Ihm war aufgefallen, dass auf dem fiktiven Bild, was die Volksstimme vom Denkmal im Schlossgarten veröffentlicht hatte, hohe Berge oder ähnliches im Hintergrund zu sehen waren.

Im Jahre 1998 fasste der Zerbster Stadtrat den Beschluss zur Aufstellung eines Denkmals am Hauptweg im Schlossgarten. Später kamen dann als Standortvorschlag für ein Katharina-Denkmal auch noch andere Stellen dazu, wurden aber ebenso wieder verworfen. Nachdem bereits in der Mitte der Schlossfreiheit eine Probeschachtung erfolgt war, entschied sich der Stadtrat dann nach langem hin und her, endgültig für die Aufstellung im Schlossgarten, damals aber noch südlich der Stadthalle geplant. Auch zu diesem Aufstellungsort gab es eine rege Diskussion in der Bevölkerung. Bisher scheiterte das Projekt aber an der Finanzierung.

„Ich hoffe", sagte Gisela Lehmann am 6. Februar 2009, „dass unsere Stadtverordneten so viel Geschmack besitzen, durch ihren Beschluss nicht die wunderbare Sicht auf das einzige im Schlossgarten noch verbliebene intakte Gebäude zu verbauen …" Und Rolf Kiefer nannte den von der Verwaltung favorisierten Denkmalstandort am Weg zur Stadthalle den „Witz des Jahrhunderts!"

2012 träumten Bürgermeister Helmut Behrendt und andere schon überschwenglich von „Katharina- und Orangerie-Festspielen" in Zerbst, die „größer sein sollten, als die Störtebeker-Festspiele" an der Ostsee und man machte sich schon daran, über Stellplätze für die international anreisenden Touristenbusse und über den Bau eines Hotels nachzudenken …

Katharina im Doppelpack

2009 waren dann gleich zwei Katharina-Denkmale im Gespräch: Das des schon längere Zeit zur Diskussion stehenden russischen Bildhauers Michail Perejaslavez und eines, des in Danzig geborenen und in Israel lebenden Künstlers, Frank Meisler. Zu seinen Werken zählen unter anderen auch Denkmale in London und Berlin. Meisler hatte eine Mädchenfigur geschaffen, Elfen gleich mit einem Eichhörnchen auf dem Handrücken. Sophie-Friederike-Auguste als unschuldiges Kind. Das Werk sollte samt steinernem Sockel 3,65 m hoch werden und war als Schenkung an die Stadt Zerbst geplant. Vom Stadtrat im Februar 2009 beschlossen, sollte der Einweihungstermin des Denkmals am 2. Mai 2009 stattfinden, dem 280. Geburtstag der Zarin. Dass dieses Mädchen-Denkmal Katharinas letztendlich nicht nach Zerbst kam, scheiterte an einigen Missverständnissen und an der Finanzierung des Projektes. Die Sponsoren des mit 210 000 Euro veranschlagten Werkes, der Geschäftsmann Viktor Baturin und der russische Historiker Edwart Radzinsky, meldeten finanzielle Probleme an, berichtete damals die „Volksstimme".

Nachdem dieses Projekt gescheitert war, wurde vom Katharina-Verein das schon seit Jahren auf Eis liegende Denkmal des russischen Künstlers Michail Perejaslavez wieder ins Spiel gebracht. Auch dieses Mal sollte es eine Schenkung an die Stadt Zerbst werden. Hauptsponsor sei Pawel Gusev, der Chefredakteur der Tageszeitung „Moskowski Komosmolez". Damit stand der Rückkehr der Zarin nach Zerbst nichts mehr im Weg.

Ein Küsschen für die Große

266 Jahre nach dem Weggang der Prinzessin Friederike Sophie Auguste aus Zerbst, kam am 7. April 2010, einem sonnigen und warmen Tag, die 4,70 m große Bronzeskulptur Katharina II. in Zerbst an. Eine Woche war der 40-Tonnen Tieflader mit seiner Fracht von Moskau unterwegs. Bürgermeister Helmut Behrendt begrüßte „sein Mädel" unter reger Anteilnahme der Medien mit einem saftigen Schmatzer auf die Wange – ein Foto, was um die Welt ging.

Aufgestellt wurde das Denkmal schließlich im Schlossgarten östlich der ehemaligen Reithalle mit Blick zum Zerbster Schloss. Ein 4 m tiefes Fundament musste wegen des modrigen Untergrundes gegossen werden und ein Weg um das Denkmal wurde angelegt, nachts sogar mit Boden-Spots beleuchtet. Die feierliche Einweihung fand am 9. Juli 2010 statt. Am Abend gab es zu Ehren der Fürstin ein Feuerwerk.

Warum es allerdings notwendig ist, dass Touristen das Denkmal mit den Händen berühren können, ist mir ein Rätsel. Normalerweise sind solche Denkmale mit einer Blumenrabatte umgeben – eine Maßnahme, die nicht nur schützt, sondern auch gut aussieht. In Zerbst kann der Besucher das Denkmal berühren, wenn er sich auf dem gepflasterten Rondell um das Denkmal befindet. Um das Denkmal aber in seiner ganzen Größe zu betrachten, muss man einige Meter Abstand haben. Allein dieser, bei der Aufstellung nicht berücksichtigte Aspekt führt unausweichlich dazu, dass der um das Denkmal angelegte Rasen ständig zertrampelt wird und keinen schönen Anblick bietet. Hätte man das gepflasterte Rondell in einigen Metern Abstand um das Denkmal geführt, gäbe es dieses Problem gar nicht. (Dass zum Heimatfest oder bei Veranstaltungen in der Stadthalle neben dem Denkmal mitunter sogar Autos abgestellt werden, führt die Sache ad absurdum.)

Manchmal stelle ich mir die Frage, wie das Denkmal wohl gewirkt hätte, wenn es wie einst geplant, auf der Schlossfreiheit aufgestellt worden wäre? Katharina II. täglich von Autos zugeparkt oder zum Heimatfest von Bier-, Bratwurst- oder Schießbuden umzingelt? Nicht umsonst bedeutet das Wort „Denkmal" auch eine Aufforderung, doch vielleicht ab und zu einmal nachzudenken!

Eine Sichtachse für Katharina

Damit das Denkmal des russischen Künstlers schon von weitem gesehen werden kann, beschloss der Stadtrat die Schaffung einer Sichtachse, die es in historischen Plänen des Parks so nie gegeben hatte. Allerdings gab es an dieser Stelle natürlich auch noch nie ein Denkmal.

Damalige Parkgestalter waren Künstler ihres Faches, nichts wurde dem Zufall überlassen. Von diesem einstigen geschlossenen Gesamteindruck ist der Zerbster Park heute allerdings weit entfernt, wie Parkexperte Heinrich Hamann deprimiert feststellen musste. Und in der Nähe, an der heute das Denkmal errichtet wurde, verlief zu Fürstenzeiten ein Wassergraben vom Schloss zur Nuthe. Der Beschluss des Stadtrates aus dem Jahre 2008, den Schlossgarten wieder in den Originalzustand von 1840 zurück zu versetzten, wird also selbst heute schon wieder unterlaufen. Als die beiden Kiefern südlich vor der Stadthalle 2011 gefällt werden sollten, und auch der seit dem Krieg mit Blumen bepflanzte Weg zwischen Hauptweg und Stadthalle mit seinen Parkbänken verschwinden sollte, regten sich Proteste aus der Bevölkerung und zum Teil auch aus dem Stadtrat selbst. (→ „Das Zerbster Schloss")

Auch mit dem Landesamt für Denkmalpflege geriet die Stadt wegen dieser Sichtachse in Streit. „Sie haben eine ausgezeichnete wissenschaftlich fundierte Basis im Rahmendenkmalplan, 2008 ist dieses Konzept beschlossen worden", kommentierte Heike Mortell, Fachfrau für historische Parkangelegenheiten am 28. Januar 2012 in der „Volksstimme". „Jetzt geht es um die Umsetzung einzelner Maßnahmen, und zunehmend entzündet sich der Streit. Das ist unverständlich."

Frau Mortell bestand darauf, dass der sogenannte Westflügelweg an historisch verbürgter Stelle verlaufen sollte, weil Parks durch die darin erhaltenen Elemente erst zu einem Erlebnis werden. Wege seien solche Elemente, sie schaffen Sichten und verbergen sie, sie ordnen den Raum des Parks. Überlegungen, mit dieser Sichtachse das Katharina-Denkmal in Szene setzen zu wollen, wie es die Stadt eindeutig beabsichtigte, lehnte sie aber konsequent ab. Die Stadt drohte mit gerichtlicher Auseinandersetzung.

Im Rahmen eines dreijährigen Ein-Euro-Jobber-Projekts „Aktiv zur Rente", waren bereits unter Anleitung des Dessauer Landschaftsplaners Uwe Merz und Ute Schilling vom Zerbster Grünflächenamt, 10 Leute damit beschäftigt, alte Strukturen des Schlossparks und Sichtachsen wieder freizulegen. Einig war man sich nur darin, dass die bisherige, südwestliche Wegführung vom Hauptweg zur Stadthalle mit Trockenmauer, Bänken und ansprechender Grüngestaltung aus Nachkriegszeiten verschwinden müsse, weil das neue Denkmal vom Hauptweg aus nicht zu sehen war. Und das möglichst schnell und ohne Rücksicht auf die Meinung der Bevölkerung.

Die Zerbster wurden wieder einmal vor vollendete Tatsachen gestellt und waren und sind mit Recht entsetzt! Was ist nur aus ihrem Schlossgarten geworden? Man schäme sich ja, Besucher zu empfangen, hieß es. „Alles was die anfassen, sieht hinterher schlimmer aus, als vorher." Dieser Eindruck steigerte sich noch, als dann mindestens zwei Jahre gar nichts mehr passierte und das Unkraut aus diesem Kahlschlag wuchs. Plötzlich war die zerstörte Schlossruine, aber auch der zerstörte Marstall, das marode Teehäuschen und die kläglichen Reste der Orangerie für alle schon von weitem sichtbar. Der absolute Höhepunkt war dann aber wohl, als anlässlich des Heimatfestes, zu dem jedes Jahr unzählige Besucher aus nah und fern erwartet werden, am Hauptweg direkt an der neu geschaffenen Sichtachse zum Katharina-Denkmal ein Toilettenwagen aufgestellt wurde ... Eine Pinkelbude mit Blick auf die große Zarin – so ein erhabenes Ambiente hat wahrlich nicht jede Stadt zu bieten!

Der erfolgte Kahlschlag jedenfalls machte den Eindruck, als wolle man eine Fernverkehrsstraße durch den Schlossgarten bauen, auf dem dann Touristenbusse an den Sehenswürdigkeiten vorbeifahren könnten, ohne dass auch nur ein Besucher aussteigen müsste. Und es ist tatsächlich noch gar nicht so lange her, da stand eine „Befestigung des Hauptweges" für tonnenschwere Fahrzeuge des Heimatfestes durchaus zur Diskussion! Damit hätte sich die Stadt dann endgültig für ein austauschbares Allerweltsfest entschieden, das nur eine Woche im Jahr stattfindet, und gegen den Schlosspark als ganzjährige Sehenswürdigkeit für Zerbst.

Das Katharina-Denkmal vor der neu gestalteten Rasentribüne zum Heimatfest 2015, im Hintergrund der Ostflügel des Zerbster Schlosses.

Eine Tribüne für die Zarin

Nach dem Abriss des westlichen und nördlichen Flügels des zerstörten Zerbster Schlosses, war es notwendig, den entstandenen Höhenunterschied zum Schlosshof in irgendeiner Form auszugleichen. So wurde in den 1950er Jahren im westlichen Bereich eine Trockenmauer mit Feldsteinen als Begrenzung errichtet und begrünt, sowie mit Parkbänken versehen. Im nördlichen Bereich wurde eine Schräge aufgeschüttet, und mit damals üblichen Betonstufen samt Sitzbrettern bestückt. Seitdem wurde diese Tribüne bei verschiedensten Veranstaltungen im Schlossgarten genutzt, wie dem Reit- und Springturnier anlässlich des Heimatfestes oder beim Feuerwerk, aber auch Kino-,

Theater-, Filmvorstellungen und selbst Musikkonzerte fanden hier statt.

Nach dem Beschluss des Stadtrates, dem Park wieder ein historisches Gesicht zu geben, und Freilichtkonzerte oder Filmvorführungen dort so gut wie nicht mehr stattfinden, passte diese Tribüne mit dem Charme einer „Fußballarena" und mit Aufstellung des Katharina-Denkmals nicht mehr ins Konzept, zumal die Zarin ja mit Blick auf die Tribüne und auf das Schloss aufgestellt worden war. Ein bis vor wenigen Jahren an der Tribüne noch installiertes Häuschen, was als Schiedsrichterturm zu den Reitveranstaltungen genutzt wurde, und die meiste Zeit im Jahr zugenagelt war, hatte man bereits entfernt.

So weit, so gut – würde den Verantwortlichen nicht ständig etwas Neues einfallen! Und so dauerte die Diskussion um diese neue Tribünengestaltung inzwischen schon länger als zwei Jahre an! Parkgestalter und Denkmalschutzbehörden unterbreiten Vorschläge und Mitglieder des Stadtrates wollen wieder eine andere Lösung ...

Im Dezember 2011 beschloss der Stadtrat eine „Rasentribüne mit jeweils zwei, zwei Meter breiten Treppenläufen, einer Sitzkante am Böschungsfuß und drei Bermen." Im November 2012 stellte sich heraus, dass die veranschlagten Kosten von 147 450 Euro voraussichtlich auf 212 800 Euro ansteigen werden, weil die Maßnahmen zur Anpassung der Barrierefreiheit mit 23 250 Euro und die Anpassung der Bauvorhaben im Schloss 41 100 Euro betragen würden. Hier sollte nämlich, so die Pläne, ein Fahrstuhl an der Außenwand der Schlossruine angebracht werden!

Bürgermeister Andreas Dittmann merkte an, dass sich die Anforderungen an das Vorhaben weiterentwickelt hätten und somit die steigenden Kosten gerechtfertigt wären. Ganz anders sah das Stadtratsmitglied Holger Benke (CDU): „Wir sagen den Ortschaften, dass sie sparen sollen und leisten uns solchen Luxus." Und auch die Optik der neuen Tribüne stand in der Kritik. Sie würde, so Sebastian Siebert (SPD) der jetzigen immer ähnlicher werden ... Und Hans-Ulrich Müller

(UWZ) erinnerte an die ursprüngliche Kalkulation von 150 000 Euro und schlug vor, dort wie bereits vor längerer Zeit geplant, einfach eine Rasenböschung zu errichten *("Volksstimme", 9. März 2013)*.

Bis zur endgültigen Entscheidung dauerte es dann noch einmal ein Jahr. Im März 2014 begann man mit dem Abriss der alten Tribüne. An deren Stelle entstand bis zum Heimatfest ein von drei Wegen durchzogener grüner Wall. Für das aktuelle Projekt sei eine Summe von 195 000 Euro geplant *(„Volksstimme", 12. März 2014)*. Beim Abtragen der alten Tribüne entdeckte man in der Erde Mauerreste des Nordflügels vom Schloss, so dass die Planungen noch einmal geändert werden mussten. Diese Mauerreste wurden nun in die Gestaltung mit einbezogen, sie mussten jedoch zusätzlich vor Umwelteinflüssen geschützt werden. Im Juli 2014 wurde die neu gestaltete Terrasse offiziell übergeben und die Besucher des Reit- und Springturniers konnten diese schon ausprobieren. Einige brachten dazu ihre Klappstühle von zu Hause mit ...

Die Brücke über dem Fluss

Neben dem Kiekinpott befand sich, wie alte Postkarten zeigen, einmal eine sogenannte „Knüppel- oder Hornzackenbrücke" über die Nuthe. Sie wurde aus natürlich gewachsenen Ästen und Baumteilen errichtet. Die Erbauer wollten damit im Park einen märchenhaften Eindruck erwecken, als stände sie dort rein zufällig und wäre ein Produkt von geheimnisvollen Wesen und Mächten. Gerade mit Blickrichtung zum prunkvollen Schloss im Hintergrund, wirkte diese etwas unbedarft und zufällig und bildete einen wunderbaren Kontrast zur Perfektion des Schlosses. Mehrere solcher Brücken sind heute noch im Wörlitzer Park und auch in der Nähe des Dessauer Georgiums am Bäckerbruch zu bewundern und zeugen von der Kreativität und von der Schönheit ursprünglicher Gestaltung, ohne dass die Wege-Sicherungspflicht der heutigen Stadt Dessau dabei in irgendeiner Weise vernachlässigt worden wäre.

Zu DDR-Zeiten wurde die Brücke im Schlossgarten, die nach der Wende nach dem gleichnamigen Hofgärtner „Corthumsbrücke" genannt wurde, durch eine Metallkonstruktion in angedeuteter Bogenform ersetzt. Weil diese inzwischen nicht mehr zu sanieren war, erfolgte am 12. November 2012 die Einweihung eines „Ersatzneubaues" aus Stahl und Holz. Leider nur in DIN-gerechter Norm und mit Bauelementen, die man in jedem Baumarkt bekommt. Als Vorlage sollen Fotos aus den 1920er und 1930er Jahren gedient haben.

Mit der ursprünglichen Idee der Parkgestalter, hat diese Konstruktion also wenig zu tun. Trotz Abstimmung mit dem Denkmalschutz ist sie ein weiterer, mit einem Investitionsvolumen von 70 000 Euro teurer Kompromiss in der Zerbster Stadtbild- und Parkgestaltung. Da diese Brücke nun auch den Anforderung an eine behindertengerechte Konstruktion erfüllen sollte, wurden die einstigen Terrassenstufen auf den Hügel entfernt und durch eine in Kies gebettete Schräge ersetzt. Allerdings wurde diese dann schon beim nächsten großen Regenguss den Abhang herunter gespült und musste neu befestigt werden.

Dass es auch mit DIN-gerechten Baumarktteilen möglich ist, eine bogenförmige, hölzerne Brücke über einem Fluss zu errichten, die auch für behinderte Menschen kein Problem darstellt, davon kann man sich in der Nähe des Europa-Dorfes am Ortseingang von Meinsdorf neben dem Freibad gleich zweifach überzeugen.

Dass es früher im Zerbster Schlossgarten weitere interessante Brücken gab, die ebenfalls Teil der Gesamtgestaltung waren, sei hier nur am Rande vermerkt. Eine steinerne Brücke nördlich des Teiches oder eine andere, nördlich der Orangerie existieren heute nicht mehr. Andere wurden durch metallene Hilfskonstruktionen ersetzt.

Auch die einstmals steinerne Brücke über die Nuthe, die die Marienpforte mit der Puschkinpromenade verbindet, wurde nach der Wende abgerissen und als eine schmale Holzkonstruktion DIN-gerecht wieder aufgebaut. Auch diese hat also mit dem ursprünglichen, historischen Original vor der Wende wenig gemeinsam.

Die Schlossfreiheit

Der einstige fürstliche Hoheitsbereich, ein Platz, bei dem das geschlossene, historische Ensemble noch fast komplett erhalten ist, mit Bartholomäikirche und ehemaliger Bartholomäischule, der Schlosswache und den Kavaliershäusern, dem Dicken Turm und dem Gebäude der Freimaurerloge, bilden hier eine Einheit, die an anderen Stellen der Stadt nur noch schwer zu finden ist. Wenn auch hier der Krieg seine Spuren hinterlassen hat, besitzt Zerbst an dieser Stelle noch einen kleinen Schatz seines einstmals prächtigen Stadtbildes. Nach der Wende neu gepflastert, wurde das Kopfsteinpflaster der Fahrspur durch Auto freundlichere Steine ausgewechselt.

Die im Krieg zerstörten Häuser hinter der „Schlosskonditorei" wurden nach der Wende durch einen Neubau ersetzt, der architektonisch an die Kavaliershäuser angepasst wurde und somit eine sehr gelungene, moderne Lösung für diesen Bereich verkörpert. Es ist heute der Sitz der „Volksbank". Neben der „Schlosskonditorei" entstand eine bis dahin nicht existierende Freisitzfläche, die in den Sommermonaten dankbar angenommen wird und das Stadtbild bereichert. In aller Bescheidenheit möchte ich anfügen, dass ich selbst es war, der diesen Gestaltungsvorschlag schon zu DDR-Zeiten eingebracht hatte. Das Ambiente Dicker Turm, Bartholomäikirche, Schlossfreiheit und Blick auf das Mahnmal im Roten Garten schien mir dafür wie geschaffen. Erst nach der Wende und nach dem Bau der Volksbank wurde diese Idee dann auch tatsächlich umgesetzt. Allerdings hatte ich daneben keine Autos vorgeschlagen.

Die im Krieg zerstörte und bis ins 12. Jahrhundert zurück reichende Hof- und Stiftskirche St. Bartholomäi selbst, wurde von 1980 bis 1995 saniert und ist ebenfalls ein gutes Beispiel dafür, wie man eine Kirchenruine trotzdem ansprechend nutzen kann. Sie feierte im September 2015 ihren 800. Geburtstag. Aus diesem Anlass erschien auch eine entsprechende Buchveröffentlichung. Allerdings ist auch ihr heutiges Erscheinungsbild nur noch ein Schatten ihrer einstigen Größe und Form. Ich erinnere mich, dass ich noch zu DDR-Zeiten Ende der 1970er Jahre ein Plakat zum Tag des Offenen Denkmals entworfen hatte, auf dem diese Kirche abgebildet war. Den Verantwortlichen des Kreiskulturamtes allerdings gefiel dieses Motiv damals gar nicht. Die Restaurierung sei doch vom Klassenfeind bezahlt worden, hieß es und hätte doch mit unseren sozialistischen Errungenschaften nichts zu tun! Tatsächlich kam wohl auch das Material aus dem Westen, denn in Folie eingeschweißte Dachziegel und Steine, sowie Aluminium-Gerüste waren hier bis dahin ziemlich ungewohnt ...

Auch die Neupflasterung des Innenhofes der Bartholomäikirche bis zum idyllischen Rosenwinkel und auch die Sanierung des Pfarrgebäudes der evangelischen Kirchengemeinde nach der Wende, muss man als gelungenes Beispiel Zerbster Stadtbildgestaltung ansehen. Leider stören hier täglich die unzähligen, auf dem Innenhof der Kirche abgestellten Autos diesen harmonischen Eindruck. Dabei gäbe es dafür gar keine Notwendigkeit, ist doch der große Parkplatz der Schlossfreiheit und der Volksbank nur wenige Schritte davon entfernt.

Der idyllische Rosenwinkel an der Bartholomäikirche

Der Innenhof der Bartholomäikirche und das sanierte Pfarrhaus

Das Kavaliershaus   Nr.12

Die beiden, das Stadtbild prägenden Kavaliershäuser auf der Schlossfreiheit haben ihre Ursprünge im 16. Jahrhundert und waren früher der Wohnsitz der höchsten Hofbeamten des fürstlichen Schlosses. Das Haus Nr. 12 erhielt seine jetzige Gestalt im 17. Jahrhundert. Mit dem Aussterben der Zerbster Fürstenlinie, verlor es seine einstige Bedeutung. 1873 beherbergte das Gebäude eine Peitschenfabrik. 1891 erfolgten Anbauten entlang des Wächterganges und parallel zum Hauptgebäude, um Klassenräume und eine Turnhalle unterzubringen. Seit 1806 wurde es als „Höhere Töchterschule" und bis 1936 als zehnklassiges Lyzeum benutzt. Nach dessen Auflösung zog die Knabenmittelschule ein und weil es die Bombardierung von Zerbst gut überstanden hatte, benutzte man es anschließend als Grundschule.

Nachdem die Freimaurerloge „Friedrich zur Beständigkeit" nach der Wende ihr Grundstück auf der gegenüberliegenden Straßenseite zurückbekommen hatte, musste ein neuer Rathaussitz gefunden werden.

Nach langen und heftigen Diskussionen, die auch über die Zeitung geführt wurden, und einige der Meinung waren, das neue Rathaus gehöre unbedingt auf den Markt, entschied man sich letztendlich, das Kavaliershaus Schlossfreiheit Nr. 12 zum Rathaus umzubauen. Aus heutiger Sicht eine sehr vernünftige Entscheidung zur Rettung dieses Gebäudes. Heute residiert hier in einem vorbildlich sanierten und restaurierten Umfeld der Bürgermeister mit seinem Gefolge der Verwaltungsgemeinschaft. Die einstige Aula wird heute als Sitzungssaal des Stadtrates genutzt, in die ehemalige Turnhalle wurde eine Zwischendecke eingezogen und daraus Büroräume hergerichtet. Im Keller befindet sich das neue Stadtarchiv und im vorderen Bereich gleich gegenüber dem Standesamt die Sammlung Katharina II.

Das Kavaliershaus Nr. 10

beherbergte später eine Bandfabrik und 1857 wurde es zum Amtsgericht. 1945 brannte es aus, wurde aber 1958 wieder aufgebaut. Die Fassade, die noch weitgehend erhalten war, wurde wieder hergestellt und ein neues Dach aufgesetzt. Zu DDR-Zeiten waren hier verschiedene Behörden der Kreisverwaltung untergebracht. Seit 1990 dient es wieder als Amtsgericht. Inzwischen erfolgten auch im hinteren Bereich, an dessen Wänden noch bis vor kurzem die Einschüsse vom Krieg zu sehen waren, verschiedene Erweiterungsbauten. Nach der Schließung des Gerichtes in der Brüderstraße, wurde dieses Objekt, das sich heute in Landesbesitz befinden soll, für 10 Jahre angemietet. Vor kurzem wurden sämtliche Fenster erneuert und auch der Innenbereich, das Dachgeschoss, sowie die Fassade und der Weg samt steinerner Pfeiler davor wurden für eine veranschlagte Summe von 460 000 Euro saniert.

Die ehemalige Schlosswache

am Eingang zum Schlossgarten, die bis vor wenigen Jahren ebenfalls noch als ergänzendes Rathaus genutzt wurde, ist von einem privaten Investor gekauft worden und beherbergt inzwischen ein Hotel samt Restaurant und einen Souvenir-Shop.

Das Gebäude Nr. 19

Das auf der Südseite der Schlossfreiheit gelegene Gebäude, 1799 errichtet, beherbergte einstmals die Bartholomäischule. Bis zum Umzug der Stadtverwaltung, war hier das Sozial-, Kultur- und Sportdezernat untergebracht. Seit dem Umzug ins Kavaliershaus steht dieses Gebäude leer und bietet inzwischen einen traurigen Anblick. Hier rächt sich heute, dass viele Jahrzehnte nichts zum Erhalt des Gebäudes unternommen wurde. Ein in Schieflage geratener Giebel auf der Westseite, von dem man befürchtete, dass er einstürzen könnte, wurde durch eine große Stahlkonstruktion von außen abgestützt. Wie mir einmal der damalige Hausmeister dieses Gebäudes erklärte, wäre dies aber gar nicht nötig gewesen. Dieser Giebel würde schon immer schief stehen, erinnerte er sich, und er sei sicher, dass diese Fachwerkkonstruktion durchaus in der Lage sei, noch hunderte Jahre zu halten. Außerdem sei der Giebel auch von innen sehr gut befestigt und es würde den Charme solcher Fachwerkhäuser ausmachen, dass sie eben sehr individuell und mitunter auch schief gebaut worden seien. Vor einem ähnlichen Problem standen vor einigen Jahren auch Besitzer eines Fachwerkhauses in der Dessauer Straße. Dank Hilfe von erfahrenen Zimmerleuten aus Nedlitz konnte der schiefe Giebel wieder nach innen gezogen werden – ein teures Stahlgerüst war nicht nötig.

An dieser Stelle sei auch an das „Schiefe Tor von Zerbst" des Heidetorfriedhofes erinnert, welches 2001 bereits 78 cm von der Senkrechten abgewichen war und einen Neigungswinkel von fast 7° erreicht hatte. Der 1582 von Peter Ninron aus Lugano errichtete Backsteinbau, wurde trotz eines Unbedenklichkeitsgutachtens vom ehemaligen Baudezernenten Bernd Schaurich, inzwischen durch bauliche Maßnahmen stabilisiert. Der wilde Wein, der dieses Tor bis zur Sanierung umrankte und im Herbst mit prächtiger Farbenpracht grüßte, fehlt inzwischen völlig. *(Zerbster Heimatkalender 2001).* Auch alle Birken davor wurden inzwischen entfernt. Das am Tor angebrachte, alte Straßenschild mit der „angeblichen" falschen Schreibweise „Pulspfordaer Straße", fehlt inzwischen. (Der Zerbster Dialekt machte aus dem Dorf Pulspforda im Laufe der Jahrhunderte Pulspforde. Das Schild war also durchaus korrekt beschriftet.)

Apropos Schieflage: auch der Südturm der mächtigen Zerbster Nicolaikirche hat inzwischen eine erstaunliche Neigung angenommen, die vom Marktplatz aus sehr deutlich zu erkennen ist. Die Ursache soll eine Explosion in der Pulverkammer im Mittelalter gewesen sein ...

Dass beide Zerbster Friedhöfe wahre Fundgruben des historischen Stadtbildes und der Zerbster Geschichte sind, und sich hier über die Jahrhunderte unglaubliche Kunstwerke angesammelt haben, sei hier nur am Rande bemerkt. Leider befinden sich viele davon, besonders auf dem Frauentorfriedhof, in einem jammervollen Zustand. Sollten hier nicht bald umfangreiche Maßnahmen eingeleitet werden, diese einmaligen Schätze Zerbster Stadtgeschichte für die Nachwelt zu retten, dann wird es schon in wenigen Jahren dafür zu spät sein – falls es bei einigen, wie z.B. bei den beiden barocken Grabsäulen mit allegorischen Darstellungen auf dem Frauentorfriedhof nicht schon zu spät ist. Aber auch noch älteren Grabplatten auf dem Heidetorfriedhof, die unter Denkmalschutz stehen,

machen Witterungs- und Umwelteinflüsse schwer zu schaffen. Auf einigen Objekten wächst schon Moos.
(→ Rainer Frankowski – „Der nackte Mann auf dem Friedhof", Zerbster Heimatkalender 2003)

Zurück zur Schlossfreiheit: Wie es allerdings mit diesem Stadtbild prägenden, historischen Gebäude Nr. 19 in Zukunft weitergeht und ob die Chance und das Interesse besteht, dieses Gebäude der Nachwelt zu erhalten, ist völlig offen … Wird hier keine Lösung gefunden, steht vermutlich irgendwann nur noch das Stahlgerüst dort. Für das Zerbster Stadtbild wäre der Verlust dieses Hauses im Ensemble der Schlossfreiheit, über 70 Jahre nach Kriegsende, eine weitere, aber vermeidbare Katastrophe.

Das Gebäude der ehemaligen Bartholomäischule,
Schlossfreiheit Nr. 19 im Jahre 2015

Der Dicke Turm

Im November 2014 suchte die Evangelische Kirchengemeinde über die „Volksstimme" Patenschaften für zwei Sandsteinfiguren, die sich an der Fassade des Dicken Turms befinden und in einem desolaten Zustand waren. Zu diesem Zeitpunkt war man gerade dabei, Regenabläufe am Dach dieses einstigen Wehrturmes aus dem 13. Jh. neben der Bartholomäikirche anzubringen, der ab 1432 als Glockenturm dieser Kirche diente und im 16. Jh. einen Renaissanceaufbau erhielt, der im Krieg zerstört wurde. Die bereits unansehnlich Fassade sollte saniert werden. Als Grund für die Schäden wurden Konstruktionsmängel angegeben, die seit der Erstellung eines Notdaches in den 1950er Jahren aufgetreten waren.

Wegen fehlender Regenablaufrinnen lief das Wasser also direkt an der Fassade herunter. Diese war dadurch ständig feucht, wurde schwarz und zerbröselte. Was allerdings nicht in der Zeitung stand: In den 1990er Jahren wurde das „Notdach" des Dicken Turms bereits erneuert und die Schäden an der Fassade behoben. Allerdings wurden keine Regenabläufe installiert. So war es also nur eine Frage der Zeit, bis die gleichen Schäden wieder auftraten, die man erst vor einigen Jahren behoben hatte. Inzwischen machte auch die Statik des Kirchendaches von St. Bartholomäi Probleme und musste 2015 durch entsprechende Maßnahmen stabilisiert werden.

RTL-Frauentausch und das Zerbster Stadtbild

Am 8. Januar 2009 strahlte der Fernsehsender RTL 2 seine 198. Episode der Reality-Show „Frauentausch" aus, die hier in Zerbst zu großer Aufregung führte. In der Serie geht es darum, dass Frauen für einige Zeit unter Begleitung eines Fernsehteams ihre Familien wechseln. Je extremer die ausgesuchten Charaktere sind, die da aufeinander treffen, desto höher scheint der Schauwert und die Einschaltquote des Senders zu sein …

In dieser Folge zog also die 32-jährige, arbeitslose und schwergewichtige Yvonne aus Zerbst nach Hamburg und die adrette Natalie aus Hamburg kam nach Zerbst. Wohnort von Yvonnes Familie war zu diesem Zeitpunkt der Kleine Klosterhof, gleich gegenüber der Marienpforte. Die Handlung denkbar einfach: Yvonnes Mann arbeitslos, der kleine schulpflichtige Sohn guckt früh schon Fernsehen und die mit im Haus wohnende Oma gibt zu allem ihre Kommentare ab. Als Natalie aus Hamburg beim Geschirrspülen ein Küchenbrettchen zerbricht, eskaliert die Situation … Während Hamburg als attraktive und grüne Shopping-Stadt dargestellt wird, zeigt RTL von Zerbst nur die hässlichsten Häuser. Selbst die Schlussszene wird in der Schlossruine gedreht, wobei der Zuschauer gar nicht erklärt bekommt, was er da eigentlich sieht.

So dauert es dann gar nicht lange, und einige Jugendliche randalieren vor Yvonnes Haus. Die Darsteller bekommen Polizeischutz. Erst durch diese Ereignisse werden viele auf den RTL-Beitrag und im negativen Sinne auch auf Zerbst aufmerksam. Manche sind entsetzt, fühlen sich von RTL 2 verhöhnt und lächerlich gemacht. Und vermutlich war das vom Münchner Sender auch genau so gewollt: auf der einen Seite die smarten Wessis in blühenden Landschaften und auf der anderen Seite, die faulen und dummen Ossis, die sich aushalten lassen und von Sozialtransfers leben.

Das Ergebnis dieser Sendung zog weite Kreise und viele Medien berichteten darüber. Und damit hatte RTL genau das erreicht, was man beabsichtigte: auch der letzte Hinterwäldler interessierte sich plötzlich für ihre Sendung! Und so gab es dann natürlich auch die unterschiedlichsten Kommentare dazu. Während die einen davon sprachen, die unbedarften und naiven Darsteller würden das Ansehen der Stadt Zerbst schädigen, schlugen andere vor, man solle sie nicht beschimpfen, sondern sich einfach mehr um sie kümmern. Noch Tage nach der Ausstrahlung pilgerten die Leute zum Kleinen Klosterhof, um sich vor Ort ein Bild des Geschehens zu machen.

Wenn RTL 2 offensichtlich die hässlichsten Ecken von Zerbst als Kulisse ausgesucht hatte und das Wohnhaus der Familie nur wenige Meter von der historischen Stadtmauer entfernt war, was dem Zuschauer gar nicht gezeigt wurde, dann ändert das aber nichts an der Tatsache, dass es nicht nur 2009, sondern auch noch 2016 solche hässlichen Ecken in der „Touristenstadt Zerbst" gibt. Mehrere davon ausgerechnet neben der Zerbster Stadtmauer auf dem Kleinen und Großen Klosterhof, also auf der touristisch ausgewiesenen „Katharina-Route". Der Sender hatte also nichts erfunden, er hatte nur gefilmt und gezeigt, was ganz normale Touristen auch zu sehen bekommen, wenn sie durch diese Stadt schlendern.   (→ Größter städtebaulicher Missstand: die Klosterhöfe)

Eigentlich müsste die Stadt dankbar sein, dass die smarte Natalie aus Hamburg nicht, wie viele Gäste zu den Internationalen Fasch-Festtagen, mit dem Zug angereist war. Der Zerbster Bahnhof mit seinen zerstörten, vernagelten Fenstern und Türen, den Graffiti-Schmierereien, dem Unkraut und der beängstigenden Taubenplage noch 2015, wäre für das Image der Stadt wohl ebenso peinlich gewesen. Auch wenn das Gebäude nicht Eigentum der Stadt ist (Die Bahn hatte ihn zum Verkauf ausgeschrieben), so vermittelt er doch den ersten Eindruck, den Besucher von dieser Stadt bekommen.

Erwähnt werden soll an dieser Stelle noch, dass Bürgermeister Helmut Behrendt in der Zeitschrift „Superillu" Nr.6, vom 29.01.09 ein ganzseitiges Interview zu dieser RTL-Sendung gab, und die Stadt Zerbst und die Touristik-Chefin nach dieser Misere Hamburger Familien zu kostenlosen Stadtführungen nach Zerbst eingeladen hatten.

Der Wirbel um den RTL-Beitrag ist lange schon vorbei. Die traurigen Häuser auf dem Kleinen und Großen Klosterhof gibt es leider auch noch im Jahre 2016, auch wenn hier inzwischen ein Privatmann versucht, diese mit seinen bescheidenen Mitteln und in seiner Freizeit zu restaurieren und für die Nachwelt zu retten. Auch hier sei noch einmal an die Worte des ehemaligen Stadtrates Paul Kirchner erinnert, wonach sich Tourismus nur betreiben lässt, wenn die natürlichen Grundlagen dafür erhalten werden!

Die RTL-Küchenprofis im Einsatz

Bereits im Mai 2008 war RTL schon einmal in Zerbst. Die „Küchenprofis" waren unterwegs, um angeschlagene Gaststätten entweder aufzupeppen, oder die letzte Ölung zu geben. Dass sich die Besitzer mit dieser Einladung keinen Gefallen getan hatten, wurde erst nach Ausstrahlung der Sendung deutlich. Schon bei der Anreise im Kleinbus wurde über ein Foto von der im Hintergrund zu sehenden Schlossruine gespottet: „Hier scheint der Lack ja auch schon lange ab zu sein!", hieß es. In der Gaststätte herrschte das Chaos, Essen gab es aus Dosen und Tüten, die Chefin nach eigenen Angaben nicht vom Fach und überfordert, die Köchin mit Zigarette im Mund ... Als sich die drei Küchenprofis dann ans Werk machen wollten, versagte der Herd und eine völlig neue Küche musste beschafft werden ... Kurz und gut, RTL kam auf seine Kosten, die Zuschauer schüttelten mit dem Kopf und die eiligst herangeschafften Sitzgelegenheiten für die vor der Tür schon wartenden

Gäste, sollen angeblich einige Tage nach Ausstrahlung der Sendung wieder geklaut worden sein ...

Kurze Zeit später war diese Gaststätte in der Käsperstraße mit Blick auf die Schlossruine, die sich eine große Werbung für ihr Geschäft versprochen hatte, geschlossen ...

Der Wasserturm von Zerbst

Ein schon von weitem sichtbares, markantes und die Silhouette der Stadt Zerbst prägendes Gebäude ist zweifelsfrei auch der alte Wasserturm am Stadtausgang in Richtung Luso. Vor über 100 Jahren errichtet, ist es ein historisches und technisches Baudenkmal. Die Stadt stand vor der Entscheidung, den Turm zu übernehmen, oder sein weiterer Verfall wäre vorprogrammiert. Auf Initiative von Stadträtin Sigrun Knäbel (FDP) und ihrer Tochter Dagmar, die in der Nähe des Wasserturmes aufwuchs, heute in Erfurt wohnt und ihre Mutter moralisch

„unter Druck" setzte, gründete sich am 17. September 2009 ein Förderverein zur Rettung des Bauwerkes mit anfangs 12 engagierten Mitstreitern. Der Verein, der heute bereits 55 Mitglieder zählt, hat in den letzten Jahren unter reger Anteilnahme der Bevölkerung viel erreicht. So wurde das alte, schwergewichtige Rohrnetz im Turm abgebaut und der Wildwuchs beseitigt. Im Dachbereich erfolgten Sanierungs- und Reparaturarbeiten und auch das Umfeld wurde gestaltet. Der für eine Zeit lang komplett eingerüstete Turm, war ein seltener Anblick für die Öffentlichkeit. Die große Resonanz und das große Interesse bei der Bevölkerung, bei Veranstaltungen und Führungen zeigen, dass hier der Verein in Zusammenarbeit mit der Wasserwirtschaft einen vorbildlichen und wichtigen Beitrag im Sinne der Erhaltung des alten Zerbster Stadtbildes leistet.

Der Zerbster Bahnhof

Im Gegensatz zum alten Zerbster Wasserturm wurde ein kleiner, alter Wasserturm neben dem Zerbster Bahnhof, der fast ein Jahrhundert zur Betankung der Dampflokomotiven diente, vor einigen Jahren von der Öffentlichkeit fast unbemerkt, abgerissen. Heute erinnert nichts mehr an diesen Turm, außer einige alte Fotos. Auch vom einstigen prachtvollen Bahnhofsgebäude mit seinen Türmchen und Anbauten, ist nur noch wenig geblieben. Schon 20 Jahre nach der Fertigstellung 1868 zerstörte ein Feuer 1888 einen Teil des Empfangsbereiches.
In den 1920er Jahren musste der Turm des Bahnhofes wegen Baufälligkeit abgerissen werden. Es scheint fast ein Wunder, dass die historische Überdachung mit ihren gusseisernen Säulen heute noch am Bahnsteig vorhanden ist. 1945 wurde der Bahnhof vom Bombenhagel verschont. Kaum einer wird wissen, dass der Abriss und der Neubau des Bahnhofes in den 1970er Jahren tatsächlich diskutiert wurde.

In der Nacht, als der Fröbel-Kindergarten brannte, hatten Unbekannte auch im Zerbster Bahnhofsgebäude Feuer gelegt. Dieser Brand konnte sich aber nicht ausbreiten und somit keinen großen Schaden anrichten.

Die Eisenbahnlinie Roßlau-Zerbst, Leopoldsbahn genannt, wurde 1863 eröffnet und feierte 2013 ihren 150. Geburtstag. In letzter Zeit wurden die umfangreichen Gleisanlagen des ehemaligen Rangierbahnhofs und auch die marode Jannowitzbrücke entfernt. Ein Tunnel verbindet jetzt die beiden noch verbliebenen Gleise in Richtung Dessau und Magdeburg. Der Bahnhof im Nachbarort Jütrichau wurde inzwischen ganz geschlossen und ist mit der Bahn nicht mehr erreichbar. Für die einstige Jannowitzbrücke ist inzwischen ein Ersatzneubau geplant, der aber wegen fehlender Gelder nicht umgesetzt wurde.

Wegen seines heruntergekommenen Zustandes war der Bahnhof in den letzten Jahren immer wieder Ziel der Kritik. Zugenagelte Fenster und Türen, Graffiti-Schmierereien, eine Taubenplage und hüfthohes Unkraut vermittelten den Eindruck einer heruntergekommenen Stadt. Der angebliche Eigentümer sei nicht zu ermitteln, hieß es. Bei einer Begehung wurde festgestellt, dass der Bahnhof, der inzwischen nur noch als ein Haltepunkt herabgestuft worden war, immer noch das Ortsschild „Zerbst" aufwies. Und das, nachdem die Stadt schon seit mehreren Jahren den Zusatz „Anhalt" beschlossen hatte. Die Bahn begründete das damit, dass die Änderung auch der Fahrpläne mit hohen Kosten verbunden wäre, an denen sich die Stadt nach Antrag beteiligen müsse ... *(u.a. „Einstiger Prachtbau verwahrlost, weder Bahn noch Stadt fühlen sich zuständig" - „Volksstimme", 22. Juli 2015).*

Park and Ride: 2015 wurde bekannt, dass die Stadt beabsichtige, den Bahnhofsvorplatz ein zweites Mal nach der Wende umzugestalten, um 80 zusätzliche Parkplätze zu schaffen. „Vom Auto direkt in den Zug?", fragte die „Volksstimme" am 14. April. Bahnhofsvorplatz und Karl-Marx-Straße würden inzwischen dazu nicht mehr ausreichen, so die Argumentation. Außerdem gäbe es dafür 90 000 Euro Fördermittel. Da diese Parkplätze in der Mitte der Grünanlage entstehen sollten, gab es Widerspruch aus der Bevölkerung. Wenn schon der Bahnhof in einem so beschämenden Zustand sei, gäbe doch wenigstens die Grünfläche davor dem Besucher noch etwas Hoffnung auf eine vielleicht schönere Stadt ...

Mein Vorschlag, die inzwischen völlig freistehende Fläche des ehemaligen Güterbahnhofs bis zur ehemaligen Jannowitzbrücke zu nutzen, stieß auf breite Zustimmung. Nach Aussage des Bürgermeisters, würde man sich schon Jahre vergeblich um den Kauf dieser Fläche bemühen. Ungeklärt war zu diesem Zeitpunkt auch die berechtigte Frage, weshalb die Kehrmaschine der Stadt gleich an mehreren Tagen in der Woche, die abgestellten Autos vertreiben würde und ob man nicht vielleicht erst einmal daran etwas ändern könne?

Nach zwei öffentlichen Sitzungen des Stadtrates zu dieser Problematik wurde der alte Plan verworfen und in einer dritten Sitzung ein überarbeitetes Projekt vorgestellt. Danach soll die Grünfläche samt Bäumen weitgehend erhalten bleiben und es sollen nur im vorderen und hinteren Bereich Parknischen für Autos eingerichtet werden. *(„Volksstimme", 7. und 23. Mai 2015)*

Das Gebäude des Landratsamtes

Das von den Berliner Architekten Kraaz und Becker im Jugendstil entworfene und 1902 seiner Bestimmung übergebene Gebäude, beherbergte die Kreisverwaltung und ist heute Außenstelle des Landratsamtes des Landkreises Anhalt-Bitterfeld. Die Architekten waren damals Sieger eines Wettbewerbes. Das großzügige und mit aufwendigen Schmuckelementen gestaltete Gebäude, ist mit einem Turm und einem imposanten Hauptportal versehen. Dass es heute nach gelungener Sanierung innen und außen noch seiner Funktion gerecht wird, zeugt von der Weitsicht und dem Schönheitsempfinden der Architekten. Es lohnt sich, die einzelnen Figurenreliefs etwas näher zu betrachten. Sehr gut fügt es sich auch in das Umfeld des angrenzenden Schlossparks ein, war die Turmspitze doch auch ein gestalterisches Verbindungselement zur Spitze des Zerbster Schlosses oder zur Spitze des Postgebäudes gegenüber. Durch ihre markante Gestaltung waren diese „hoheitlichen Beamtengebäude" schon von weitem ein Wegweiser für Besucher. Zur Erweiterung wurden im Laufe der Zeit auch angrenzende Gebäude mit einbezogen. Mit der Verlagerung der Kreisbehörden erst nach Roßlau und später nach Köthen/Bitterfeld ist dieses Gebäude heute nur noch eine Außenstelle. Heute ist dort u.a. auch die Kommunale Beschäftigungsagentur (KomBa) untergebracht. 2016 zog sogar das Bürgerbüro aus, blieb aber in Zerbst.

Erwähnt werden soll hier noch, dass anstelle des ehemaligen Küchentraktes auf dem Hof des Landratsamtes nach der Wende eine Millionen schwere, gläserne Mehrzweckhalle entstehen sollte, um dem Kreistag als Sitzungssaal zu dienen. Da aber damals zwei Drittel der Verwaltung in die ehemaligen Roßlauer Kasernen ausgelagert wurden, und der Hauptsitz des heutigen Landkreises Anhalt-Bitterfeld inzwischen Köthen ist, blieb Zerbst und dem Steuerzahler dieses Projekt auf dem Innenhof des Landratsamtes erspart. Umso besser ist

Das Gebäude des Landratsamtes von 1902 (oben) und der Post von 1897 im Jahre 2015 (unten)

jetzt die lange verstellte Aussicht auf den Schlossgarten und auf den Backsteinbau des alten Wasserturms, der für die einstigen Springbrunnen und Wasserspiele des Parks errichtet wurde.

Ein ganzes Ensemble malerisches Alt-Zerbst wurde 1994 an der Ecke Kleine Käsperstraße/ Jeversche Straße abgerissen.

Das Postgebäude

auf der gegenüberliegenden Straßenseite entstand bereits 1897. Es beherbergt bis heute die Post. Nachdem das Monopol der Post aufgelöst war, und man sich dem Markt mit vielen Konkurrenten stellen musste, bestimmte lange Zeit eine Schweizer Immobilienfirma über das Schicksal dieses Stadtbild prägenden Gebäudes. Inzwischen gibt es auch hier Handlungsbedarf, um dieses imposante Gebäude für das Stadtbild und die Nachwelt zu erhalten. Sollte die Post dieses Gebäude einmal verlassen, wären auch hier attraktive oder altersgerechte Wohnungen mit Blick auf den Schlossgarten und mit eigenem Hofparkplatz vorstellbar.

Erwähnt werden soll an dieser Stelle auch der Zustand der Kugelbäumchen, die einst vor diesen beiden Gebäuden beidseitig der Fritz-Brandt-Straße gepflanzt wurden und dort schon seit über 100 Jahren das Straßenbild prägen. Krankheiten, unsachgemäßer Verschnitt und das gezielte Entfernen einer ganzen Reihe von Bäumen zur Schaffung von beidseitigen Bushaltestellen (allein auf Seite der Post verschwanden so 5 Bäume!), sind für das traurige Aussehen verantwortlich, das sich heute dem Besucher bietet. Auch hier besteht Handlungsbedarf für eine Neubepflanzung, wobei die Möglichkeit, in den Bus zu steigen oder hier mal eben kurz anzuhalten, um einen Brief in den Briefkasten zu stecken, oder Geldgeschäfte zu erledigen, nicht das Maß aller Zerbster Gestaltungsdinge sein sollte. Ein Blick nach Dessau lohnt sich auch hier, wo vor dem Haupteingang der Post weder gehalten noch geparkt werden darf!

Zerbster Mühlen

Weil Zerbst von Flussläufen durchzogen ist, existierten hier früher einst die verschiedensten Wind- und Wassermühlen. Nur einige davon sind heute noch als Gebäude erhalten, wie der Komplex der bereits erwähnte Ankuhnsche Mühle, der sich in einem schlimmen Zustand befindet und die erst 1973 von ihrem Mahlwasseranschluss getrennt wurde. Diese Mühle war nicht mit einem Schaufelrad, sondern mit einem Schneckenantrieb versehen.

Die Mühlen an der Magdeburger Straße oder in der Gartenstraße wurden zu Wohngebäuden umgebaut. Ebenso die bereits erwähnte

Gerettet und saniert: die Frauenmühle

Mühle im Haus Nr. 60 auf der Mühlenbrücke, die Buchmühle in nordöstlicher Richtung. Die Kötschauer Mühle, ebenfalls nordöstlich von Zerbst, brannte zur Wendezeit ab, weil sich dort Jugendliche regelrechte Kämpfe lieferten. Einzig die einst zum Frauenkloster gehörende Mühle am Frauentorplatz, kann heute in der Stadt Zerbst noch in gutem Zustand bewundert werden. Davon wird besonders zum Tag des offenen Denkmals, oder zum Weltmühlentag reger Gebrauch gemacht. Auch hier zeigt sich, dass das Interesse an der Zerbster Geschichte in der Öffentlichkeit ungebrochen ist. Die Eigentümer, Familie Handrich, haben hier mit viel Liebe und Engagement die alte Mühle stilgerecht saniert und zur Wohnung umgebaut, wobei der Mühlentrakt samt Inventar erhalten geblieben ist. Früher wurde der Flusslauf der Nuthe, der viele Jahrhunderte von Osten kommend das Mühlrad antrieb und in einem plätschernden Bach vom Alten Teich durch die Stadtmauer führte, mit einem Wehr reguliert. Auch das ist heute nicht mehr vorgesehen, obwohl es für das Stadtbild eine echte Bereicherung wäre. Und nicht nur das, durch das Fehlen dieser Regulierungsmöglichkeit ist es heute auch viel schwieriger, Wassermengen abzuleiten, wenn die Abwasserkanäle überfordert sind. Auch hier können wir von unseren Vorfahren noch einiges lernen.

Vielleicht sollte hier auch erwähnt werden, dass die Nuthe noch in den 1970er Jahren ein glasklares Gewässer war, in dem sich nicht nur Forellen und Aale tummelten (mein Vater Paul war leidenschaftlicher Angler und nicht selten brachte er prächtige Exemplare mit nach Hause). Aber auch Kanusportler trainierten hier für ihre Wettkämpfe. Von der Brücke am Alten Teich schauten wir Kinder gern diesem bunten Treiben zu.

Obwohl das Mühlengebäude hervorragend saniert und restauriert wurde, fehlt heute leider das Mühlrad, was das Bild auf angenehme Weise vervollständigen würde. Auch eine Gaslaterne, die an beiden Ecken zur Stadtmauer angebracht war und auf alten Fotos nach zu sehen ist, würde dem Gebäude sicher gut stehen und den idyllischen Winkel Alt-Zerbst noch etwas aufwerten.

Ein vergessenes technisches Denkmal: die Tischlerei Krug

Wer heute vor dem unauffälligen Haus Friedensallee Nr. 21 steht, ahnt wohl kaum, dass sich im Hintergebäude ein technisches Denkmal befindet. 1910 gründete hier der 1873 in Loburg geborene Tischlermeister Karl Krug, der damals als Modelltischler in der Firma Brauns arbeitete, eine selbständige Tischlerei. Sohn Oskar, geboren 1901, machte schon mit 23 Jahren seinen Meisterabschluss und führte diese fort. Dessen Sohn Harry wiederum, folgte dieser Tradition bis zum Eintritt in den Ruhestand 1992. Bekannt und beliebt war diese Werkstatt wegen der Vielseitigkeit, der besonderen Präzision ihrer Arbeiten und für die bewundernswerte Beherrschung alter Handwerkstechniken, die heute kaum noch jemand vermitteln kann.

So arbeitete Harry Krug bis heute mit den Werkzeugen, Techniken und Maschinen seiner Vorfahren. Es schien, als wäre die Zeit hier stehen geblieben. Zugesägt, gehobelt oder gefräst wurden die Teile auf Maschinen, die quer durch den Raum mit Transmissionsriemen über verschiedenste Umlenkrollen angetrieben wurden. Nägel oder Schrauben waren dank exakter Verzapfungen verpönt, und geklebt wurde, wie schon bei unseren Vorfahren, mit angewärmten Knochenleim. Auch das Furnieren von Möbeln war gängige Praxis. Um das Furnierholz zu bekommen, musste der Tischler bis nach Leipzig fahren. Als „freundlichen Anreiz" nahm er oft Zerbster Spargel mit. Auf diese Weise entstanden hier einmalige und sehr individuelle Stücke, vom Fenster bis zum Museumstor, von der nach West-Kakatog in Auftrag gegebenen Schrankwand zu DDR-Zeiten bis zum restaurierten Erbstück aus Familienbesitz. Unzählige Wochenenden verbrachte der Tischlermeister so in seiner Werkstatt.

Nach der Wende ging es dem Handwerker wie vielen anderen. Die Aufträge gingen zurück, vieles gab es fertig im Baumarkt oder irgendwo billiger. Qualität spielte kaum noch eine entscheidende Rolle. Dass die Leute heute von allem den Preis, aber von nichts den Wert kennen, musste auch Harry Krug erfahren. Seit dem Ruhestand verwaiste die Traditions-Tischlerei und übrig blieb ein einmaliges Stück Zerbster Stadt- und Handwerksgeschichte, für das allerdings hier bisher kaum jemand ernsthaftes Interesse gezeigt hat. Und so ist es wohl nur eine Frage der Zeit, bis auch diese Werkstatt samt ihrer historischen Einrichtung verschwunden und vergessen sein wird ...

Bilder, die Geschichte erzählen

Im November 2010 kehrte nach über sechs Jahren ein Ölgemälde mit der Panorama-Ansicht vom alten Zerbster Stadtbild nach Zerbst zurück. Das vom Dessauer Maler Max Korn (1862- 1936) geschaffene Werk, zeigt die Zerbster Landschaft in etwa von Stelle des Wasserturms der Familie Finger (Magdeburger Straße) in Richtung Süd-Ost blickend. Das 1911 entstandene Gemälde hing nach der Wende lange Zeit im Foyer des Bauamtes der Stadtverwaltung auf der Wolfsbrücke, bis es bei einem Wasserschaden beschädigt wurde. Das 94 x 122,5 cm große Gemälde auf Leinwand, von Evelyn Wittkowski in Berlin restaurierte, und mit 3 000 Euro durch die Sparkassenstiftung unterstützte Bild, fand einen neuen Platz im Museum der Stadt. Auch das Gemälde „Luthers Ankunft in Zerbst" von Max Korn, aus dem Zerbster Museum, hatte die Berliner Restauratorin bereits in Arbeit.
Ein einzigartiges und sogar lange zerstört geglaubtes Bild kehrte Im Dezember 2015 nach St. Bartolomäi zurück. Zugeschrieben wird es dem Reformationsmaler Lucas Chranach dem Jüngeren (1515-1586), der es etwa im Jahre 1565 geschaffen haben soll, und das nach 1945 seinen Weg ins Landesarchiv Halle gefunden hatte.

Als die Schweinemast vor der Tür stand

Im Oktober 2010 fand in der Zerbster Stadthalle drei Tage lang ein Erörterungstermin mit dem Landesverwaltungsamt Sachsen-Anhalt statt. Es ging um ein Genehmigungsverfahren für ein geplantes Schweinemast- und Biogasprojekt auf dem Zerbster Flugplatzgelände. Die Görtz Zerbst GmbH & Co. Agrar KG aus Klein Wanzleben wollte hier im großen Stil für 8,5 Mio. Euro eine Schweinemastanlage errichten. Geplant waren etwa 40 000 Ferkel und rund 41 000 Mastschweine pro Jahr. Abgesehen von der ethischen, moralischen und ökologischen Fragwürdigkeit solcher Massentierhaltungen, wäre hier Zerbst vor vollendete Tatsachen gestellt worden, die die Lebensqualität dieser Region und den vermeintlichen Tourismus-Standort massiv gefährdet hätten. Aufgeschreckt durch Fernsehdokumentationen und Stellungnahmen von diversen Umweltschutzorganisationen, kam zu es zu Bürgerprotesten und es wurden tausende Unterschriften gegen diese Pläne gesammelt. Die Stadt selbst musste einen erfahrenen Fachanwalt beauftragen, um überhaupt eine Chance zu haben, gegen diesen Wahnsinn anzugehen. Auch ich habe damals Unterschriften gesammelt, und an drei Tagen diesen Anhörungstermin in der Stadthalle wahrgenommen. Ich war entsetzt, mit welcher Kaltblütigkeit die Anwälte der Betreiber-Seite argumentierten. So hätten die Zerbster nach geltender Rechtslage „keinen Anspruch auf eine geruchsfreie Umwelt!" – wurde dort festgestellt. Und das, obwohl das Bebauungsgebiet auch noch im Einzugsbereich des Trinkwasserschutzgebietes Elbe-Fläming liegt, das Trinkwasser bis nach Magdeburg, in den Harz und nach Lutherstadt-Wittenberg liefert. Aber auch der Zerbster Luftsportverein forderte seine Rechte ein, sowie der Zerbster Fleischhändler Rätsel, der wegen der befürchteten Geruchsbelästigung und seiner teuren und empfindlichen Gewürze aus aller Welt, das Aus für seine Firma in Pulspforde befürchtete.

Das Hauptproblem bei solchen industriellen Massentierhaltungen ist, dass die Gewinne privatisiert und die Schäden der Allgemeinheit übertragen werden. Möglich ist das alles nur durch eine falsche Ansiedlungs- und Tierschutzpolitik, die noch mit Millionen an Steuergeldern gefördert wird. Billiger Boden, billige Arbeitskräfte, lasche Umweltgesetze und eine Bevölkerung, die nicht gelernt hat, sich dagegen zu wehren, locken Unternehmer hauptsächlich aus dem niederländischen Raum an, wo es in manchen Regionen inzwischen schon mehr Schweine als Menschen gibt und Prämien gezahlt werden, wenn solche Anlagen wieder verschwinden. Auch Sachsen-Anhalts Landwirtschaftsminister Hermann Onko Aeikens (CDU) favorisiert diese Ansiedlungen vehement, obwohl aus Niedersachsen gemeldet wurde, dass wegen der vielen Gülle, die Trinkwasserqualität in einigen Regionen schon gar nicht mehr gewährleistet werden kann ... Dazu kommen jährlich noch 1,5 Mio. Tonnen Gülle, die offiziell aus den Niederlanden nach Deutschland verbracht und hier verklappt werden. Die wenigsten werden auch wissen, dass jedes Jahr Millionen Schweine umsonst getötet werden, denn ihr Fleisch wandert am Ende in den Müll.

Dass diese Schweinemastanlage Zerbst letztendlich erspart blieb, hängt damit zusammen, dass der Investor verschiedene Gutachten nicht vorlegen konnte. Hätte er, wie geplant, einen neuen Antrag mit weniger Tieren gestellt, so wäre das gesamte Feststellungsverfahren wieder von vorn angelaufen. Ob dann noch ein einziger Einwohner dieser Region die Kraft und den Willen gehabt hätte, sich dagegen zu wehren, bleibt fraglich. Ende 2014 musste übrigens im benachbarten Jerichower Land ein Schweinemastbetrieb der mit 100 000 Tieren wegen katastrophaler und unhaltbarer Haltungsbedingungen amtlich geschlossen werden.

Und während die Schweinemast in Zerbst endlich vom Tisch ist, wurde stattdessen eine Biogasanlage auf dem Zerbster Flugplatzgelände errichtet. Einige Zeit davor, entstand eine solche auch am Boneschen

Weg auf dem Gelände des städtischen Heizkraftwerkes - früher mit Kohle, nach der Wende mit Gas betrieben.

Mit einer Investitionssumme von rund 11 Millionen Euro verarbeitet die Anlage auf dem Flugplatz übers Jahr 45 000 Tonnen Biomasse. Das Problem solcher Anlagen ist, dass Unmengen von Silage benötigt werden, um rentabel arbeiten zu können. Das wiederum bedeutet, dass im Umkreis von vielen Kilometern nur noch Pflanzen angebaut werden, die sich dafür eignen. Den Landwirten bringt es sichere Einnahmen, für die Artenvielfalt der Tierwelt, für die Bienen und für die Böden dieser Region ist es eine Katastrophe! Damit kehrt sich die Idee einer grünen Biogastechnologie, Restabfälle einer vernünftigen Verwendung zuzuführen, in ihr Gegenteil um. Auf jedem Hektar angebauter Silage-Pflanzen, kann keine Nahrung oder kein Futter mehr produziert werden. Auch das wird zweifellos Auswirkungen auf das Zerbster Stadtbild-Umfeld und auf den Tourismus haben. Genauso, wie die überall aus dem Boden schießenden Windkraftanlagen. Neben den bereits bestehenden, sollen jetzt um Zerbst weitere 10 Windräder aufgestellt werden. Ebenfalls auf dem ehemaligen Flugplatzgelände entstand auch eine riesige Solaranlage und der Zerbster Luftsportverein erhielt ein eigenes Territorium.

Schimmel im Museum

„Auf Grund einer ernst zu nehmenden Schimmelausbreitung schließt das Museum der Stadt Zerbst bis auf Weiteres seine Türen" verkündete Bürgermeister Andreas Dittmann vor dem Stadtrat *(„Volksstimme", 31. Mai 2013)*. Alle befallenen Objekte müssten gereinigt und desinfiziert werden. Betroffen waren auch bereits aufwendig restaurierte alte Handschriften und Kirchenregister, die vom Stadtarchiv ins Museum geholt worden waren.

Die Ursache für diesen Schimmelbefall sah der Bürgermeister in einer „energetischen Teilsanierung" des Gebäudes in den letzten Jahren, bei der auch neue Fenster eingebaut worden waren. Auch der Einsatz von Entfeuchtern brachte nicht den gewünschten Erfolg. Bausachverständige und Restauratoren wurden hinzugezogen, um eine nachhaltige Lösung zu finden. Das unter Denkmalschutz stehende und der Kreisverwaltung gehörende Gebäude des Gymnasium Francisceum, einer ehemaligen Klosteranlage aus dem 13. Jahrhundert, war aus Mitteln des Konjunkturpaketes II ab 2010 „energetisch saniert" worden. Bei diesen Maßnahmen hatte man unter Aufsicht der Denkmalschutzbehörden 160 Fenster erneuert, oder verändert. Auch die Fassade wurde einer Sanierung unterzogen. Als „problematisch" schätzte im Dezember 2010 der Projektant Erich Mühlbauer die Situation der Fenstersanierung im städtischen Museum ein (zu Klosterzeiten waren die Kreuzgänge noch offen und es gab natürlich auch keine Heizung). Dass die Archivbestände und einmalige historische Unterlagen, die mit viel Glück die Bombardierung von Zerbst überlebt haben, ganz besondere Pflege und ganz besondere Lagerbedingungen benötigen, war allen Beteiligten bekannt. Diese Anforderungen an bestimmte Luftfeuchtigkeit und Temperatur konnten in den Räumen, in denen das Museum untergebracht ist, kaum erreicht werden. Aus diesem Grunde wurde nach der Wende mit großem Aufwand ein Archiv in den Kellerräumen des Kavaliershauses auf der Schlossfreiheit eingerichtet. Das war damals eine Bedingung, um die historischen Archivalien, die sich bis dahin in der Hoheit der Kreisverwaltung, Abteilung Inneres befanden, wieder zur Stadt zurück zu holen. Dass diese einmaligen Schätze der Zerbster Geschichte zu DDR-Zeiten in einem Verschlag des Heizungskellers im Kindergarten Zerbst-Nord aufbewahrt wurden, war allein schon schlimm genug. Nicht die geringsten Vorgaben über notwendige Lagerbedingungen von Archivgut wurden hier eingehalten. Das galt übrigens auch für die kostbare, dreibändige Zerbster Prunkbibel, die in einem Schließfach einer Zerbster Bank deponiert war und nach der Wende aufwendig restauriert werden musste.

Die wenigsten wissen vermutlich, dass alle Archivalien über das Zerbster Schloss und dessen Baugeschichte schon seit Kriegsende im Landesarchiv Sachsen-Anhalt in Dessau (vormals im Schloss Oranienbaum) aufbewahrt werden, gemeinsam mit geretteten Unterlagen des bis 1945 im Zerbster Schloss befindlichen Anhaltischen Staatsarchivs.

Ende der 1980er Jahre kam es schon einmal zu einer Katastrophe im Museum der Stadt Zerbst. Mit Anschluss des Gymnasium Francisceum an das Fernwärmenetz des Heizhauses Bonescher Weg und Wegfall der eigenen Kohleheizung im Keller des Gymnasiums selbst, hielten die alten Rohre dem neuen, höheren Druck eines Tages nicht mehr stand. Das Ergebnis war niederschmetternd: Der mit hohem Druck ausströmende, heiße Wasserdampf in Abwesenheit der Mitarbeiter, beschädigte nicht nur unzählige Dokumente und Bücher, er löste teilweise sogar das Furnier von alten Möbeln ab. Es dauerte viele Wochen, bis es uns damals gelang, die einzelnen Stücke wieder zu trocknen und die Schäden einigermaßen zu beheben. Die Öffentlichkeit erfuhr davon natürlich nichts und für die entstandenen Schäden kam auch niemand auf.

Dass aber selbst das neu errichtete Stadtarchiv vor solchen Katastrophen nicht gefeit war, mussten wir erfahren, als das Kavaliershaus auf der Schlossfreiheit zum Rathaus umgebaut wurde. Die bei der Dachneueindeckung angebrachten Regenfallrohre waren kleiner als die ursprünglichen und schafften es nicht mehr, die Wassermassen der riesigen Dachflächen entsprechend abzuleiten. So suchte sich das Wasser einen anderen Weg, schoss über die Regenrinnen hinaus und lief ungebremst in die Schächte der Kellerfenster des Gebäudes. Es bedurfte großen Aufwand, die Feuchtigkeit wieder zu entfernen und die geforderten Lager- und Arbeitsbedingungen wieder herzustellen. Erst die Vergrößerung der Fallrohre und besondere, bauliche Maßnahmen an den Fensterschächten führten schließlich zum Erfolg.

Fürstenbilder in der Aula des Gymnasiums in Gefahr

Welche Folgen unsachgemäße Eingriffe in historische Bausubstanz haben können, haben wir gerade im Kapitel Museum behandelt. Im Gymnasium Francisceum, also in dem gleichen Gebäude, in dessen Kellerräumen sich auch das Museum befindet, gibt es eine Aula, in der 24 Bildnisse von Fürsten des Hauses Anhalt und Schulleiter dieser drittältesten Bildungseinrichtungen Anhalts als Porträts für die Nachwelt verewigt wurden.

Nach der erfolgten „energetischen Sanierung" im Jahre 2012 wurden die bis zu diesem Zeitpunkt auf der nördlichen Fensterseite installierten und mit einer Holzverkleidung versehenen, gusseisernen Heizkörper entfernt und moderne Heizkörper an die südliche, fensterlose Wand angebracht. So weit, so gut – würden nicht an dieser Wand die gemalten historischen Bilder hängen. Einige davon mit großen Bemühungen nach der Wende erst wieder ausfindig gemacht, von der damaligen Schulleitung nach Zerbst zurückgeholt und für 100 000 Euro restauriert. Die negativen Auswirkungen der neuen, luftdichten Doppelverglasungen und der neuen Heizung auf das Raumklima des aus dem 13. Jahrhundert stammenden Gebäudes, waren bei den Planungen nicht berücksichtigt worden. Und so geschah, was kommen musste: die historischen und wertvollen Bilder, zum Teil aus dem 16. Jahrhundert, vertrugen diesen Platz über den Heizkörpern nicht und Schäden traten auf. Nach einem erfolgten neuen Gutachten, wurden die Heizkörper im Mai 2013 von der Südseite der Aula wieder entfernt und auf die Fensterseite zurückverlegt. Auch sollen einige Bilder inzwischen an anderer Stelle aufgehängt worden sein.

Die Francisceumsbibliothek

Eine Kostbarkeit des Gymnasium Francisceum ist zweifelsfrei seine 400 Jahre alte Wissenschaftliche Bibliothek. Mit der Gründung des Gymnasiums entstand gleichzeitig auch eine Druckerei, in der Reden und Disputationen, aber auch Schulschriften der Rektoren und Professoren gedruckt und gebunden werden konnten. Gemeinsam mit meist bescheidenen Bucheinkäufen, bildeten sie den Grundstein für diese umfangreiche Bibliothek. Schenkungen der verschiedensten Art kamen in Laufe der Jahre dazu. Bis heute ist der Gesamtbestand auf fast 42 000 Bände angewachsen. Seit 1803 In Räumen mit Spitzbögen untergebracht, erinnert diese beeindruckende Sammlung ein wenig an die Klosterbibliothek in Umberto Ecos Verfilmung „Der Name der Rose". Zum Bestand gehören auch die Bibliothek der St. Bartolomäikirche mit ihren alten Pergamenthandschriften und Inkunabeln aus der Reformationszeit und die Bibliothek des Rates der Stadt vom 15. bis zum 17. Jahrhundert. Aber auch naturwissenschaftliche Werke aus dem 16. bis zum 18. Jahrhundert mit handkolorierten, kunstvollen Holschnitten gehören dazu, wie auch eine Sammlung von Kopien der Gemmen und Kameen Katharinas II. (Edel- und Halbedelsteine mit geschnittenem Bild). Diese Francisceumsbibliothek erfüllt also alle Voraussetzungen, für ein typisches altes Zerbster Stadtbild und ist somit wie das Museum selbst, welches nach der Wende Dank Agnes Almut Griesbach und Heinz-Jürgen Friedrich umfangreiche Rekonstruktionen, Umbauten und inhaltlich neue Konzeptionen erhalten hatte, Botschafter für die über 1050-jährige Geschichte der Stadt. Auch der zu DDR-Zeiten als Abstellkammer genutzte und nicht zugängliche Karzer des Gymnasiums ist heute wieder Teil der Ausstellung. Dass man ausgerechnet hier den Sparzwang ansetzen wollte, ist kaum zu verstehen. Und während man sich damit rühmte, eine der ältesten Bildungseinrichtungen Sachsen-Anhalts zu besitzen, und stolz die Ministerpräsidenten Sachsen-Anhalts begrüßte, sollten die beiden amtierenden Bibliothekarinnen Iruta Völlger und Petra Volger, vor einigen Jahren aus Kostengründen nach Hause geschickt werden. Die Betreuung der kostbaren Sammlung, so die damalige Vorstellung der Kreisverantwortlichen, sollten einfach einige Lehrer des Gymnasiums mit übernehmen. Nach vielen Protesten vom Förderverein, aus der Bevölkerung und von Benutzern und Spendern aus aller Welt, ist dieses Stadtbild zerstörerische Ansinnen inzwischen vom Tisch.

Mit großem Aufwand erhielt die Francisceumsbibliothek in den letzten Jahren auch eine neue Sicherungsanlage für ihre wertvollen Stücke. Raumklimatisch ist übrigens diese Bibliothek hervorragend geeignet, Archivalien oder auch die wertvolle dreibändige Zerbster Cranach-Bibel für die Nachwelt sachgerecht und sicher zu lagern. Ob das nach Einbau neuer Fenster aber jetzt auch noch so ist, wird sich zeigen ...

Der Klostergarten des Gymnasiums

Von den Franciskaner-Mönchen wurde in und um das alte Kloster Wein angebaut, was der Straße „Am Weinberg" ihren Namen gab. Mit der Gründung des Fördervereins nach der Wende, konnte der bis dahin völlig verwilderte und mit Schuppen und Abstellbaracken zugebaute Klostergarten an der Stadtmauer wieder neu entstehen. Er wertet nicht nur das alte Stadtbild um das Gymnasium auf, er dient auch heutigen Schülerinnen und Schülern wieder als beschaulicher Ruhepol im anstrengenden Schulbetrieb. Einer der Vorreiter dieser Maßnahmen war neben dem Schulleiter Heinz Schmaling auch der ehemalige stellvertretende Schulleiter, Walter Tharan, der neben vielen anderen ehrenamtlichen Funktionen auch als Vorsitzender des Fördervereins St. Nicolai bereits mehrfach erwähnt wurde und 2015 seinen 82. Geburtstag feierte.

Der Zerbster Waldfrieden

Zum einst fürstlichen Wald, den Zerbstern auch als „Friedrichsholz" bekannt, am südlichen Rande von Zerbst, führt über Jahrhunderte bis heute eine direkte Verbindung vom Zerbster Schloss über die Friedensallee. Aber auch vor und nach dem Krieg war dieser Ort ein beliebtes Ausflugsziel der Zerbster, die hier am Wochenende mit Kind und Kegel unterwegs waren. Die Harmonie, die dieser parkähnliche Wald mit seinem verzweigten Wegenetz ausstrahlte, die auf den Wegen aufgestellten, steinernen Figuren, aber auch das Ausflugslokal mit großer Freisitzfläche und mit einem Musikpavillon, lohnten sich für alle Altersgruppen.

„Hier traf sich einst ganz Zerbst", kommentierten die Leser der „Volksstimme", als diese im März 2013 ein historisches Foto veröffentlichte. „Es war wunderschön, mir ging das Herz auf", schildert Lisa Ludolf, als sie das Foto in der Zeitung entdeckte. „Mein Vater hat dort Musik gemacht." „Dort habe ich meinen Mann kennen-gelernt", erinnert sich die 75-jährige Hannelore Bormann. „Man kann nicht beschreiben, was Zerbst dort verloren gegangen ist." sagt Regina Lange. Andere erinnern sich an wilde Tanzveranstaltungen, an Boxkämpfe, an Chortreffen oder an ihre Schulzeit bei den Jungen Pionieren.

Und heute? Nachdem das Ausflugslokal und der Musikpavillon nach der Wende abgebrannt waren, verwaiste der Waldfrieden zusehends – zur Freude der darin lebenden Tiere. Fleißige Mitarbeiter einer langjährige Arbeitsbeschaffungsmaßnahme der Stadt, bemühten sich noch, dem Park wieder ein ansprechendes Gesicht zu geben. Auch das leider vergeblich, denn einige Jahre später war von den Aktivitäten nichts mehr zu spüren. Im Gegenteil, die Stadt beschloss, den einst fürstlichen Waldfrieden zu einem forstwirtschaftlich genutzten Wald zu machen, bei dem natürlich wirtschaftliche Interessen des Holzverkaufs im Vordergrund standen und stehen. Seitdem ist vom parkähnlichen Charakter und der einstigen Idylle dieses historischen Bereiches der Katharina-Stadt Zerbst kaum noch etwas zu spüren. Wo einst die Ausflugsgaststätte stand, wurde eine Straße gebaut und abgeschlagene Holzriesen an den Rändern künden von der Ankunft der Marktwirtschaft in diesem sensiblen Bereich der Stadt, der den Stadträten noch 1905 wichtiger war, als die Ansiedlung einer Seifenfabrik ganz in der Nähe. Auf der 2013 eingeweihten Katharina-Route kommt dieser Teil fürstlicher Zerbster Stadtgeschichte gar nicht erst vor.

Nach der Errichtung eines Lapidariums im Zerbster Schloss 2013, in dem Steine, Fragmente oder Figuren ausgestellt werden können, die etwas mit der Zerbster Schlossgeschichte zu tun haben, suchte der Schloss-Förderverein Fotos und Bildmaterial von den einstigen im Waldfrieden aufgestellten, steinernen Figuren aus der Fürstenzeit. Das Traurige daran ist, dass diese den Krieg überstanden hatten und noch in den 1960er und zum Teil 1970er Jahren an ihrem Platz standen, wenn auch meist beschädigt. Dann verschwanden sie spurlos, bzw. lagen als Torso im Gebüsch, wie ich es im Jahre 2007 (!) noch fotografieren konnte. Schon damals fragte ich mich, wieso kann es sich eine Stadt wie Zerbst, die im Krieg zu 80 % zerstört wurde, eigentlich leisten, solche Stücke noch 65 Jahre nach dem Krieg völlig achtlos vergammeln zu lassen? Eine vernünftige Antwort habe ich bis heute leider nicht gefunden ...

Wenn die „Polleritis" um sich greift

Als die Umgestaltung und Neupflasterung der Schlossfreiheit bis zum Wächtergang durchgeführt wurde und im Anschluss auch noch die Zerbster Breite, entdeckte Zerbst für seine Gestaltungszwecke die Poller. Diese an allen möglichen und unmöglichen Stellen stehenden, grauen und schlecht zu sehenden Hindernisse, schienen einen unwiderstehlichen Reiz auf die Planer und Verantwortlichen auszuüben. Abgesehen davon, dass viele davon inzwischen längst schon wieder aus dem Straßenbild verschwunden sind, weil sie sich einfach nicht bewährt haben, gibt es wirklich merkwürdige Auswüchse. So können heute noch einige Poller am Dicken Turm bewundert werden, die ursprünglich mit Ketten verbunden waren, andere in der gleichen Reihe aber auch nicht. Das war eine äußerst gefährliche Lösung, weil man sie im Dunkeln schlecht sehen kann. Diese gefährlichen Ketten wurden inzwischen weitgehend entfernt.

Besonders schöne Polleritis-Exemplare kann der Besucher auch auf dem Innenhof der St. Bartholomäikirche am Ausgang zur Schlossfreiheit bewundern. Damit dort keine Autos an der Kirchenwand parken, wurden kleine, dicke Poller mit einem Durchmesser von ca. 30 cm aufgestellt, die wohl eher den Namen „Panzersperren" verdient hätten. Dabei gäbe es gar keine Notwendigkeit, dort überhaupt Autos abzustellen, denn der Parkplatz ist nur wenige Schritte entfernt.

Kurios in diesem Zusammenhang ist auch, dass bei der Neupflasterung der Schlossfreiheit auf der Nordseite der Bartholomäikirche zum Dickem Turm, der Fahrweg mit kleinen und der Fußweg mit großen Steinen gepflastert wurde! Möglicherweise wollte man auf diese Weise „Bordsteinschwalben" vom Zentrum der Macht fernhalten, denn Frauen mit hochhackigen Absatzschuhen ist es im eigenen, gesundheitlichen Interesse kaum zu raten, dort spazieren zu gehen ...

Das symbolische Stadttor zum Ankuhn

Im Jahre 1995 konnte die Leserschaft der „Volksstimme" eine Abbildung bewundern, die ein geplantes, symbolisches Stadttor am einstigen Ankuhnschen Tor darstellte. Die schon lange verschwundene Anlage dieses ehemaligen Stadttores, sollte symbolisch wieder erstehen, allerdings ohne Bezug zum einstigen Original. Es war geplant, dort quer über die Straße eine Eisenträgerkonstruktion zu errichten. Der Heimatverein freute sich schon darauf, dort eine Tafel anbringen zu dürfen, auf der das alte Tor abgebildet war. Allerdings hatte diese geplante neue Konstruktion mit dem Original nicht das Geringste gemeinsam. Sie erinnerte eher an die Stahlkonstruktion einer Eisenbahnbrücke. Sie sollte „zur Ergänzung der vorhanden, mittelalterlichen Stadtmauer dienen", schrieb mir damals der Vorsitzende des Bau- und Stadtentwicklungsausschusses, Harry Leps.

Im November 1995 hatte ich einen Brief an diesen Ausschuss der Stadt Zerbst geschrieben, bei dem ich um Beantwortung einiger, diesbezüglicher Fragen bat. Als dann endlich nach einem Jahr (!) am 19. November 1996 die Antwort bei mir eintraf, die mit dem 12. November 1995 datiert war und darin nicht eine einzige meiner Fragen wirklich beantwortet worden war, verfasste ich einen offenen Brief für die „Volksstimme" In diesem kritisierte ich die Arbeit dieses Stadtbild prägenden Gremiums.

Das Projekt eines symbolischen Stadttores zum Ankuhn mit Ferropolis-Design blieb Zerbst als weitere Bausünde erspart. Weder die untere, noch die obere Denkmalschutzbehörde konnten sich damit anfreunden. - und es gäbe dazu auch nicht die geringste Notwendigkeit.

Symbolisches Stadttor auch am Frauentor

Nach erfolgter Umgestaltung der Breite vom Dicken Turm bis zum Frauentorplatz, kam man auf die Idee, das einstige Stadttor ebenfalls symbolisch anzudeuten. Allerdings gibt es dieses Tor ja schon durch den Turm selbst, bzw. war dort, wo sich heute die Straße befindet. Stattdessen entstand nun auf der gegenüberliegenden Parkseite und angrenzend an die noch erhaltene historische Stadtmauer, ein gemauertes Fußgänger-Tor.

Die Trinitatiskirche

Als ich vor einigen Jahren Besucher aus Leipzig durch unsere Stadt führte, stellte man mir eine merkwürdige Frage. Die Gäste wollten wissen, warum diese kleine Stadt so viele gewaltige Kirchen hat und der Fluss trotzdem „Nutte" heißt? Das Missverständnis mit der Nuthe ließ sich schnell aufklären, die Frage nach der Präsens der Kirchen ist allerdings wirklich beeindruckend. In der damals größten Stadt Anhalts spielte sich ein bedeutender Teil kirchlichen und kulturellen Lebens ab. Bereits 1996 konnte St. Trinitatis auf 300 Jahre Kirchengeschichte zurückblicken. Der Bau der Trinitatiskirche war das Ergebnis des Streits der evangelischen Christenheit zwischen Lutheranern und Reformierten. Mit dem Bau des vom Schlossbaumeister Cornelius Ryckwaert entworfenen Gebäudes, wurde der Grundstein für eine lutherische Kirche gelegt. Er selbst konnte die Vollendung seines Bauwerkes nicht mehr erleben, er starb 1693. Seine Nachfolge trat, wie schon beim Schlossbau, Giovanni Simonetti an. Im Krieg schwer zerstört und mit fehlendem Dach wurde das imposante Gotteshaus wieder aufgebaut. In den letzten Jahren auch von innen neu saniert und zu einer Mehrzwecknutzung umfunktioniert, ist es ein beeindruckendes Schmuckstück des alten Zerbster Stadtbildes. Inzwischen wird das Portal auch nachts angestrahlt und in ihrem Umfeld wurde eine Reihe von Bäumen gepflanzt.

Bei der Umgestaltung der „Heide" Ende Oktober 2008 wurde eine 250 kg Bombe aus dem Zweiten Weltkrieg direkt vor dieser Kirche gefunden und musste, weil sie nicht entschärft werden konnte, abtransportiert und gesprengt werden. Dieser Fund lag nur etwas mehr als einen Meter unter der Erde. Zur Bergung der Bombe wurde im Umkreis von 500 m die gesamte Innenstadt einschließlich der B 184 gesperrt, 2 000 Einwohner mussten ihre Wohnungen verlassen und besonders ältere Mitbürger fühlten sich an schlimme Zeiten erinnert.

Eine weitere Zerbster Merkwürdigkeit befindet sich nur wenige Meter neben der Fundstelle: Die Sandsteinfigur eines sitzenden Königs, dessen Kopf so gar nicht zum Rumpf zu passen scheint. Die während eines internationalen Steinbildhauer-Symposiums 1994 entstandene Figur war Opfer von Vandalismus geworden. In einer Silvesternacht hatten Jugendliche den Kopf und den Arm abgesprengt. Danach bekam sie vom Künstler Bruno Raetsch selbst einen neuen Kopf aufgesetzt. Der Arm fehlt allerdings bis heute als mahnender Hinweis auf diese frevelhafte Tat.

„Hügel der Kritik" festlich eingeweiht

Am 24. Mai 2013 übergab Bürgermeister Andreas Dittmann das neu gestaltete Areal der Zerbster Schleibank feierlich seiner Bestimmung. Die Fläche zwischen der historischen Nicolaikirche aus dem 12. Jahrhundert und der St. Trinitatiskirche aus dem 17. Jahrhundert war völlig überarbeitet worden. Ein bis zu diesem Zeitpunkt an dieser Stelle befindlicher Kinderspielplatz der Nachwendezeit wurde beseitigt und einige Bäume gepflanzt, die Bushaltestelle gegenüber der Trinitatiskirche neu eingerichtet. Nach Vorschlägen mehrerer Projektanten und heftigen Diskussionen wuchsen dort zur Verwunderung der Bevölkerung auf einmal zwei merkwürdige „Betonpyramiden" aus dem flachen Boden.
Während die „Volksstimme" von einer „gelungenen Gestaltung" sprach, brachte es der „Generalanzeiger Zerbst" auf den Punkt:

„Da kann man sich die Sache schönreden, wie man will, die Schleibank sieht furchtbar aus!" – „Leider war auch nach weiteren Umfragen keine positive Meinung zu vernehmen",

fasste der Generalanzeiger das Geschehen am 29. Mai 2013 zusammen. Kritisiert wurden die Beton-Hügel, die Überdachung der Haltestelle, die keinen wirklichen Schutz vor Regen oder Wind bietet und auch die Lampen. Erst ein Jahr zuvor war die Heide komplett umgestaltet worden und die dort installierten Kugellampen hätten ohne weiteres bis zum Markt fortgeführt werden können. Stattdessen gibt es inzwischen allein um die Trinitatiskirche 3 verschiedene Lampenformen!

Planer Hans-Georg Brosig verteidigte sein Konzept: „Die Neugestaltung zieht darauf ab, ein Hindernis zum Verweilen zu schaffen." Durch die Sitzhügel gäbe es nun gerade für Menschen, die mit dem Bus unterwegs sind, eine Möglichkeit, zwischen zwei historischen Sehenswürdigkeiten das Stadtbild zu genießen, so seine Ansicht.

Das Wort „Hindernis" trifft es allerdings auf den Punkt. Menschen, die mit dem Bus unterwegs sind, sind heute viele gehbehinderte Senioren, und die klettern und setzen sich ganz bestimmt nicht auf kalten, nackten Beton, um das Stadtbild zu genießen. Außerdem besteht das Stadtbild an dieser Stelle bis auf die beiden geschichtsträchtigen Kirchen aus dem Charme von Plattenbauten aus DDR-Zeit!

„Wir reden viel zu viele Dinge schlecht", ist die Meinung von Pfarrer Thomas Meyer anlässlich der Einweihung, „lieber sollte man die Dinge schönreden!" Er spricht von einem „Hügel des Denkens und der Kritik". Dieser Ort, so Meyer, sei immer schon ein Ort der Gegensätze gewesen. Und Bürgermeister Andreas Dittmann an alle gerichtet, die sowohl in der Bevölkerung und auch im Stadtrat vehement gegen diese Lösung waren, verweist auf ein Betonplattenwerk, was einst zu DDR-Zeiten hier stand. Er kommt zu dem Schluss, dass die jetzige Gestaltung doch wohl schöner wäre als so ein Zementwerk ...

Anmerkung: Bei einer Projektsumme von immerhin 533 000 Euro allein für den grundhaften Ausbau und einer zusätzlichen Summe von 239 000 Euro für die Gestaltung der Fläche, darf man das als Bürger vielleicht auch erwarten?

Bei der Bushaltestelle war die Vorgabe, eine jederzeit wieder zu entfernende Konstruktion zu schaffen. Entstanden sind daneben zwei asymetrische Stufenpyramiden mit Betonfundamenten!

Zerbster Stadtrat ist der Größte

Die Stadt Zerbst, so klein sie auch sein mag, war durch Eingemeindungen bei der Kreisgebietsreform zu einer der flächengrößten Kommunen Deutschlands geworden. Da lag sie inzwischen auf Platz 4 nach Berlin, Hamburg und Möckern im Jerichower Land, aber weit vor Köln und München. Durch diese Konstellation mutierte der Zerbster Stadtrat im Verhältnis zur Bevölkerungszahl zum größten Stadtrat Deutschlands! Als sich das Parlament am 29. September zum ersten Mal traf, bestand es aus 50 Mitgliedern. Dies war eine Folge der Gemeindereform, denn jedes der eingemeindeten Dörfer darf einen Vertreter in den Stadtrat schicken. Die Stadt Halle zum Beispiel hat 230 000 Einwohner und müsste bei gleichem Verhältnis einen aus 500 Leuten bestehenden Stadtrat haben, statt der 56, die es sind – fand der Journalist Matthias Bartl heraus. Und, dass es dadurch zu Platzproblemen kommen würde, denn der Rathaussaal würde nicht mehr ausreichen. Aber, so Bartl, könnten die Zerbster ja ihrem weitsichtigen Fürsten dankbar sein, der vor 250 Jahren die barocke Stadthalle hat bauen lassen. Bis zum Ende der Wahlperiode sei dieses Problem aber gelöst, denn dann würde der Stadtrat wieder auf Normalgröße, also 36 Mitglieder und der Bürgermeister, geschrumpft sein. Diese neue Wahl fand am 25. Mai 2014 statt.

Sturm Kyrill hinterlässt Schneise der Verwüstung

Mit Windgeschwindigkeiten von über 200 Stundenkilometern raste in der Nacht vom 18. zum 19. Januar 2007 der Orkan „Kyrill" über weite Teile Nord- und Mitteleuropas hinweg und hinterließ auch in Zerbst und Umgebung eine Spur der Verwüstung. Deutschlandweit waren 47

Todesopfer zu beklagen. Nach Informationen des Deutschen Wetterdienstes handelte sich um den stärksten Orkan seit 1999. Im Kreisgebiet Anhalt-Zerbst waren 66 Feuerwehren mit 635 Kameraden und 20 Mitarbeitern des Technischen Hilfswerkes im Einsatz. Allein im Bereich der Zerbster Stadtmauerpromenade wurden 253 Bäume beschädigt oder entwurzelt, auf dem Heidetorfriedhof sogar 287. In ganz Sachsen-Anhalt hatte Orkan „Kyrill" einen Schaden von 1,3 Millionen Kubikmeter Holz angerichtet. Allein im Forstbetrieb Anhalt war auf einer Fläche von 400 000 Kubikmetern Schaden zu beklagen. 800 Hektar (11 000 Fußballfelder) galten als Totalschaden. 5 Millionen Bäume seien bis Ende 2010 neu gepflanzt worden, berichtete die „Volksstimme" am 18. Januar 2012.

Explosion in der Haselopstraße

Am 16. April 1945 versank die Stadt Zerbst in Schutt und Asche. Ausgerechnet am 16. April 2012 wurde die Stadt in der Nacht um 2.40 Uhr wiederum durch eine heftige Explosion erschüttert. In der Haselopstraße war bei einer Gasexplosion das Haus Nr. 23 in die Luft geflogen und hatte in der gesamten Straße enorme Schäden angerichtet. Eine Zeitungsverteilerin war gerade um die Ecke gebogen und kam vermutlich dadurch mit dem Leben davon. Die Druckwelle beschädigte zahlreiche Gebäude, riss Fenster aus den Verankerungen und begrub Autos unter sich. Nach einem ganzen Tag Suche mit Spürhunden wurde der Bewohner des Hauses tot unter den Trümmern geborgen. Wie sich später herausstellen sollte, hatte er an der Gasleitung manipuliert. Allein an den Dächern, Fenstern und Fassaden der BWZ-Blöcke beliefen sich die Reparaturkosten auf über 100 000 Euro. Auch das Gymnasium und das Museum wurden beschädigt. Schwer betroffen waren auch die Häuser von Sattlermeister Neupert, vom Fotostudio Schlegel und von der Gastwirtschaft Tom Hebäcker, die anschließend einen Kampf mit den Versicherungen bestehen mussten, weil diese sich nicht zuständig fühlten ... Die Anteilnahme und die Hilfsbereitschaft in der Bevölkerung, bei Unternehmen und in den Verwaltungen waren aber beispielhaft.

Forellen und Lachse für die Nuthe

Die einstigen, fischreichen Flussläufe in und um Zerbst waren einer der Gründe, warum sich hier in frühester Zeit menschliche Ansiedlungen bildeten. Noch in den 1960er Jahren gab es in der Zerbster Nuthe Forellen und Aale zu fangen. Wir Kinder badeten darin, das Wasser war glasklar und sprudelte durch sein Flussbett. Auch Kanu-Sportler trainierten im Flussbett der Nuthe. Durch den Einsatz von Düngemitteln auf den umliegenden Feldern und dem massenhaften Eintrag von Gülle, neigt der Fluss jedoch inzwischen dazu, ständig zuzuwachsen und verliert so den für die Fische notwendigen Sauerstoff.
Im Oktober 2013 setzten Zerbster Angler 10 000 dänische Junglachse in Nutheläufen aus. Im Rahmen des „Wanderfischprogramms Sachsen-Anhalts", bei dem die Nuthe ein Pilotprojekt darstellt, war das bereits die vierte Aktion seit 2009. Sollte die Wiederansiedlung der Fischbestände gelingen, soll dasselbe auch in den Flüssen Bode und Rossel praktiziert werden.
Im Sommer habe das Lachsprojekt einen wichtigen Erfolg zu verzeichnen, schätzte Projektleiter Steffen Zahn vom Institut für Binnenfischerei Potsdam am 16. Oktober in der „Volksstimme" ein. Erstmals könne Lachsbrut in der Nuthe nachgewiesen werden, die von Elterntieren stammt, die selbst in der Nuthe geboren wurden. Es sei somit der erste Zerbster Lachs nach Jahrzehnten! Im Oktober 2014 wurden weitere Fische ausgesetzt.

Der Wolf kehrt zurück

Während der Wolf in ganz Deutschland schon vor über 100 Jahren ausgerottet war, kommt er, wie auch der Luchs, jetzt langsam wieder in seine alte Heimat zurück. Als Gefahr für Mensch und Tier Jahrhunderte verfolgt, wurde er inzwischen unter strengen Schutz gestellt. Die großen Waldgebiete dieser Region (Fläming, oder ehemalige Militärgelände), sind ein idealer Ort für diese wilden und meist auch scheuen Waldbewohner. So wurden erstmals wieder 2015 Wölfe in der Nähe von Zerbst, bei Bone oder auch am Waldrand von Grimme gesichtet. Leider hatten sie in Bone auf der Weide stehende Schafe gerissen, so dass die Besitzer und auch die Jägerschaft gar nicht erfreut waren und seitdem Abschussquoten fordern. Auch wenn die Besitzer meist entschädigt werden und sogar ein Wolfsbeauftragter eingesetzt ist, tritt hier schon wieder der alte Konflikt zwischen Mensch und Tier auf, wenn es darum geht, sich Lebensraum zu teilen. Und schon wieder werden alte Ängste geweckt und das Märchen vom bösen, Oma und Kinder fressenden Wolf aus der Schublade geholt. Psychologen sprechen von einem Urinstinkt, wonach der Mensch alles bekämpft, was er nicht versteht und was sich ihm nicht bedingungslos unterwirft. Dabei ist nach neuesten Forschungen kein einziger Fall in Europa bekannt, wo wilde Wölfe einen Menschen angegriffen oder verletzt hätten, es sei denn, er wird in die Enge getrieben, ist verletzt oder krank. Ansonsten geht er dem Menschen aus dem Weg. Allein in Italien sollen über 1 000 Wölfe frei leben, aber auch Bären sind dort zu Hause. Neben speziellen Hütehunden ist auch ein Esel auf der Weide der beste Schutz gegen den grauen Räuber.

Wappen vom Rathaus geklaut

Eine nicht alltägliche Meldung erschreckte die Zerbster im Oktober 2013: Das am Rathaus auf der Schlossfreiheit angebrachte Stadtwappen war über Nacht verschwunden. Das gab es bisher in der über 1050-jährigen Stadtgeschichte noch nicht. Wie Bürgermeister Andreas Dittmann versicherte, sei das kein Werbegag, wie es der Bahlsen-Konzern mit seinem verschwundenen goldenen Keks initiiert hatte. Gleichzeitig montierten die Diebe auch Blitzableiter und Dachrinnen ab und waren auch im Schlossgarten auf Diebestour. Wie aus dem Rathaus vermeldet wurde, werde das neue Wappen nicht wieder aus Metall sein, sondern aus Plastik. Metalldiebe sind inzwischen ständig in Zerbst unterwegs. Auch die Friedhöfe waren bereits mehrfach Opfer. Nicht einmal die bereits mit grüner Patina überzogene, kupferne Verkleidung einer hölzernen Kapellentür auf dem Heidetorfriedhof oder die Kupplungen der Wasserschläuche waren bisher vor Dieben sicher.

Zerbst bald „Katharinastadt Zerbst"?

Der Internationale Förderverein „Katharina II." beschloss in seiner Jahreshauptversammlung im Oktober 2013 die Umbenennung der Stadt Zerbst in „Katharinastadt Zerbst" als Ziel in seine Satzung aufzunehmen. Neben der „Ottostadt Magdeburg", der „Lutherstadt Wittenberg" oder die auf heftige Widerstände stoßende, geplante Umbenennung von Dessau-Roßlau in „Bauhausstadt Dessau", wären damit auch in der Einheitsgemeinde Zerbst/Anhalt neue Briefköpfe und Straßenschilder notwendig. Die nicht unerheblichen Kosten trägt wie immer der Steuerzahler und dürften in die Hunderttausende gehen. Dass die über 1050-jährige Geschichte der Stadt auf diese eine Person festgemacht werden soll, dürfte für viele sehr fragwürdig sein, hat sie sich doch um diese Stadt kaum Verdienste erworben. Bei aller Euphorie sollte nicht vergessen werden, dass sie eine, von Historikern eingeschätzte „eiskalte Herrscherin" war, die sich nicht scheute, ihre machtpolitischen Interessen auch mit Kriegen durchzusetzen. Der unvorstellbare Wohlstand und Prunk am Zarenhof (allein die Kunstsammlung der Eremitage in St. Petersburg soll zehn Mal größer sein als die des Louvre in Paris!) basiert letztendlich auch auf eine bettelarme Bevölkerung und Ausbeutung von Leibeigenen. (→ *„Katharina II. – eine eiskalte Zarin", Fernsehdokumentation des ZDF aus der Reihe „Sphinx", Folge Nr. 50)* In dieser Dokumentation wird auch der französische Philosoph Denis Diderot (1713-1784) zitiert, der im regen Gedankenaustausch mit der Zarin stand. Er soll Katharina „mit der Seele von Brutus und dem Körper von Kleopatra" verglichen haben.

Über die Rolle und den Charakter ihres Bruders Fürst Friedrich August, dem letzten Herrscher von Zerbst, schrieb Reinhold Specht ausführlich in seinem Buch „Geschichte der Stadt Zerbst" *(Anhaltische Verlagsgesellschaft mbH, Dessau 1998)*. Selbst Friedrich der Große urteilte bereits 1768 über den Bruder Katharinas: „Der Fürst von Anhalt Zerbst ist ein Wahnsinniger, ein Narr, den man längst hätte einsperren müssen." Und Hermann Wäschke vermerkte in seiner „Anhaltischen Geschichte", der Fürst habe den Zusammenhang mit seinem Volke absichtlich unterbrochen und aufgegeben. Er habe die Liebe seiner Untertanen verloren, die Besten hätten sich von ihm abgewandt und er sei Sklave solcher Kreaturen geworden, die ihn in seiner Verblendung bestärkt hätten. Und selbst der Entertainer und Humorist Hape Kerkeling bemerkte in der ZDF-Fernsehdokumentation „Unterwegs in der Weltgeschichte" 2011 über die Zarin: „Trotz allem aufklärerischen Gehabe, interessierte sie sich für ihr Volk gar nicht. Sie war eine lupenreine Despotin."

Zu ähnlichen Erkenntnissen kam auch die ZDF-Dokumentation „Der Untergang der Zaren" aus der Serie IMPERIEN von 2006, in dem eine grenzenlose Verschwendungssucht und Großmachtpolitik angeprangert wurden, während die Bevölkerung verelendete. Daraus resultierten letztendlich die Februar- und spätere Oktoberrevolution mit dem Sturm auf das Winterpalais 1917, tatkräftig unterstützt und finanziert übrigens von der damaligen Deutschen Reichsregierung, wie erst vor wenigen Jahren aus bis vor kurzem noch verschlossenen Archiv-Dokumenten bekannt wurde.

Wie auch immer man dazu stehen mag und wie die Zerbster Geschichte weitergeschrieben wird – es ist und bleibt spannend! Und es liegt an jedem Einzelnen von uns, was nachfolgenden Generationen vom alten Zerbster Stadtbild noch erhalten bleiben wird und welchen Stellenwert wir der Historie und dem Tourismus einräumen ...

Nachwort und Danksagung

Die Arbeit und die Recherchen zu diesem Buch nahmen mehrere Jahre in Anspruch und begannen schon, als ich noch als Stadtarchivar tätig war. Auch meine vorherige Arbeit, die Erfahrungen und das Wissen, was ich mir im Museum der Stadt Zerbst aneignen konnte, war mir dabei eine große Hilfe. Aus aktuellen Anlässen musste das vorhandene Manuskript ständig ergänzt, verändert oder umgeschrieben werden. All denen, die mit ihrer Meinung einen Beitrag zu diesem Thema lieferten (die meisten sind namentlich im Text erwähnt, einige wollten lieber anonym bleiben), gilt mein persönlicher Dank. Bei all meinen Weggefährten, Freunden und Bekannten möchte ich mich bedanken, die mir jede Unterstützung gaben und mich immer wieder motivierten, diese Dokumentation fortzuführen und auch zu veröffentlichen.

Die jetzt vorliegende, unzensierte Dokumentation mit ihrer Vielfalt an Ereignissen und Meinungen soll es den Leserinnen und Lesern leichter machen, sich selbst ein Bild von früherer und heutiger Stadtbild-Situation zu machen. Sie soll nicht nur eine Darstellung der Ereignisse sein, sondern auch Hintergründe und Zusammenhänge beleuchten. Die behandelten Themen erheben keinen Anspruch auf Vollständigkeit, sondern stehen stellvertretend auch für andere.

Da es bekanntlich nicht möglich, die Fackel der Wahrheit durch eine Menschenmenge zu tragen, ohne jemanden zu verbrennen (wie es Maxim Gorki einmal treffend formulierte), hoffe ich, dass ich niemanden zu nahe getreten bin. Wenn ich mit der Veröffentlichung jedoch eine möglichst breite Diskussion um das viel zu lange vernachlässigte Zerbster Stadtbild angestoßen habe und den einen oder anderen dazu bringen konnte, doch einmal mit offenen Augen und vielleicht etwas bewusster durch diese Stadt zu gehen und ihre Höhepunkte, aber auch ihre Merkwürdigkeiten wahrzunehmen, bestenfalls sogar tatkräftig für eine Veränderung einzutreten, dann waren mir die Mühe und der Aufwand Wert.

Um den Verkaufspreis des Buches so niedrig wie möglich zu halten, konnte leider nur ein kleiner Teil des vorhandenen und über Jahre gesammelten, umfangreichen Bildmaterials Verwendung finden.

Zerbst, im Mai 2016

Rainer Frankowski

Anhang:

Liste der denkmalgeschützten Objekte der Stadt Zerbst/Anhalt

- Heidetorfriedhof, Westportal und Grabmahl des Bürgermeisters Elias Schmidt von 1630 (zwei Sandsteinplatten)
- Frauentorfriedhof
- Jahnstein
- Teufelsstein (Findling)
- Schillerstein
- Butterjungfer, zwei Bronzefiguren 1506 und 1647 vergoldet, nachweisbar seit 1403
- Wasserturm, Lusoer Str. 1893 – 1894
- Nicolaikirche 12. – 15. Jh.
- Trinitatiskirche, Zentralbau über griechischem Kreuz, 1638 bis 1696 von C. Ryckwaert
- Bartholomäikirche, Schloßfreiheit 13. Jh.
- ehem. Klosterkirche St. Marien, 12. Jh.
- ehem. Augustinerkloster, Am Plan 1390 – 1394
- ehem. Zisterzienserkloster, Breite von 1267
- ehem. Franziskanerkloster, Gymnasium Franciseum, Museum, Weinberg 1

- Adolph Otto Str. 1
- Albertstr. 1, 3, 5, 7, 10, 15, 17-21, 23-29, 31, 33
- Brüderstr. 1, 2-4, 6, 8, 18-22, 24-26, 15-21, 25-35

- Breite 10-17, 18, 19, 20, 21, 22, 23, 24, 25, 26, 28, 30, 32, 34, 36, 38, 40, 41-43, 44, 45, 46, 47, 48-50, 52, 54, 56, 56a, 58, 66, 68, 71, 72, 76, 78, 80, 86
- Frauentor
- Breite Str. 41, 43,
- Brüderstr. 1 (ehem. Amtsgericht), 2, 4, 6, 8, 15-21, 18-22, 24-26, 25-35,
- Dessauer Str. 8a (ehem. Gaswerk), 13, 18, 20, 23, 23a (Braunsche Villa/Bibliothek), 23b, 25, 40, 51,
- Friedensallee 17, 28 (Tischlerei Krug), 40, 42, 44, 64, 87 (Zaun,) 121(Wohnhaus mit Einfriedung),
- Friedrich-Naumann- Str. 37, Kirche und Pfarrhaus, 38,
- Fritz-Brandt-Str. 6, 16 (Kreishaus), 25 (Post), 23 (Buchhandlung Gast),
- Frauenmühle an der Stadtmauer
- Gartenstr. 32, 34, 36 (Villen 1900-1914),
- Haselopstr. 10, 14,
- Heide 9,
- Jeversche Str. 1, 3, 4, 5, 10, 13, 13a, 15, 17, 18, 24, 26, 32, 36, 40, 42 (Villa), 52 Wohnhaus Jugendstil/Ecke Kastanienallee) , 56, 60, 62, 64, 66, 68, 70,
- Jüdischer Friedhof, Grüne Str.
- Karlstr. 15, 16 (ehem. Kino),
- Karl-Marx-Str., Bahnhof, 1 , 3, 7, 9, 13, 15, 21, 23, 29, 41, 43,
- Kastanienalle , ehem. Zaun Mazda-Autohaus, 6, 8, 12, 14, 16, 18, 20,
- Käsperstr. 12 (Pavillon, chinesische Formen, um 1875), 15, 17, 27 (Sandkuhls Garten)
- Klappgasse 11
- Magdeburger-Str. 47, 68 (Wasserturm um 1890),

- Denkmalbereich Markt:
Platzanlage mit den Fassaden der Gebäude 13-18, 20, 22, 24, 26, 21 (Hotel Anhalt), 23, 25 (Schwaedt), 28, Gesamtanlage mit Roland und Butterjungfer, 11 (ehem. Portal des Neuen Hauses jetzt im Museum)
- Maxim-Gorki-Str. 1
- Mühlenbrücke 48, 60 (Fachwerkhaus 1607, mit einziger geschnitzter Tür, die den Krieg überlebt hat), 65, 69, 73, 75,
- Rennstr. 2, 4, 6, 8, 10, 12, 20, 22, 24,
- Rephunstr. 2, 4, 6a, 6b,
- Salzstr. 3
- Ziegelstr. 10, 36, 38, 44
- Von Rephuns Garten, Park und Hotelrestaurant
- Roter Garten mit Mahnmal
- Stadtmauer, Stadttore einschl. Wiekhauser u. Türme
- Denkmalbereich Schlossfreiheit und Schlossgarten: Kavaliershäuser, ehem. Bartholomäischule, Haus der Freimaurerloge, Schlosswache, Schlossruine, Park, ehem. Reithalle, Orangerie, Marstall, Teehäuschen, Kiekinpott, Rosenwinkel, Dicker Turm, Batholomäikirche
- Denkmalbereich Wilhelminischer Hof, ehem. Kaserne und
- Wohnhäuser, Goethestr. 1-3, 5-7, 18, 20, 22, 24, 26, 28, 32, 34, 36, 38, 40